Lothar Beseler

Praxis der Mitbestimmung in Sozialen Angelegenheiten

Lothar Beseler

Praxis der Mitbestimmung in Sozialen Angelegenheiten

2. Auflage 2023

Dieses Papier ist umweltschonend chlorfrei gebleicht hergestellt.

Bei der Erstellung des Buches wurde mit großer Sorgfalt vorgegangen; trotzdem können Fehler nicht vollständig ausgeschlossen werden. Der Rieder Verlag und die Autoren können für fehlerhafte Angaben und deren Folgen weder eine juristische Verantwortung noch irgendeine Haftung übernehmen. Für Verbesserungsvorschläge und Hinweise auf Fehler sind wir dankbar.

© 2023 Rieder GmbH & Co. Verlag für Recht und Kommunikation KG
Geschäftsführerin:
Dipl. Psych. Heidrun Rieder

Erphostr. 40, 48145 Münster
Tel.: 0251/30133, Fax: 0251/30135
www.riederverlag.de

Alle Rechte, auch die des auszugsweisen Nachdrucks, der fotomechanischen Wiedergabe (einschließlich Mikrokopie) sowie der Auswertung durch Datenbanken oder ähnliche Einrichtungen vorbehalten.

Umschlag Entwurf: Mailin Visse, Münster
Satz: Rieder Verlag, Münster
Druck: Books on Demand, Norderstedt

ISBN 978-3-949340-24-6

Vorwort

Das Betriebsverfassungsgesetz (BetrVG) regelt die Beteiligung der Arbeitnehmer in Betrieben und Unternehmen. Zudem dient das BetrVG dem Demokratiegedanken, indem die Belegschaft, repräsentiert durch den Betriebsrat, in einer Vielzahl von Bereichen an Entscheidungen des Arbeitgebers zu beteiligen ist oder sogar mitbestimmen kann. Das Mitbestimmungsrecht des Betriebsrats in sozialen Angelegenheiten ist dabei das „Zentrum[1]" oder das „Herzstück" des BetrVG.

Der Rieder Verlag unterstützt durch zahlreiche Fachbücher die Arbeit der Betriebsparteien Betriebsrat und Arbeitgeber. Bereits in der Vergangenheit wurden die sozialen Angelegenheiten durch die Autoren Beseler/Bopp/Grundmann zuletzt in 5. Auflage bearbeitet. Für eine Neuauflage ist der jetzige Autor alleinverantwortlich.

Die Neuauflage, die sich stark an die Mitbestimmung in sozialen Angelegenheiten orientiert, soll nicht die Kommentare von z.B. Fitting[2] und Däubler[3] ersetzen, sondern anhand von Beispielen den Zugang zum Mitbestimmungsrecht des Betriebsrats in sozialen Angelegenheiten erleichtern.

In einem ersten Teil werden allgemeine Ausführungen zur Mitbestimmung in sozialen Angelegenheiten nach § 87 BetrVG gemacht; in einem zweiten Teil werden diese durch die Vorstellung der einzelnen Mitbestimmungstatbestände des § 87 Abs. 1 BetrVG anhand zahlreicher Entscheidungen der Arbeitsgerichtsbarkeit ergänzt. Die zweite Auflage berücksichtigt die aktuelle Rechtsprechung.

Meerbusch, im Januar 2023

Dr. Lothar Beseler

Rechtsanwalt und VRLAG a.D.

---

[1] *Beseler/Bopp/Grundmann,* Rieder Verlag, Betriebsrat und Soziale Angelegenheiten 5. Aufl. 2018 (Zitierweise: Bopp/Grundmann) Vorwort S.5

[2] *Fitting/Schmidt/Trebinger/Linsenmaier/Scherz,* Betriebsverfassungsgesetz mit Wahlordnung, Handkommentar, 30. Aufl. 2020 (Zitierweise: *Fitting*)

[3] *Däubler/Klebe/Wedde* BetrVG 17. Aufl. 2020 (Zitierweise: *Däubler*)

Inhaltsverzeichnis

Teil I	Die Mitbestimmung in sozialen Angelegenheiten (§ 87 Abs. 1 BetrVG)	13
1.	Die Beteiligungsrechte des Betriebsrats (Übersicht)	13
2.	Zweck des Mitbestimmungsrecht des Betriebsrats in sozialen Angelegenheit, § 87 BetrVG	18
	2.1 Das Initiativrecht des Betriebsrats	19
	2.2 Begrenzung des Initiativrechts des Betriebsrats	19
	2.2.1 Begrenzung aus § 87 Abs. 1 BetrVG selbst	19
	2.2.2 Begrenzung aus dem Zweck einzelner Mitbestimmungsrechte	20
	2.3 Einschränkung des Mitbestimmungsrechts bei freiwilligen Leistungen	21
3.	Mitbestimmung nach § 87 Abs. BetrVG bei kollektiven Tatbeständen	23
4.	Eilfälle und Notfälle	26
5.	Die Wahrnehmung der Mitbestimmung durch den Betriebsrat	28
	5.1 Beschluss des Betriebsrats notwendig	28
	5.2 Bei Ablehnung Begründung notwendig?	31
	5.3 Zustimmung im Einzelfall	32
	5.4 Bei Dauertatbeständen: Betriebsvereinbarung oder Regelungsabrede	32
	5.4.1 Gemeinsamkeiten und Unterschiede	33
	5.4.2 Die Nachwirkung der Betriebsvereinbarung und der Regelungsabrede	35
	5.4.2.1 Der Regelfall einer Nachwirkung	35
	5.4.2.2 Trotz Zuständigkeit der Einigungsstelle keine Nachwirkung	35
	5.4.2.3 Trotz Erwingbarkeit der Betriebsvereinbarung in Sonderfällen keine Nachwirkung	36
	5.4.2.4 Teilmitbestimmte Betriebsvereinbarung und Nachwirkung	36
	5.4.2.5 Nachwirkung bei freiwilligen Leistungen	37

		5.4.2.6 Und die Regelungsabrede – wirkt sie nach einer Kündigung nach?	38
	5.4.3	Vorteil der Betriebsvereinbarung und Vorteil der Regelungsabrede	39
	5.4.4	Und wenn es nicht weitergeht: Einigungsstelle	41
	5.4.5	Die Mitbestimmung beim erstmals gewählten Betriebsrat	42
5.5		Anspruch auf Abschluss und Durchführung einer Betriebsvereinbarung	43
5.6		Wann ist die Mitbestimmung auszuüben?	44

6. Die Betriebsvereinbarung – Zulässigkeit und Grenzen — 46

6.1	Tarifvorrang	46
6.2	Kollision mit Zuständigkeit von Gesamt- oder Konzernbetriebsrat	47
6.3	Verstoß gegen den Grundsatz der Billigkeit, § 75 BetrVG	48

7. Die Durchsetzung des Mitbestimmungsrechts des Betriebsrats in sozialen Angelegenheiten — 49

7.1	Streitentscheidung durch die Arbeitsgerichte		49
	7.1.1	Das arbeitsgerichtliche Beschlussverfahren zur Sicherung der Mitbestimmungsrechte des Betriebsrats	49
	7.1.2	Fälle der Klärung von Mitbestimmungsrechten im Beschlussverfahren	50
		7.1.2.1 Streit, ob ein Mitbestimmungsrecht besteht	50
		7.1.2.2 Streit, wer für die Regelung zuständig ist.	50
7.2	Streitentscheidung über die Einigungsstelle		51
7.3	Einseitige Maßnahmen des Arbeitgebers ohne Zustimmung des Arbeitgebers		52
7.4	Grober Verstoß des Arbeitgebers und Sicherstellung künftigen rechtmäßigen Verhaltens		55
7.5	Verhältnis des § 23 Abs. 3 BetrVG zum Unterlassungsanspruch nach § 2 Abs. 1 BetrVG		57

8. Individualarbeitsrecht und Verstoß gegen Mitbestimmungsrechte nach § 87 Abs. 1 BetrVG — 58

9.	Individualarbeitsvertrag und Betriebsvereinbarung – was gilt?	62
	9.1 Das Günstigkeitsprinzip	62
	9.2 Die Ablösung von vertraglichen Einheitsregelungen durch eine Betriebsvereinbarung	63
	9.3 Die Ablösung von vertraglichen Einheitsregelungen durch eine Regelungsabrede?	64
10.	Begrenzung des Mitbestimmungsrechts des Betriebsrats nach § 87 Abs. 1 Eingangssatz BetrVG – Vorrang von Gesetzen und Tarifverträgen	65
	10.1 Einschränkung durch Gesetz	65
	10.2 Einschränkung durch Verwaltungsakt	67
	10.3 Einschränkung durch Tarifvertrag	67
	10.3.1 Tarifbindung des Arbeitgebers	68
	10.3.2 Abschließende und zwingende Wirkung der tarifvertraglichen Regelung	68
	10.3.3 Nachwirkender Tarifvertrag und Mitbestimmung nach § 87 Abs. 1 BetrVG	69
	10.3.4 Tarifvertrag und nichttarifgebundene Arbeitnehmer	70
	10.3.5 Betriebsvereinbarung und nachträgliche Tarifbindung bzw. nachträgliche gesetzlicher Regelung	71
	10.4 Einschränkung durch den Tarifvorrang des § 77 Abs. 3 BetrVG?	72
	10.4.1 Bedeutung des § 77 Abs. 3 BetrVG	72
	10.4.2 Tarifüblichkeit reicht aus	73
	10.4.3 Arbeitgeberbetrieb und Geltungsbereich des Tarifvertrages	74
	10.4.4 Bezugnahmeklausel nicht ausreichend	74
	10.4.5 Tarifvertrag und trotzdem Betriebsvereinbarung	74
	10.4.6. Tarifvertrag und Öffnungsklausel	75
	10.4.7 § 77 Abs. 3 BetrVG nur für Betriebsvereinbarungen	75
	10.4.8 Verhältnis § 77 Abs. 3 BetrVG zu § 87 Abs. 1 BetrVG	76
	10.4.9 Umdeutung einer unwirksamen Betriebsvereinbarung?	77
	10.4.10 Verstoß gegen § 77 Abs. 3 BetrVG und grober Verstoß nach § 23 BetrVG	78

11.	Wer ist zuständig? Betriebsrat oder Gesamtbetriebsrat?		**80**
	11.1	Zuständigkeit des Gesamtbetriebsrats kraft Beauftragung, § 50 Abs. 2 S. 1 BetrVG	80
	11.2	Originäre Zuständigkeit des Gesamtbetriebsrats, § 50 Abs. 1 S. 1 BetrVG	81
	11.3	Zuständigkeit des Gesamtbetriebsrat für betriebsratslose Betriebe, § 50 Abs. 1 2. HS BetrVG	83
12.	Einigungsstelle – kurze Darstellung		**85**
	12.1	Die Besetzung der Einigungsstelle	85
		12.1.1 Der Vorsitzende der Einigungsstelle	85
		12.1.2 Die Beisitzer der Einigungsstelle	86
	12.2	Voraussetzung für die „Anrufung" der Einigungsstelle	86
	12.3	Verfahrungsgrundsätze	88
		12.3.1 Nur Präsenzsitzung	88
		12.3.2 Ordnungsgemäße Ladung	88
		12.3.3 Gewährung rechtlichen Gehörs	88
		12.3.4 Beschlussfassung aufgrund nichtöffentlicher mündlicher Beratung	89
		12.3.5 Entscheidungen über Befangenheitsanträge	89
	12.4	Das Verfahren der Einigungsstelle	89
	12.5	Unwirksamkeit und Anfechtbarkeit des Beschlusses der Einigungsstelle	91
	12.6	Kosten der Einigungsstelle	92
Teil II	**Das Mitbestimmungsrecht des Betriebsrats in sozialen Angelegenheiten (§ 87 Abs. 1 Nr. 1 – 13 BetrVG) dargestellt an Fallbeispielen**		**94**
1.	Ordnung und Verhalten der Arbeitnehmer im Betrieb (§ 87 Abs. 1 Nr. 1 BetrVG)		**94**
	1.1	Gegenstand der Mitbestimmung	94
	1.2	Arbeits- und Verhaltenskontrollen	98
	1.3	Rauch- und Alkoholverbot	109
	1.4	Radiohören am Arbeitsplatz	111
	1.5	Betriebsbuße – Abmahnung	112

1.6	Arbeits- und Dienstkleidung	114
1.7	Pkw-Nutzung, Parkplatznutzung, Dienstreiseordnung	116
1.8	Maßnahmen bei Fehlzeiten	117
1.9	Betriebliches Eingliederungsmanagement	119
1.10	Beschwerdestelle nach § 13 AGG	121
1.11	Mitarbeiterjahresgespräche	122

2. **Beginn und Ende der Arbeitszeit (§ 87 Abs. 1 Nr. 2 BetrVG)** — 123

2.1	Allgemeines	123
2.2	Schichtarbeit – Dienstpläne	129
2.3	Roulierendes System	133
2.4	Teilzeitarbeit	133
2.5	Gleitzeit	135
2.6	Rufbereitschaft und Bereitschaftsdienst	137
2.7	Umkleidezeit als Arbeitszeit	137

3. **Vorübergehende Veränderung der betriebsüblichen Arbeitszeit (§ 87 Abs. 1 Nr. 3 BetrVG)** — 140

3.1	Betriebsübliche Arbeitszeit	140
3.2	Überstunden	141
3.3	Kurzarbeit	147

4. **Auszahlung der Arbeitsentgelte (§ 87 Abs. 1 Nr. 4 BetrVG)** — 149
5. **Urlaubsgrundsätze (§ 87 Abs. 1 Nr. 5 BetrVG)** — 151
6. **Technische Kontrolleinrichtungen (§ 87 Abs. 1 Nr. 6 BetrVG)** — 154

6.1	Sinn des Mitbestimmungsrechts	154
6.2	Technische Einrichtung	154
6.3	Telefondatenerfassungsanlage	164
6.4	Überwachung der Leistungen einer Gruppe von Arbeitnehmern	166
6.5.	Einführung eines Zeiterfassungsgeräts	168
6.6	Überwachung mittels Videokamera	169
6.7	Einsatz einer (Standort-)Software	170

7. **Arbeits- und Gesundheitsschutz (§ 87 Abs. 1 Nr. 7 BetrVG)** — 172

7.1	Schutzkleidung	173
7.2	Gefährdungsbeurteilung, Dokumentation und Unterweisung der Arbeitnehmer	173

	7.3	Ausgleich von Nachtarbeit	175
	7.4	Ausgestaltung eines Großraumbüros	176
	7.5	Sicherheitsanweisungen	176
	7.6	Mitarbeiterbefragung im Rahmen des Gesundheitsschutzes	177
	7.7	Bestellung von Betriebsärzten und Fachkräften für Arbeitssicherheit	178
	7.8	Aufbau einer Aufbau- und Ablauforganisation	179
	7.9	Mitbestimmung über die personelle Mindestbesetzung auf Krankenhausstationen	180
	7.10	Einrichtung eines Arbeitsschutzausschusses	182
	7.11	Erstellung eines Coronakonzepts im Krankenhaus	182
8.		**Soziale Einrichtungen (§ 87 Abs. 1 Nr. 8 BetrVG)**	**184**
9.		**Werkswohnung (§ 87 Abs. 1 Nr. 9 BetrVG)**	**189**
10.		**Betriebliche Lohngestaltung (§ 87 Abs. 1 Nr. 10 BetrVG)**	**192**
	10.1	Allgemeines	192
	10.2	Besonderheiten bei freiwilligen Leistungen	206
	10.3	Zulagen	210
	10.4	Anrechnung übertariflicher Vertragsbestandteile	210
	10.5	Außertarifliche Angestellte	217
	10.6	Leistungsabhängige Vergütung	219
	10.7	Trinkgelder	221
	10.8	Gewährung von Zeitgutschriften für Samstagarbeit	222
11.		**Leistungsbezogene Entgelte (§ 87 Abs. 1 Nr. 11 BetrVG)**	**224**
	11.1	Akkordsätze	224
	11.2	Vergleichbare, leistungsbezogene Entgelte	225
12.		**Betriebliches Vorschlagwesen (§ 87 Abs. 1 Nr. 12 BetrVG)**	**230**
13.		**Gruppenarbeit (§ 87 Abs. 1 Nr. 13 BetrVG)**	**233**
14.		**Mobiles Arbeiten (§ 87 Abs. 1 Nr. 14 BetrVG)**	**234**

Literaturverzeichnis	236
Stichwortverzeichnis	237

Teil I Die Mitbestimmung in sozialen Angelegenheiten (§ 87 Abs. 1 BetrVG)

1. Die Beteiligungsrechte des Betriebsrats (Übersicht)

Das BetrVG regelt verschiedene Möglichkeiten, wie der Betriebsrat an Entscheidungen des Arbeitgebers zu beteiligen ist.

Es gibt zunächst die reinen **Informationsrechte** des Betriebsrats. In diesen Fällen soll der Betriebsrat über bestimmte Maßnahmen des Arbeitgebers nur informiert werden, in anderen Fällen dient die Information als **Vorstufe** weiterer Rechte des Betriebsrats.

Beispiel: *Der Arbeitgeber hat den Betriebsrat nach § 105 BetrVG über die „Einstellung oder personelle Veränderungen" von leitenden Angestellten zu informieren. Mit dieser Information wird er darüber unterrichtet, für welche Personen er nicht zuständig ist. Ist der Betriebsrat der Meinung, tatsächlich sei der „leitende Angestellte" rechtlich kein Leitender, könnte er dessen Status gerichtlich klären lassen.*

Beispiel: *Nach § 80 Abs. 2 BetrVG muss der Arbeitgeber den Betriebsrat von sich aus zur Durchführung seiner Aufgaben nach dem BetrVG „rechtzeitig und umfassend" unterrichten. Der Betriebsrat verlangt z.B. die Auskunft vom Arbeitgeber, welche Arbeitnehmerin schwanger ist, um an Hand dieser Informationen nach § 80 Abs. 1 Nr. 1 BetrVG kontrollieren zu können, ob der Arbeitgeber z.B. die Gefährdungsbeurteilung nach § 10 Abs. 1 MuSchG durchgeführt hat.[4]*

Beispiel: *Der Arbeitgeber muss den Betriebsrat nach § 92 Abs. 1 über eine Personalplanung „rechtzeitig und umfassend" unterrichten und anschließend „mit dem Betriebsrat über Art und Umfang der erforderlichen Maßnahmen und über die Härten ... beraten". Eine ähnliche Regelung finden wir in § 111 S. 1 BetrVG im Rahmen der Planung einer Betriebsänderung.*

Unterlässt der Arbeitgeber diese Unterrichtung, kann der Betriebsrat sie beim Arbeitsgericht einklagen; in bestimmten Fällen begeht der Arbeitgeber sogar eine Ordnungswidrigkeit nach § 121 BetrVG.

Die nächste Stufe der Beteiligung des Betriebsrats sind seine **Beratungsrechte**, in denen der Arbeitgeber das Für und Wider[5] von ihm geplante Maßnahmen im

---
[4] BAG 09.04.2019 – 1 ABR 51/17, juris
[5] *Bopp/Grundmann* S. 15

Gespräch mit dem Betriebsrat erörtern muss. Genannt seien die bereits zitierten § 92 Abs. 1 und § 111 S. 1 BetrVG.

Beispiel: *Der Betriebsrat verlangt im Rahmen der Förderung der Berufsbildung nach § 96 Abs. 1 S. 2 BetrVG die Ermittlung des Berufsbildungsbedarfs; er kann außerdem verlangen dass „mit ihm Fragen der Berufsbildung der Arbeitnehmer des Betriebs" beraten werden.*

Dieses Beratungsrecht kann der Betriebsrat notfalls beim Arbeitsgericht einklagen.

Mit dem **Anhörungsrecht** des Betriebsrats wird der Arbeitgeber gezwungen, ihn z.B. vor dem Ausspruch einer Kündigung zu beteiligen. Zwar kann der Betriebsrat die Kündigung nicht verhindern; erfolgt die Anhörung jedoch nicht oder ist sie fehlerhaft, ist die Kündigung nach § 102 Abs. 1 BetrVG unwirksam.

Beispiel: *Der Arbeitgeber unterlässt die Anhörung des Betriebsrats vor einer Kündigung. Oder er teilt ihm nur die Aussage der Belastungszeugen, nicht aber die des Entlastungszeugen mit oder er hält die Anhörungsfrist nicht ein: die Kündigung ist nach § 102 Abs. 1 BetrVG unwirksam. Die Unwirksamkeit muss der Gekündigte jedoch – immer[6] – innerhalb der 3-Wochenfrist des § 4 KSchG nach Zugang der Kündigung gerichtlich geltend machen, anderenfalls die Kündigung wirksam wird, § 7 KSchG.*

Während beim Anhörungsrecht der Betriebsrat die Maßnahme nicht verhindern kann, ist das **Vetorecht** bei Einstellung, Versetzungen, Eingruppierung und Umgruppierungen, § 99 Abs. 1 BetrVG, anders. In diesen Fällen kann der Betriebsrat eine personelle Maßnahme aus in § 99 Abs. 2 BetrVG **abschließend** genannten Gründen durch sein schriftlich erklärtes und konkret begründetes Zustimmungsverweigerungsrecht verhindern, muss allerdings dabei grundsätzlich eine Wochenfrist beachten. Will der Arbeitgeber trotzdem die Personalmaßnahme durchführen, muss er sich die verweigerte Zustimmung durch das Arbeitsgericht ersetzen lassen.

Beispiel: *Der Arbeitgeber will einen Arbeitnehmer einstellen, ohne zuvor geprüft zu haben, „ob freie Arbeitsplätze mit schwerbehinderten Menschen, insbesondere bei der Agentur für Arbeit arbeitslos oder arbeitssuchend gemeldeten schwerbehinderten Menschen, besetzt werden können", § 164 Abs. 1 S. 2 SGB IX. Der Betriebsrat kann die Zustimmung zur Einstellung nach § 99 Abs. 2 Nr. 1 BetrVG wegen Verstosses gegen ein Gesetz verweigern.*

---

[6] Ausnahme, wenn bei einer ordentlichen Kündigung eine Behörde zu beteiligen war, § 4 S. 4 KSchG.

Das stärkste Beteiligungsrecht des Betriebsrats ist sein **Mitbestimmungsrecht.** Bei diesem Recht ist der Betriebsrat gleichberechtigt an den Entscheidungen des Arbeitgebers beteiligt. Mitbestimmung bedeutet gleiche Rechte für beide Betriebspartner. Er hat deshalb bei einer Vielzahl dieser Rechten ein **Initiativrecht**, kann also selbst agieren und braucht nicht bloß zu reagieren.

Beispiel: *Will der Arbeitgeber Auswahlrichtlinien für Einstellungen und Kündigungen einführen, hat der Betriebsrat nach § 95 Abs. 1 BetrVG gleichberechtigt mitzubestimmen. Sind in dem Betrieb aber mehr als 500 Arbeitnehmer beschäftigt, kann der Betriebsrat sogar von sich aus die Aufstellung von Auswahlrichtlinien verlangen.*

Beispiel: *Der Betriebsrat kann die Aufstellung von Entlohnungsgrundsätzen nach § 87 Abs. 1 Nr. 10 BetrVG verlangen, um damit im Betrieb den Grundsatz der Gleichberechtigung durchzusetzen.*

Kommt es in den Mitbestimmungsrecht des Betriebsrats nicht zu einer Einigung, gibt es im BetrVG einen gesetzlichen Mechanismus zur Konfliktlösung: Es kann als außerbetriebliche Schlichtungsstelle die **Einigungsstelle** angerufen werden (z.B. §§ 87 Abs. 2, 95 Abs. 1 u. 2, 97 Abs. 2, 98 Abs. 4, 112 Abs. 4 BetrVG), die notfalls den Streit durch einen Beschluss, der als „**Spruch**" bezeichnet wird, entscheidet und damit die mangelnde Einigung der Betriebsparteien ersetzt.

Beispiel: *In dem Beispiel mit den Auswahlrichtlinien könnte im ersten Fall der Arbeitgeber, der die Auswahlrichtlinien einführen will, die Einigungsstelle anrufen, in dem zweiten Fall, in dem der Betriebsrat ebenfalls ein Initiativrecht hat, auch der Betriebsrat.*

Beispiel: *Streiten die Betriebsparteien über die Lage der Arbeitszeit, § 87 Abs. 1 Nr. 2 BetrVG, kann von beiden Seiten die Einigungsstelle eingeschaltet werden.*

Beispiel: *Doch nicht immer kann die Einigungsstelle entscheiden. Kommt im Rahmen der Beratung über Maßnahmen der Berufsbildung keine Einigung zustande, können die Betriebspartner die Einigungsstelle anrufen, die aber nur eine Einigung der Parteien versuchen kann, § 96 Abs. 1a BetrVG. Das Gleiche gilt bei der Aufstellung eines Interessenausgleichs. Nach § 112 Abs. 3 Satz 2 BetrVG kann die Einigungsstelle auch hier nur versuchen, dass sich die Betriebsparteien auf den Interessenausgleich einigen. Die Einigungsstelle könnte nur in einem freiwilligen Einigungsstellenverfahren eine Entscheidung treffen; dafür müssten sich aber beide Betriebsparteien dem Spruch unterwerfen, was so gut wie nicht vorkommt.*

Die Stufen der Beteiligung des Betriebsrats – Zusammenfassung

Mitwirkungsrechte des Betriebsrats nach dem Betriebsverfassungsgesetz

Sachbereich der Mitwirkung	Qualität der Mitwirkung				
	Information	Information und Beratung	Anhörung	Vetorecht	Mitbestimmung
1. Zur Durchführung aller Aufgaben	§ 80 Abs. 2				
2. Soziale Angelegenheiten					§ 87
Betr. Ordnung, Lage der Arbeitszeit, Mehrarbeit, Kurzarbeit, Urlaubsgrundsätze, Leistungsüberwachung, Gesundheitsschutz, Kantine, betr. Altersversorgung, Lohnfindung u.a.					§ 87 Abs. 1
3. Gestaltung des Arbeitsplatzes, der Arbeitsumgebung und des Arbeitsablaufs		§ 90			§ 91
Planung von Neu-, Um- und Erweiterungsbauten, techn. Anlagen, Arbeitsverfahren und -abläufen, Arbeitsplätzen		§ 90			
Änderung von Arbeitsplätzen und ablauf mit außergewöhnlicher Belastung des Arbeitnehmers					§ 91
4. Personelle Angelegenheiten	§ 105	§ 92	§ 102	§ 99	§§ 93, 94, 95
Personalplanung		§ 92			

Sachbereich der Mitwirkung	Qualität der Mitwirkung				
Ausschreibung von Arbeitsplätzen					§ 93
Personalfragebogen					
Beurteilungsgrundsätze					§ 94
Auswahlrichtlinien					§ 95
Einstellung, Eingruppierung, Umgruppierung, Versetzung				§ 99	
Kündigung			§ 102		
Kündigung in besonderen Fällen					§ 103
Personelle Maßnahmen bei leitenden Angestellten	§ 105				
5. Berufsbildung		§§ 96, 97		§ 98	§ 98
Förderung, Einrichtung und Maßnahmen		§§ 96, 97			§ 96 Abs. 1a, § 97 Abs. 2
Durchführung					§ 98 Abs. 1
Bestellung und Abberufung von Ausbildern				§ 98 Abs. 2	
Teilnahme an Berufsbildungsmaßnahmen					§ 98 Abs. 3
6. Wirtschaftliche Angelegenheiten		§§ 106, 111			§ 112
Betriebsänderungen (Stilllegung, Verlegung, Zusammenschluss von Betrieben u.a.)		§ 111			
Betriebsänderungen, Interessenausgleich, Sozialplan					§§ 111, 112

2. Zweck des Mitbestimmungsrecht des Betriebsrats in sozialen Angelegenheit, § 87 BetrVG

Zweck der in § 87 BetrVG normierten Mitbestimmungsrechte des Betriebsrats in sozialen Angelegenheiten ist es – je nach dem Mitbestimmungstatbestand –, die **Ausübung des Direktionsrechts an die Beteiligung des Betriebsrats zu binden,** einzelvertragliche Vereinbarungen insbesondere hinsichtlich betriebseinheitlicher Arbeitsbedingungen wegen der dabei gestörten Vertragsparität zurückzudrängen, gesetzliche Pflichten des Arbeitgebers etwa im Unfall- und Gesundheitsschutz zu konkretisieren und allgemeine Grundsätze über die gleichmäßige Behandlung der Arbeitnehmer oder über die Angemessenheit und Durchsichtigkeit des innerbetrieblichen Lohngefüges und die innerbetriebliche Lohngerechtigkeit zum Tragen kommen zu lassen.[7]

Beispiel: *Will der Arbeitgeber ein Rauchverbot verhängen, braucht er die Zustimmung des Betriebsrats. Der Arbeitgeber ist also in der Ausübung seines Direktionsrechts nicht mehr frei wie ohne Betriebsrat. Gäbe es keinen Betriebsrat wäre allerdings der Arbeitgeber auch nicht völlig frei; er müsste neben dem Arbeitsvertrag und Tarifverträgen auch § 106 GewO und die dort geregelte Pflicht beachten, das Weisungsrecht nur nach billigem Ermessen auszuüben.*

Ist allerdings der Arbeitgeber bei der Ausübung seines Direktionsrechts schon unabhängig von einer Beteiligung des Betriebsrats nicht mehr frei, eine bestimmte Regelung zu treffen, können auch Mitbestimmungsrechte des Betriebsrats zu keiner von dieser Bindung abweichenden Regelung führen. Ein Mitbestimmungsrecht des Betriebsrats besteht stets nur insoweit, als auch der Arbeitgeber selbst noch etwas bestimmen kann.[8]

Beispiel: *Gibt es ein gesetzliches Rauchverbot, könnten weder der Arbeitgeber noch der Betriebsrat über das „OB" eines Rauchverbots entscheiden.*[9]

---

[7] BAG 24.02.1987 – 1 ABR 18/85, juris
[8] BAG 26.05.1988 – 1 ABR 9/87, juris
[9] Vgl. weiter S. 65

2.1 Das Initiativrecht des Betriebsrats

Der Betriebsrat hat bei den Mitbestimmungsrechten nach § 87 Abs. 1 BetrVG grundsätzlich ein Initiativrecht. Dieses bedeutet, dass nicht nur der Arbeitgeber Regelungen in sozialen Angelegenheiten anstoßen kann und dafür die Zustimmung des Betriebsrat einholen muss, sondern auch der Betriebsrat die Initiative ergreifen und eine Regelung i.S. des § 87 Abs. 1 BetrVG beim Arbeitgeber beantragen und – sollte der Arbeitgeber nicht zustimmen – über die Einigungsstelle, § 87 Abs. 2 BetrVG versuchen kann, seine Ideen durchzusetzen.

Beispiel: Sollte es bereits eine Betriebsvereinbarung über die Lage der Arbeitszeit geben, kann der Betriebsrat sie kündigen und auf Grund seine Initiativrechts eine Neuregelung vom Arbeitgeber verlangen und im Notfall die Einigungsstelle anrufen, die dann bei Nichteinigung eine Regelung herbeiführt.

2.2 Begrenzung des Initiativrechts des Betriebsrats

Doch das Initiativrecht ist nicht unbeschränkt. Eine Einschränkung erfolgt bereits z.B. durch den Gesetzgeber selbst; eine weitere Einschränkung ergibt sich auch dem Zweck einzelner Mitbestimmungsrechte.

2.2.1 Begrenzung aus § 87 Abs. 1 BetrVG selbst

In § 87 Abs. 1 Nr. 8 BetrVG ist geregelt, dass die „Form, Ausgestaltung und Verwaltung von Sozialeinrichtungen" der Mitbestimmung des Betriebsrats unterworfen ist; von der Einrichtung der Sozialeinrichtungen wird nicht gesprochen. Diese wird in § 88 Nr. 2 BetrVG genannt. D.h. bereits aus dem Gesetzestext wird deutlich, dass der Betriebsrat **nicht** die Einrichtung und damit die **Einführung** einer Sozialeinrichtung wie z.B. einer Kantine oder eines Betriebskindergarten notfalls über die Einigungsstelle erzwingen kann.

Beispiel: Der Arbeitgeber entscheidet allein, ob er eine Kantine oder einen Betriebskindergarten einführt; auch entscheidet er darüber, wie viel Geld er für solche Einrichtungen zur Verfügung stellt. Bei der näheren Ausgestaltung hat der Betriebsrat jedoch unter Beachtung dieser Vorgaben nach § 87 Abs. 1 Nr. 8 BetrVG mitzubestimmen.

2.2.2 Begrenzung aus dem Zweck einzelner Mitbestimmungsrechte

Der Grund dafür, dass der Betriebsrat nicht die Einrichtung einer Einigungsstelle erzwingen kann, liegt in dem Zweck der Mitbestimmung. Der Betriebsrat kann nämlich grundsätzlich nicht über die Einigungsstelle erzwingen, dass der Arbeitgeber z.B. für die Einrichtung einer Kantine Geld zur Verfügung stellt.

Es gibt aber noch weitere Einschränkungen des Initiativrechts des Betriebsrats.

Das BAG[10] hat im Jahr 1989 entschieden, dass das Initiativrecht des Betriebsrats hinsichtlich des Mitbestimmungstatbestandes nach § 87 Abs. 1 Nr. 6 BetrVG nicht zum Inhalt hat, dass der Betriebsrat auch die **Einführung einer technischen Kontrolleinrichtung** verlangen kann. Die Abschaffung einer solchen technischen Kontrolleinrichtung bedarf daher auch nicht der Zustimmung des Betriebsrats. Dabei geht es nicht allein darum, dass der Betriebsrat nicht verlangen kann, dass der Arbeitgeber für die Einführung einer Kontrolleinrichtung Geld zur Verfügung stellen müsste. Es geht entscheidend um das Persönlichkeitsrecht der Arbeitnehmer, die der Betriebsrat schützen muss und in die nur mit seiner Zustimmung eingriffen werden darf.

Das BAG führt aus: „Sinn des Mitbestimmungsrechts des Betriebsrats nach § 87 Abs. 1 Nr. 6 BetrVG bei der Einführung und Anwendung von technischen Einrichtungen, die dazu bestimmt sind, das Verhalten oder die Leistung der Arbeitnehmer zu überwachen, ist es, **Eingriffe in den Persönlichkeitsbereich der Arbeitnehmer durch Verwendung anonymer technischer Kontrolleinrichtungen nur bei gleichberechtigter Mitbestimmung des Betriebsrats zuzulassen.** Den Gefahren einer Verletzung des Persönlichkeitsrechts und des Rechts der Arbeitnehmer auf freie Entfaltung dieser Persönlichkeit, die von technischen Überwachungseinrichtungen ausgehen können, soll durch eine mitbestimmte Regelung über die Einführung und nähere Nutzung solcher Einrichtungen begegnet werden. Dem Mitbestimmungsrecht des Betriebsrats kommt daher eine Abwehrfunktion gegenüber der Einführung solcher technischer Kontrolleinrichtungen zu, deren Einführung als solche nicht verboten ist und deren Anwendung unter Berücksichtigung der Interessen der Arbeitnehmer auch sinnvoll und geboten sein kann. Dieser Zweckbestimmung des Mitbestimmungsrechts widerspricht es jedoch, wenn der Betriebsrat selbst – gleich aus welchen Gründen – die Einführung einer solchen technischen Kontrolleinrichtung verlangt. Das gilt unabhängig davon, ob durch eine technische Kontrolleinrichtung tatsächlich Interessen der Arbeitnehmer berührt werden, ob der Betriebsrat eine solche

---

[10] BAG 28.11.1989 – 1 ABR 97/88, juris

Interessenbeeinträchtigung sieht oder ob er diese durch die nähere Ausgestaltung der mitbestimmten Regelung über die Anwendung der technischen Kontrolleinrichtung auszuschließen erstrebt."

Beispiel: *§ 87 Abs. 1 Nr. 6 BetrVG berechtigt mithin den Betriebsrat nicht, die Einführung einer technischen Kontrolleinrichtung wie z.B. eine Stempeluhr zu verlangen und gegebenenfalls über den Spruch einer Einigungsstelle zu erzwingen. Sie gewährt ihm deshalb auch kein Mitbestimmungsrecht an der **Abschaffung** einer einmal eingeführten Kontrolleinrichtung in dem Sinne, dass diese seiner Zustimmung bedarf.*[11]

Der EuGH[12] hat jedoch entscheiden, dass der Arbeitgeber ein System einzurichten muss, **mit dem die von einem jeden Arbeitnehmer geleistete tägliche Arbeitszeit gemessen werden kann.** Es wird deshalb in der Fachliteratur diskutiert, ob nicht der Betriebsrat die Einführung von Zeitstempeluhren notfalls über die Einigungsstelle erzwingen kann, um damit die Kontrolle der Einhaltung des Arbeitszeitgesetzes über die Regelungen des § 16 Abs. 2 ArbZG hinaus zu ermöglichen. Zudem wird erwartet, dass der Gesetzgeber für die notwendige Aufzeichnung der täglichen Arbeitszeit gesetzliche Regelungen schafft. Inzwischen hat sich das BAG hierzu geäußert.[13]

2.3 Einschränkung des Mitbestimmungsrechts bei freiwilligen Leistungen

Das Mitbestimmungsrecht des Betriebsrats ist darüber hinaus eingeschränkt, soweit es um freiwillige Leistungen des Arbeitgebers geht. Hierüber hat allein der Arbeitgeber zu befinden; nur bei der Verteilung oder Ausgestaltung solcher Leistungen kann der Betriebsrat nach § 87 Abs. 1 BetrVG unter Beachtung der Vorgaben des Arbeitgebers mitbestimmen.

---

[11] BAG 28.11.1989 – 1 ABR 97/88, juris; a.A. LAG Berlin-Brandenburg 22.01.2015 – 10 TaBV 1812/14, juris mit ablehnender Anmerkung *Graf* JurisPR-Arb 26/2015 Anm. 2; ebenso LAG Hamm 27.7.2021 – 7 TaBV 79/29, juris. Das LAG Hamm 04.06.2019 – 7 TaBV 93/18, juris sowie 15.12.2020 – 7 TaBV 85/20 nimmt an, dass die Einigungsstelle nicht offensichtlich unzuständig ist für ein Initiativrecht des Betriebsrats zur Einführung und Anwendung einer elektronischen Zeiterfassung. Ebenso LAG Düsseldorf 24.8.2021 – 3 TaBV 29/21, juris. Die Entscheidung des LAG Hamm 27.7.2021 – 7 TaBV 79/20, juris, in der das Gericht ein Initiativrecht des Betriebsrats auf Einführung einer elektronischen Zeiterfassung anerkannte, hob das BAG 13.9.2022 – 1 ABR 22/21, juris auf.

[12] EuGH 14.05.2019 – C-55/18, juris

[13] vergl. S. 168

Mitbestimmungsfrei entscheidet der Arbeitgeber,

- **ob** er freiwillig Leistungen erbringen will,
- in welchem **Umfang** er dafür finanzielle Mittel aufwenden will (Dotierungsrahmen),
- welchen **Zweck** er mit seinen Leistungen verfolgen und
- welchen **Personenkreis** er begünstigen will.

*Beispiel: Der Arbeitgeber will Weihnachgeld als eine freiwillig eine Zulage zahlen. Er entscheidet darüber, ob er dieses **Weihnachtsgeld** leisten möchte, welchen **Personenkreis** (z.B. den Außendienst) er begünstigen und welchen **Gesamtbetrag** er zur Verfügung stellen will. Unter Berücksichtigung dieser Vorgaben hat der Betriebsrat nach § 87 Abs. 1 Nr. 10 BetrVG mitzubestimmen.*

Sollte sich der Betriebsrat gegen die Einführung freiwilliger Leistungen aussprechen, kann der Arbeitgeber trotzdem über die Einigungsstelle versuchen, eine Regelung herbeizuführen. Kommt die Einigungsstelle dem Wunsch des Arbeitgebers nach, ist ihr Spruch dann nicht in dem Sinne verbindlich, dass der Arbeitgeber daran gebunden wäre und von seiner Verpflichtung nur durch eine fristgemäße Kündigung wieder freikommen könnte. Der Arbeitgeber dürfte vielmehr auch noch nach dem Spruch der Einigungsstelle von der Gewährung der Leistung absehen. Dies folgt unmittelbar aus der Freiwilligkeit der Leistung. Denn umfasst das Mitbestimmungsrecht nicht das Recht, eine freiwillige Leistung zu erzwingen, kann auch der Spruch der Einigungsstelle eine solche Verpflichtung nicht begründen. Nur wenn und solange der Arbeitgeber die Leistung erbringt, ist der Spruch der Einigungsstelle hinsichtlich der mitbestimmungspflichtigen Ausgestaltung dieser Leistung maßgeblich.[14]

---

[14]   BAG 13.9.1983 – 1 ABR 32/81, juris; LAG Köln 20.5.2022 – 9 TaBV 19/22, juris

3. Mitbestimmung nach § 87 Abs. BetrVG bei kollektiven Tatbeständen

Die Mitbestimmung des Betriebsrats nach § 87 Abs. 1 BetrVG besteht bei den meisten Tatbeständen nur bei einem kollektiven Tatbestand. Ein kollektiver Tatbestand liegt immer dann vor, wenn sich eine Regelungsfrage stellt, die kollektive Interessen der Arbeitnehmer berührt und es nicht um den einzelnen Arbeitnehmer als Person geht.

Beispiel: *Der Arbeitgeber ordnet für Arbeitnehmer Überstunden an. Bei einem zusätzlichen Arbeitsbedarf ist immer die Frage zu regeln, ob und in welchem Umfang zur Abdeckung dieses Arbeitsbedarfs Überstunden geleistet werden sollen oder ob die Neueinstellung eines Arbeitnehmers zweckmäßiger wäre. Weiter ist zu entscheiden, wann und von wem die Überstunden geleistet werden sollen. Diese Regelungsprobleme bestehen unabhängig von der Person und den individuellen Wünschen eines einzelnen Arbeitnehmers. Auf die Zahl der Arbeitnehmer, für die die Mehrarbeit oder Überstunden angeordnet werden, kommt es deshalb nicht an. Die Zahl der betroffenen Arbeitnehmer ist allenfalls ein Indiz dafür, dass ein kollektiver Tatbestand vorliegt.[15] Dieses bedeutet, dass der Betriebsrat selbst dann der Ableitung von Überstunden zustimmen muss, wenn nur ein Arbeitnehmer betroffen ist.*

Dagegen besteht im Regelfall **kein Mitbestimmungsrecht des Betriebsrats**, wenn es um die Gestaltung eines bestimmten Arbeitsverhältnisses geht und **nur dem einzelnen Arbeitnehmer betreffende Umstände** diese Maßnahme des Arbeitgebers veranlassen.[16]

Beispiel: *In einer Betriebsvereinbarung ist geregelt, dass die Arbeitszeit im Betrieb morgens um 8 Uhr beginnt. Eine Arbeitnehmerin vereinbart mit dem Arbeitgeber für sich den Arbeitsbeginn um 9 Uhr, weil sie zuvor ihr Kind in den Kindergarten bringen muss. Hier liegt weder ein Verstoß gegen die Betriebsvereinbarung vor noch kann der Betriebsrat mitbestimmen; es stehen die Person der Arbeitnehmerin und nicht die betrieblichen Interessen im Vordergrund. Denn der Arbeitgeber darf abweichend von einer Betriebsvereinbarung mit einem Arbeitnehmer einen späteren Arbeitsbeginn vereinbaren, wenn es – wie hier – um dessen besondere Bedürfnisse oder Wünsche*

---

[15] BAG 27.11.1990 – 1 ABR 77/89, juris
[16] BAG 13.03.2004 – 9 AZR 323/03, juris

geht und keine allgemeinen Interessen der Arbeitnehmer berührt werden.[17] Der Betriebsrat könnte diesen Punkt aber aufgreifen und für alle Eltern die Möglichkeit der Arbeitsaufnahme um 9 Uhr mit dem Arbeitgeber vereinbaren, um ihnen morgens zu ermöglichen, ihr Kind in den Kindergarten zu bringen.

Beispiel: Ein Arbeitnehmer vereinbart für sich mit dem Arbeitgeber eine Gehaltserhöhung auf Grund eigener besonderer Belastungen. Hier steht das Ansinnen des Arbeitnehmers im Vordergrund. Die individuelle Lohngestaltung, die mit Rücksicht auf besondere Umstände des einzelnen Arbeitsverhältnisses getroffen wird und bei der kein innerer Zusammenhang zur Entlohnung anderer Arbeitnehmer besteht, unterliegt nicht der Mitbestimmung.

Das BAG[18] führt hierzu aus: „Die Abgrenzung zwischen den das Mitbestimmungsrecht auslösenden kollektiven Tatbeständen und Einzelfallgestaltungen richtet sich danach, ob es um Strukturformen des Entgelts einschließlich ihrer näheren Vollzugsformen geht. Hierfür ist die Anzahl der betroffenen Arbeitnehmer nicht allein maßgeblich. Sie kann aber ein Indiz dafür sein, ob ein kollektiver Tatbestand vorliegt oder nicht. Es widerspräche nämlich dem Zweck des Mitbestimmungsrechts, wenn es dadurch ausgeschlossen werden könnte, dass der Arbeitgeber mit einer Vielzahl von Arbeitnehmern jeweils „individuelle" Vereinbarungen über eine bestimmte Vergütung trifft, ohne sich zu allgemeinen Regeln bekennen zu wollen."

Beispiel: Der Arbeitgeber will für eine kleine Abteilung die Lage der Arbeitszeit festlegen. Hier liegt ein kollektiver Tatbestand vor, der gemeinsam mit dem Betriebsrat zu regeln ist. Denn die Festlegung der betriebsüblichen Arbeitszeit berührt wegen des regelmäßig aufeinander abgestimmten Personaleinsatzes und des Ineinandergreifens von Arbeitsabläufen typischerweise kollektive Interessen der Arbeitnehmer. Diese allgemeinen Interessen begründen das Mitbestimmungsrecht des § 87 Abs. 1 Nr. 2 BetrVG, dessen Zweck es ist, das Interesse der Arbeitnehmer an der Lage der Arbeitszeit und damit zugleich ihrer freien Zeit für die Gestaltung ihres Privatlebens zur Geltung zu bringen.

Allerdings gibt es von dem Grundsatz, dass ein Mitbestimmungsrecht in sozialen Angelegenheiten nur bei kollektiven Tatbeständen besteht, **zwei Ausnahmen**. Zum einen nach § 87 Abs. 1 Nr. 5 BetrVG, wenn sich bei der zeitlichen Festlegung des **Urlaubs** für **einzelne** Arbeitnehmer Arbeitgeber und der einzelne

---

[17] BAG 16.03.2004 – 9 AZR 323/04, juris
[18] BAG 02.09.2000 – 1 ABR 4/19, juris

Arbeitnehmer nicht einigen und zum anderen nach § 87 Abs. 1 Nr. 9 BetrVG beim Mitbestimmungsrecht des Betriebsrats bei der **Zuweisung und Kündigung von Wohnräumen** (Werkswohnungen); hier unterliegt diese Maßnahme selbst in jedem Einzelfall der Mitbestimmung des Betriebsrats.

Bei der Verweigerung des Urlaubs im Einzelfall ist die Mitbestimmung des Betriebsrats bereits deshalb verständlich, weil bei der Genehmigung des Urlaubs notfalls über die Einigungsstelle letztlich andere Arbeitnehmer, die dann nicht in Urlaub fahren können oder Mehrarbeit leisten müssen, betroffen sein können.

Im Übrigen ist die Mitbestimmung nicht beschränkt auf Dauerregelungen. Es kann sich auch um einmalige Tatbestände handeln, bei dem ein Mitbestimmungsrecht des Betriebsrats besteht.

Beispiel: *Der Arbeitgeber will für einen einzelnen Arbeitnehmer die Ableistung einer Überstunde aus betrieblichen Gründen anordnen. Auch für diese Weisung braucht der Arbeitgeber die Zustimmung des Betriebsrats.*

4. Eilfälle und Notfälle

Das BetrVG regelt in § 87 Abs. 1 BetrVG nicht, dass der Arbeitgeber in einem Eilfall das Mitbestimmungsrecht des Betriebsrats nicht beachten muss oder dass er es nur modifiziert durchzuführen braucht.

Das Mitbestimmungsrecht des Betriebsrats besteht deshalb auch in Eilfällen, das sind Fälle, in denen eine baldige Regelung erfolgen muss, der Betriebsrat aber seine Zustimmung noch nicht erteilt hat oder eine alsbaldige Übereinstimmung nicht zu erzielen ist.[19] Es ist das Ergebnis einer mangelnder betrieblichen Organisation des Arbeitgebers, wenn er es unterlässt, die gesetzlichen Mitbestimmungsregelungen bei seinen Dispositionen angemessen zu berücksichtigen, und z.B. nicht durch eine mit dem Betriebsrat vereinbarte Regelung im Vorhinein diese Eilfälle regelt. Andererseits muss sich der Betriebsrat im Rahmen der vertrauensvollen Zusammenarbeit, § 2 Abs. 1 BetrVG, darauf einlassen, dass für diese Fälle eine sachgerechte Regelung getroffen wird.

Beispiel: *Der Arbeitgeber muss gelegentlich kurzfristig über die Leistung von Überstunden entscheiden, weil z.B. kurz nach Dienstschluss noch ein LKW abgeladen werden muss, der Betriebsrat aber nicht mehr im Haus ist und deshalb nicht um Zustimmung zur Leistung von Überstunden nach § 87 Abs. 1 Nr. 3 BetrVG gebeten werden kann. Hier bietet sich an, dass der Arbeitgeber **im Vorfeld** mit dem Betriebsrat vereinbart, wie mit solchen Eilfällen umgegangen werden soll, die Zustimmung z.B. in diesen Fällen als erteilt gilt und der Arbeitgeber im Nachhinein dem Betriebsrat die Dringlichkeit der Leistung von Überstunden darlegen muss. Fast unsinnig wäre es, wenn der Arbeitgeber im Nachhinein die Zustimmung des Betriebsrats einholen müsste.*

Das Mitbestimmungsrecht nach § 87 Abs. 1 Nr. 3 BetrVG kann mithin durch den Abschluss einer Betriebsvereinbarung in der Weise ausgeübt werden, dass sie dem Arbeitgeber unter bestimmten Voraussetzungen gestattet, im Einzelfall allein über die vorübergehende Verkürzung oder Verlängerung der betriebsüblichen Arbeitszeit zu entscheiden. Das Mitbestimmungsrecht des Betriebsrats darf durch die Delegation der Entscheidung auf den Arbeitgeber allerdings nicht in seiner Substanz verletzt werden;[20] der Betriebsrat darf mithin nicht völlig auf sein Mitbestimmungsrecht bei Überstunden verzichten. Dieses Beteiligungsrecht wird beseitigt und es läge ein unzulässiger Verzicht auf das Mitbestimmungsrecht nach § 87 Abs. 1 Nr. 3 BetrVG vor, wenn der Arbeitgeber

---

[19] *Däubler* § 87 Rn. 28
[20] BAG 03.06.2002 – 1 ABR 349/06, juris

den Betriebsrat z.B. nach einem Stichtag über eine Dienstplanänderung nur unterrichten müsste und nach Gutdünken verfahren könnte.[21]

Im **Notfall**, der dann vorliegt, wenn eine plötzlich auftretende, nicht vorhersehbare und schwerwiegende Situation vorliegt, insbesondere bei drohendem Eintritt eines schweren Schadens für die Arbeitnehmer oder den Betrieb wie z.B. Brand oder Überschwemmung, wird das Mitbestimmungsrecht des Betriebsrats aus dem Gesichtspunkt der vertrauensvollen Zusammenarbeit, § 2 Abs. 1 BetrVG, zu verneinen sein. Allerdings muss der Arbeitgeber sich auf vorläufige Maßnahme beschränken und den Betriebsrat unverzüglich unterrichten.

Beispiel: *Muss wegen eines Brands der Betrieb evakuiert werden und müssen deshalb Überstunden geleistet werden, wird der Arbeitgeber nicht vorab die Zustimmung des Betriebsrats einholen können. Hier kann ein Fall der Unzumutbarkeit der Beteiligung des Betriebsrats vorliegen; würde sich der Betriebsrat auf sein Mitbestimmungsrecht berufen wollen, könnte das sogar rechtsmissbräuchlich[22] sein.*

---

[21] LAG Berlin-Brandenburg 17.01.2019 – 26 TaBV 1175/18, juris
[22] *Däubler* § 87 Rn. 30

5. Die Wahrnehmung der Mitbestimmung durch den Betriebsrat

§ 87 Abs. 1 BetrVG regelt nicht, wie die Mitbestimmung ausgeübt wird. Mitbestimmung heißt, dass der Arbeitgeber vor einem von ihm beabsichtigten und unter die Angelegenheiten des § 87 Abs. 1 BetrVG fallenden Tatbestand die Zustimmung des Betriebsrats einholen muss.

5.1 Beschluss des Betriebsrats notwendig

Weder kann allein der Betriebsratsvorsitzende noch ein einzelnes Betriebsratsmitglied über einen Antrag des Arbeitgeber auf Zustimmung zu einer mitbestimmungspflichtigen Angelegenheit befinden. Stellt der Arbeitgeber einen entsprechenden Antrag, hat der Betriebsratsvorsitzende diesen Punkt auf die Tagesordnung der Betriebsratssitzung zu setzen, § 29 Abs. 3 BetrVG. Steht der Antrag des Arbeitgebers nicht auf der Tagesordnung der Betriebsratssitzung, kann die Tagesordnung noch in der Sitzung des Betriebsrats einstimmig ergänzt werden. Der Betriebsrat muss allerdings ordnungsgemäß vom Betriebsratsvorsitzenden zur Sitzung geladen worden sein und die Beschlussfähigkeit des Betriebsrats muss gegeben sein.

Der Betriebsrat ist auch verpflichtet, sich im Rahmen seiner Verpflichtung zur vertrauensvollen Zusammenarbeit, § 2 Abs. 1 BetrVG, und im Hinblick auf § 74 Absatz 1 S. 1 BetrVG, wonach er mit dem Arbeitgeber mit dem ernsthaften Willen zur Einigung zu verhandeln hat, mit diesem **Antrag zu befassen**. Der Betriebsrat kann schließlich durch **Beschluss** mit der Mehrheit der Stimmen seiner anwesenden Betriebsratsmitglieder der vom Arbeitgeber beantragten Maßnahme zustimmen oder sie ablehnen. Handelt der Betriebsratsvorsitzende ohne einen entsprechenden Beschluss des Betriebsrats, ist seine Erklärung (schwebend) unwirksam. Sie kann aber vom Betriebsrat (nachträglich) genehmigt werden. Eine Anscheins- oder Duldungsvollmacht des Vorsitzenden ist abzulehnen.[23]

Die **bloße Hinnahme** eines mitbestimmungswidrigen Verhaltens eines Arbeitgebers durch den Betriebsrat **reicht für eine Mitbestimmung nicht aus.** Das Schweigen des Betriebsrats kann grundsätzlich nicht als Zustimmung des Betriebsrats zu mitbestimmungspflichtigen Maßnahmen des Arbeitgebers bewertet werden. Diese setzt eine auf die Zustimmung zu der Maßnahme gerichtete **Beschlussfassung**

---

[23] BAG 08.02.2022 – 1 AZR 233/21, juris, mit der eine entgegenstehende Entscheidung des LAG Düsseldorf 15.4.2021 – 11 Sa 490/20, juris aufgehoben wurde.

des Betriebsrats und deren Verlautbarung gegenüber dem Arbeitgeber voraus.[24] Dies gilt – natürlich – auch für eine formfreie Regelungsabrede.[25]

Ein Zustimmungs- oder Ablehnungsbeschluss kann auch von einem **Ausschuss des Betriebsrats** gefasst werden, sollte diesem Ausschuss vom Betriebsrat die Kompetenz übertragen worden sein, über die vom Arbeitgeber beantragte Maßnahme abschließend zu befinden, § 28 Abs. 1 BetrVG.

Kurz noch etwas zur Beschlussfassung. Im Regelfall findet die Sitzung des Betriebsrats als Präsenzsitzung statt, § 30 Abs. 1 Satz 2 BetrVG[26]. Allerdings können die Betriebsräte eine Betriebsratssitzung mittels Video- und Telefonkonferenz durchführen.

- Der Vorrang als Präsenzsitzung kann beispielsweise gesichert werden durch eine Begrenzung der Anzahl von Sitzungen, die ganz oder teilweise als Video- und Telefonkonferenz durchgeführt werden können, oder eine Beschränkung auf bestimmte Themen, auf Sachverhalte, bei denen der Betriebsrat eine möglichst schnelle Befassung für angezeigt hält oder durch eine Begrenzung auf Fälle, in denen sie dem Gesundheitsschutz der Betriebsratsmitglieder dient.[27]

- Die Voraussetzungen für eine Teilnahme an einer Betriebsratsssitzung als Video-oder Telefonkonferenz müssen in der Geschäftsordnung[28] des Betriebsrats unter Sicherung des Vorrangs der Präsenzsicherung festgelegt sein. Dabei können sowohl einzelne teilnahmeberechtigte Personen zugeschaltet oder die Sitzung kann ausschließlich als Video- oder Telefonkonferenz durchgeführt werden. Es ist selbstverständlich, dass der Arbeitgeber für die Video- oder Telefonkonferenzen die notwendigen Informations- und Kommunikationsmittel zur Verfügung stellen muss, § 40 BetrVG.[29]

- Das Recht zur innerbetrieblichen (zum Beispiel §§ 32, 52, 59a für die jeweilige Schwerbehindertenvertretung oder § 67 für die Jugend- und Auszubildendenvertretung) wie außer-betrieblichen (zum Beispiel Gewerk-

---

[24] BAG 24.01.2017 – 1 ABR 772/14, juris

[25] BAG 23.10.2018 – 1 ABR 26/17, juris

[26] I.d.F. des Betriebsrätemodernisierungsgetzes vom 14.06.2021 BGBl I. S. 1762 – auch hinsichtlich der Zulässigkeit der Video- und Telefonkonferenz

[27] Gesetzesbegründung zu Nr. 3 Buchstabe b des Betriebsrätemodernisierungsgesetz vom 14.6.2021 (BGBl I S. 1762)

[28] vgl. hierzu *Bopp/Beseler/Grundmann* Geschäftsführung des Betriebsrats und Arbeit des Gesamtbetriebsrats, Rieder Verlag, 4. Aufl. 2022

[29] LAG Berlin-Brandenburg 24.04.2021 – 15 TaBVGa 401/21, juris

schaftsmitglieder nach § 31) Teilnahme bleibt unberührt und ist auch für eine Teilnahme mittels Video- oder Telefonkonferenz sicherzustellen.

- Der Betriebsrat legt fest, ob eine Sitzung als Präsenzsitzung oder als Video- oder Telefonkonferenz durchgeführt wird. Die Geschäftsordnung kann dem Vorsitzenden das Recht einräumen, zu entscheiden, dass er zu einer Sitzung als Video- oder Telefonkonferenz einlädt. Der Vorsitzende (und nicht die Geschäftsordnung) hat mit der Einladung darauf hinzuweisen, dass und in welcher Weise die Nutzung von Video- und Telefonkonferenz beabsichtigt ist und eine angemessene Frist zum Widerspruch setzen. Es können mindestens 1/4 der Mitglieder des Betriebsrats der Durchführung der Betriebsratssitzung als Video- oder Telefonkonferenz innerhalb der Frist widersprechen; der Widerspruch ist nicht formgebunden.
- Es muss sichergestellt sein, dass Dritte vom Inhalt der Sitzung keine Kenntnis nehmen können.

Die letzte Voraussetzung einer zulässigen Sitzung mittels Video und Telefonkonferenz konkretisiert den Grundsatz der Nichtöffentlichkeit gemäß § 30 Abs. 1 Satz 5 BetrVG und dient zugleich dem Datenschutz. Dies umfasst technische und organisatorische Maßnahmen wie die Nutzung eines nichtöffentlichen Raumes während der Dauer der Sitzung. Die zugeschalteten Sitzungsteilnehmer können zum Beispiel zu Protokoll versichern, dass nur teilnahmeberechtigte Personen in dem von ihnen genutzten Raum anwesend sind. Sobald nicht teilnahmeberechtigte Personen den Raum betreten, ist hierüber unverzüglich zu informieren.[30] Am Beginn der Sitzung ist der Kreis der Teilnehmer durch Abfrage zu prüfen. Solange für den Geschäftsverkehr gängige Konferenzsysteme verwandt werden, die über eine Verschlüsselung nach Stand der Technik verfügen, sind darüber hinaus keine zusätzlichen technischen Sicherungsmaßnahmen erforderlich.[31] Eine technische Aufzeichnung der virtuellen Sitzung ist nach § 30 Abs. 3 BetrVG unzulässig. Nicht bedacht hat der Gesetzgeber allerdings, dass eine geheime Abstimmung im Rahmen einer Telefon-/Video-Konferenz, die auf Verlangen eines Betriebsratsmitglieds durchgeführt werden muss, ohne besondere Software nicht möglich ist.[32]

Inzwischen gibt es aber im Internet Tools, mit denen geheime Abstimmungen möglich sind.[33]

---

[30] Gesetzesbegründung zu Nr. 3 Buchstabe b des Betriebsrätemodernisierungsgesetzes vom 14.06.2021 (BGBl. I 1762)
[31] *ErfK-Koch* Arbeitsrecht 23. Aufl. 2023 § 30 Nr. 2 Rn. 4
[32] *ErfK-Koch* Arbeitsrecht 23. Aufl. 2023 § 30 Nr. 2 Rn. 4
[33] vgl. z.B. www.geheime-abstimmung.de/

Unterbleibt eine Regelung in der Geschäftsordnung, sind die in einer Video- oder Telefonkonferenz gefassten Beschlüsse unwirksam.[34] Ist die Video- bzw. Telefonkonferenz nur unzureichend in der Geschäftsordnung geregelt oder werden die Vorgaben der Geschäftsordnung nicht beachtet, ist dies nach nicht unbestrittener Auffassung[35] für die Wirksamkeit bzw. Gültigkeit von nicht in Präsenzsitzungen gefassten Beschlüsse oder durchgeführten Wahlen dann ohne Bedeutung, wenn alle Mitglieder des Betriebsrats an der „virtuellen" Sitzung teilnehmen. Die Mitglieder des BR können in diesen Fällen der Durchführung einer virtuellen Sitzung aber widersprechen. Der AG ist nicht berechtigt, die Durchführung einer Betriebsratssitzung mittels Video- und Telefonkonferenz zu verlangen.[36]

5.2 Bei Ablehnung Begründung notwendig?

Muss der Betriebsrat bzw. der Arbeitgeber die Ablehnung einer nach § 87 Abs. 1 BetrVG von der jeweils anderen Seite beantragten Regelung begründen?

Beispiel: *Der Betriebsrat möchte zur Verwirklichung der Gleichbehandlung im Betrieb Entlohnungsgrundsätze nach § 87 Abs. 1 Nr. 10 BetrVG mit dem Arbeitgeber vereinbaren. Der Arbeitgeber möchte in Abweichung der bisherigen Gleitzeitregelung eine feste Arbeitszeit gemeinsam mit dem Betriebsrat nach § 87 Abs. 1 Nr. 2 BetrVG einführen. Muss die jeweilige Gegenseite, die die beantragte Regelung ablehnt, ihre Ablehnung begründen?*

Im Gegensatz zu den Personalvertretungsgesetzen des Bundes und der Länder für den öffentlichen Dienst muss die Ablehnung **nicht begründet** werden, wenn auch eine Begründung wünschenswert ist, damit die Gegenseite evtl. die vorgetragenen Argumente oder Bedenken ausräumen kann.

Auch steht die Ausübung der Mitbestimmungsrechte **nicht** unter dem **Vorbehalt der Erforderlichkeit**. Es gibt auch kein Verbot sog. **Koppelungsgeschäfte**, bei denen der Betriebsrat seine Zustimmung zu einer Maßnahme von Zusagen des Arbeitgebers abhängig macht, die mit dem Inhalt des Mitbestimmungsrechts nicht zu tun hat[37].

---

[34] *Boemke/Roloff/Haase* NZA 2021, 827, 833
[35] vgl. zum Meinungsstand *Wiese/Kreutz/Oetker/Raab/Weber/Franzen/Gutzeit/Jacobs/Schubert* GK-BetrVG – Kommentar – Raab 12. Aufl. 2022 § 30 Rn. 75 m.w.N.
[36] *ErfK-Koch* Arbeitsrecht 23. Aufl. 2023 § 30 Anm. 2 Rn. 3
[37] *Däubler* § 87 Rn. 16

Beispiel: Der Betriebsrat stimmt Überstunden am Wochenende nur zu, wenn die betroffenen Arbeitnehmer einen höheren Überstundenzuschlag erhalten. Da der Betriebsrat nicht die Zahlung von Geld verlangen kann, könnte der Überstundenzuschlag in einer freiwilligen Betriebsvereinbarung oder in einer Regelungsabrede enthalten sein, wenn wegen des Tarifvorrangs nach § 77 Abs. 3 BetrVG eine freiwillige Betriebsvereinbarung nicht wirksam wäre.

5.3 Zustimmung im Einzelfall

Doch wie erfolgt die Zustimmung zu einer von dem Arbeitgeber (oder der Gegenseite) beantragten, der Mitbestimmung nach § 87 Abs. 1 BetrVG unterfallenden Maßnahme?

Kein Problem besteht bei der Zustimmung zu **einmaligen Tatbeständen**. Hier stimmt der Betriebsrat einfach zu.

Beispiel: Der Betriebsrat stimmt der Leistung einer Überstunde durch Beschluss zu.

Beispiel: Ein Arbeitnehmer wendet sich an den Betriebsrat, nachdem sein Urlaubsantrag abgelehnt wurde. Der Betriebsrat einigt sich mit dem Arbeitgeber dahingehend, dass der Urlaub genehmigt (oder abgelehnt) wird. Damit ist das Mitbestimmungsrecht des Betriebsrats abgeschlossen.

5.4 Bei Dauertatbeständen: Betriebsvereinbarung oder Regelungsabrede

Bei Dauertatbeständen z.B. einer Arbeitszeitregelung, einem Rauchverbot oder Entlohnungsgrundsätzen aber auch bei sich wiederholenden Angelegenheiten z.B. Regelung der Brückentage im Jahr gibt es für den Betriebsrat und den Arbeitgeber zwei Regelungsmöglichkeiten und zwar die **Regelungsabrede** und die **Betriebsvereinbarung**. Es steht ihnen frei, in welcher Form die nach § 87 Abs. 1 BetrVG mitbestimmungspflichtigen Maßnahmen geregelt werden sollen.

Beispiel: Der Arbeitgeber schlägt dem Betriebsrat eine neuen Arbeitszeitregelung vor. Nach Verhandlungen einigen sich beide mündlich oder in einer mit Regelungsabrede überschriebenen Schriftstück auf diese Regelung oder sie legen alles schriftlich, § 77 Abs. 2 BetrVG, in einem

Beispiel: mit Betriebsvereinbarung überschriebenen Schriftstück oder mit qualifizierter elektronischer Signatur, § 126 a Abs. 2 BGB[38], nieder.

Beispiel: *Was die Schriftform betrifft, könnten beide Betriebsparteien die qualifizierte elektronische Signatur benutzen und z.B. eine elektronische Akte führen oder die eine Seite unterschreibt mit der Signatur nach § 126 a BGB, die andere Seite druckt das ihr zugemailte Schriftstück aus und unterschreibt es und leitet es der Gegenseite zu. Allerdings darf die so unterzeichnete Betriebsvereinbarung nicht im Wege des Einscannens der Gegenseite zugemailt werden, weil dann die Schriftform für die nur eingescannte Unterschrift nicht eingehalten wäre.*

Im BetrVG ist die **Regelungsabrede nicht ausdrücklich geregelt.** In § 77 Abs. 1 BetrVG heißt es jedoch, dass der Arbeitgeber „Vereinbarungen zwischen Betriebsrat und Arbeitgeber" durchführt. Der Gesetzgeber spricht in diesem Zusammenhang nicht von Betriebsvereinbarungen, die einer bestimmten Form nach § 77 Abs. 2 BetrVG bedürfen. Formlose Absprachen, die auch als Betriebsabsprachen oder Regelungsabreden bezeichnet werden, wahren mithin auch das Mitbestimmungsrecht des Betriebsrats und der Arbeitgeber ist gegenüber dem Betriebsrat verpflichtet, diese Vereinbarung durchzuführen. Die Regelungsabrede kann auch schriftlich abgeschlossen werden, wobei es ausreichen würde, dass die Unterschriften eingescannt werden; denn für die Regelungsabrede ist eine bestimmte Form gesetzlich nicht vorgeschrieben.

Eine Regelungsabrede ist aber nicht zulässig bei einem Sozialplan; dieser kann nur als Betriebsvereinbarung schriftlich vereinbart werden, § 112 Abs. 1 BetrVG.

Es gibt zwischen der Regelungsabrede bzw. Betriebsabsprache und der Betriebsvereinbarung einige Gemeinsamkeiten, aber auch grundlegende Unterschiede:

5.4.1 Gemeinsamkeiten und Unterschiede

Gemeinsam wird durch beide Vereinbarungen das Mitbestimmungsrecht nach § 87 Abs. 1 BetrVG gewahrt.[39] Beide können bei fehlender anderer Abmachung jeweils mit einer Frist von 3 Monaten gekündigt werden.

---

[38] Gemäß Art.1 des Betriebsrätemodernisierungsgesetzes vom 14.06.2021 (BGBl I. 1762)

[39] Für einen wirksamen Sozialplan müsste allerdings eine Betriebsvereinbarung abgeschlossen werden, § 112 Abs. 1 BetrVG.

Die **Betriebsvereinbarung** muss allerdings **schriftlich** bzw. mittels qualifizierter elektronischer Signatur abgeschlossen, d.h. von Vertretern beider Betriebsparteien in einer dieser Formen unterschrieben werden und ausgelegt werden, § 77 Abs. 2 BetrVG, wobei die Betriebsvereinbarung auch dann wirksam ist, wenn sie nicht ausgelegt wird. Dagegen kann die **Regelungsabrede auch mündlich** vereinbart werden; es empfiehlt sich jedoch, sie auch – überschrieben mit Regelungsabrede – schriftlich zu fixieren, damit auch für spätere Zeiten feststeht, was die Betriebspartner vereinbart haben.

Unterschiedlich sind die Rechtsfolgen der Betriebsvereinbarung und der Regelungsabrede für die Arbeitnehmer. Während eine **Regelungsabrede** durch eine Weisung des Arbeitgebers oder durch eine Vereinbarung mit den Arbeitnehmern (z.B. Gesamtzusage) **umgesetzt** werden müsste, damit die Arbeitnehmer daraus einen Anspruch ableiten oder der Arbeitgeber für die Arbeitnehmer Pflichten begründen kann, wird durch eine **Betriebsvereinbarung innerbetriebliches Recht** geschaffen. Denn sie gilt unmittelbar und zwingend, § 77 Abs. 4 BetrVG. D.h. die Arbeitnehmer sind **unmittelbar** aus der Betriebsvereinbarung verpflichtet und erhalten durch die Betriebsvereinbarung Rechte. Sie können auf ihre Ansprüche aus der Betriebsvereinbarung nur mit Zustimmung des Betriebsrats verzichten, § 77 Abs. 4 BetrVG.

Beispiel: *Der Arbeitgeber vereinbart mit dem Betriebsrat in einer Regelungsabrede ein Rauchverbot. Damit ist das Mitbestimmungsrecht des Betriebsrats eingehalten worden. Die Arbeitnehmer sind erst dann zur Beachtung des mitbestimmt vereinbarten Rauchverbots verpflichtet, wenn der Arbeitgeber sie in Ausübung seines Direktionsrechts anweist, das Rauchverbot zu beachten.*

Beispiel: *Der Arbeitgeber vereinbart mit dem Betriebsrat in einer Betriebsvereinbarung ein Rauchverbot. Diese Betriebsvereinbarung gilt unmittelbar für und gegen die Arbeitnehmer. Einer weiteren Umsetzung durch den Arbeitgeber bedarf es nicht mehr.*

Beispiel: *Der Arbeitgeber vereinbart mit dem Betriebsrat im Rahmen der Gewährung freiwilliger Leistungen in einer Regelungsabrede, dass die Arbeitnehmer eine Zulage erhalten. Aus dieser Abrede können die Arbeitnehmer nichts herleiten. Erst wenn der Arbeitgeber diese Regelungsabrede individualrechtlich dadurch umsetzt, dass er sich gegenüber den Arbeitnehmern z.B. im Rahmen einer Gesamtzusage (Aushang am Schwarzen Brett oder Zusage auf der Betriebsversammlung) zur Zahlung dieser Zulage bereit erklärt, erhalten die Arbeitnehmer gegen den Arbeitgeber einen Zahlungsanspruch. Setzt der Arbeitgeber* die mit dem Betriebsrat vereinbarte Regelungsabrede nicht um, kann auch der Betriebsrat nichts gegenüber dem Arbeitgeber zugunsten der Arbeitnehmer unternehmen. Er kann gerichtlich nur feststellen lassen, dass der Arbeitgeber gegen die Regelungsabrede verstoßen hat.

Beispiel: Wäre die freiwillige Leistung in eine Betriebsvereinbarung aufgenommen worden, hätten die Arbeitnehmer unmittelbar aus dieser Betriebsvereinbarung Anspruch auf Zahlung der Zulage.

5.4.2 Die Nachwirkung der Betriebsvereinbarung und der Regelungsabrede

Nach § 77 Abs. 6 BetrVG gelten nach Ablauf einer Betriebsvereinbarung in Angelegenheiten, in denen der Spruch der Einigungsstelle die Einigung zwischen Arbeitgeber und Betriebsrat ersetzen kann, weiter, bis sie durch eine andere Abmachung ersetzt wird.

5.4.2.1 Der Regelfall einer Nachwirkung

Beispiel: Eine Betriebsvereinbarung über die Lage der Arbeitszeit – eine Regelung, die von beiden Betriebsparteien bei einer Nichteinigung über die Einigungsstelle erzwungen werden kann – wird gekündigt. Nach Ablauf der Kündigungsfrist wirkt sie weiter, bis sie durch eine andere Abmachung ersetzt wird.

Hier muss die Betriebsvereinbarung Nachwirkung haben, weil sonst eine regelungsloser Zuständ nach Ablauf der Betriebsvereinbarung bestehen würde und der Gesetzgeber gerade diesen vermeiden will.

5.4.2.2 Trotz Zuständigkeit der Einigungsstelle keine Nachwirkung

Die Voraussetzung der Nachwirkung wird manchmal falsch verstanden. Der folgende Fall soll dies verdeutlichen:

Beispiel: Der Arbeitgeber will eine Kantine für die Arbeitnehmer einführen. Der Betriebsrat hat dann über die „Form, Ausgestaltung und Verwaltung", § 87 Abs. 1 Nr. 8 BetrVG dieser Kantine als Sozialeinrichtung mitbestimmen. Es wird eine entsprechende Betriebsvereinbarung abgeschlossen. Der Arbeitgeber kündigt nach einigen Jahren diese Betriebsvereinbarung. Er will die Kantine abschaffen. Hat die Betriebsvereinbarung Nachwirkung?

Nein. Denn wie der Betriebsrat nicht die Einführung einer Kantine über die Einigungsstelle erzwingen kann, kann er auch ihre Abschaffung nicht verhindern. § 77 Abs. 6 BetrVG kommt mithin nur dann zum Tragen, wenn von **beiden Seiten** ein Mitbestimmungstatbestand des § 87 Abs. 1 BetrVG notfalls über die Einigungsstelle umgesetzt werden kann. Anders wäre die Rechtslage, wenn die Kantine nur geändert wird, ohne dass die Mitbestimmung des Betriebsrat beachtet wurde; in diesem Fall hätte die Betriebsvereinbarung Nachwirkung.

5.4.2.3 Trotz Erwingbarkeit der Betriebsvereinbarung in Sonderfällen keine Nachwirkung

§ 77 Abs. 6 BetrVG spricht von einer Beendigung der Betriebsvereinbarung, die die Nachwirkung in von beiden Betriebsparteien notfalls über die Einigungsstelle erzwingbaren Angelegenheiten auslöst. Hiervon gibt es aber einige Ausnahmen:

- Die Nachwirkung wird in der Betriebsvereinbarung ausdrücklich ausgeschlossen. Selbstverständlich gibt es dann keine Nachwirkung.
- Die Nachwirkung wird konkludent (durch schlüssiges Verhalten oder durch stillschweigende zweiseitige Willenserklärung) ausgeschlossen, indem sie nur z.B. für 1 Jahr befristet, nur für einen bestimmten Sachverhalt (z.B. Sozialplan für eine bestimmte Betriebsänderung) oder auflösend vom Eintritt eines bestimmten Ereignisses (soll nicht mehr gelten, wenn bestimmten Umsatzziele wieder erreicht werden) abgeschlossen wird.

5.4.2.4 Teilmitbestimmte Betriebsvereinbarung und Nachwirkung

Nicht selten sind Betriebsvereinbarungen nur teilmitbestimmt. D.h. es gibt einen Teil, der der Mitbestimmung unterliegt, und einen anderen, der nur freiwillig abgeschlossen werden kann, weil hierfür dem Betriebsrat kein Mitbestimmungsrecht zusteht.

Beispiel: *In einer Betriebsvereinbarung wird nicht nur nach § 87 Abs. 1 Nr. 1 BetrVG ein Alkohol- und Rauchverbot geregelt, sondern ohne Verstoß gegen § 77 Abs. 3 BetrVG ein zusätzlicher Urlaubstag den Arbeitnehmer zuerkannt. Wird diese Betriebsvereinbarung gekündigt, wirken die Regelungen zum Alkohol- und Raucherbot weiter, bis sie durch eine andere Abmachung ersetzt werden; die freiwillige Regelung zum Urlaubstag wirkt nicht nach.*

Beispiel: *Die Betriebsparteien regeln in einer Betriebsvereinbarung, dass die Arbeitnehmer samstags Überstunden zu leisten haben und dafür ohne Verstoß gegen § 77 Abs. 3 BetrVG einen höheren Überstundenzu-*

schlag erhalten. *Der höhere Überstundenzuschlag kann mangels Erzwingbarkeit nur in einer freiwilligen Betriebsvereinbarung geregelt werden. Wird diese Betriebsvereinbarung gekündigt, hat die Regelung zur Samstagarbeit Nachwirkung. Denn die Zustimmung zu Leistung von Arbeit an Samstagen war untrennbar mit dem Überstundenzuschlag verbunden. Beide stellten eine Einheit dar.*[40]

5.4.2.5 Nachwirkung bei freiwilligen Leistungen

In den obigen Beispielen war die freiwillige Leistung Teil einer mitbestimmten Regelung. Doch wie verhält es sich, wenn Leistungen des Arbeitgebers insgesamt freiwillig sind und lediglich die Verteilung des Finanzrahmens nach § 87 Abs.1 Nr. 10 BetrVG erfolgt.

Beispiel: *Der Arbeitgeber regelt mit seinem Betriebsrat das Arbeitsentgelt, bestehend aus der Monatsvergütung, Überstundenzuschlag und Weihnachtsgeld. Der Arbeitgeber ist nicht tarifgebunden; in der Branche des Arbeitgebers gibt es keine Tarifverträge. Der Arbeitgeber möchte kein Weihnachtsgeld mehr zahlen, er kündigt deshalb die Betriebsvereinbarung. Wirkt sie nach § 87 Abs. 1 Nr. 10 BetrVG nach?*

Ist der Arbeitgeber nicht tarifgebunden, kann er – kollektivrechtlich – das gesamte Volumen der von ihm für die Vergütung der Arbeitnehmer bereitgestellten Mittel mitbestimmungsfrei festlegen und für die Zukunft ändern. Solange er die Arbeit überhaupt vergütet, hat der nicht tarifgebundene Arbeitgeber die „freiwilligen" Leistungen nicht gänzlich eingestellt. Bei einer Absenkung der Vergütung hat er damit – weil keine tarifliche Vergütungsordnung das Mitbestimmungsrecht des Betriebsrats nach § 87 Abs. 1 Eingangshalbs. BetrVG ausschließt – die bisher geltenden Entlohnungsgrundsätze auch bezüglich des verbleibenden Vergütungsvolumens zu beachten und im Falle ihrer Änderung die **Zustimmung des Betriebsrats einzuholen**. Dies gilt auch dann, wenn der Arbeitgeber Teile der Vergütung den Arbeitnehmern individualvertraglich schuldet. Individualvertragliche Ansprüche sind zwar nach dem Günstigkeitsprinzip im Verhältnis zwischen dem einzelnen Arbeitnehmer und dem Arbeitgeber zu beachten. Anders als gesetzliche oder tarifliche Regelungen stehen sie aber der Mitbestimmung nach § 87 Abs. 1 Nr. 10 BetrVG nicht entgegen. Auch lässt sich regelmäßig die Gesamtvergütung nicht in mehrere voneinander unabhängige Bestandteile – wie etwa Grundvergütung, Zulagen, Jahresleistungen etc. – aufspalten. Vielmehr bildet ihre **Gesamtheit die Vergütungsordnung**, bei deren Aufstellung und Veränderung der Betriebsrat mitzubestimmen hat.

---

[40] BAG 09.07.2013 – 1 ABR 275/12, juris

Die Vergütungsstruktur wird daher regelmäßig geändert, wenn nur einer der mehreren Bestandteile, aus denen sich die Gesamtvergütung zusammensetzt, gestrichen, erhöht oder vermindert wird. Die Vergütungsstruktur wird auch dann geändert, wenn sich durch die Streichung einer Jahreszuwendung zwar nicht der relative Abstand der jeweiligen Gesamtvergütungen zueinander verändert, aber Teile der Gesamtvergütung nicht mehr als zusätzliche Einmalzahlung zu einem bestimmten Datum geleistet werden, sondern die Gesamtvergütung auf monatlich gleichbleibende Beträge verteilt wird.[41]

Dies hat zur Folge, dass die Änderung der Vergütungsstruktur nach § 87 Abs.1 Nr. 10 BetrVG der Mitbestimmung unterlag und die Betriebsvereinbarung einschließlich des dort geregelten Weihnachtsgeldes deshalb nach ihrer Kündigung nachwirkte, § 77 Abs. 6 BetrVG.

Anders wäre die Rechtslage, wenn der Arbeitgeber das Weihnachtsgeld in einer **gesonderten Betriebsvereinbarung** geregelt hätte. Dabei wäre es unerheblich, ob der Arbeitgeber tarifgebunden ist und er das Weihnachtsgeld übertariflich leistete oder er insgesamt ungebunden ist. Nur darf nicht § 77 Abs. 3 BetrVG greifen und die Betriebsvereinbarung bereits wegen einer tariflich üblichen Regelung unwirksam sein. Würde der Arbeitgeber das Weihnachtsgeld gänzlich einstellen, dieses gegenüber dem Betriebsrat auch eindeutig zum Ausdruck bringen und dementsprechend die Betriebsvereinbarung kündigen, ohne eine Ersatzlösung anzustreben, würde die Betriebsvereinbarung **nicht nachwirken**. Denn dem Arbeitgeber muss erlaubt sein, seine freiwilligen Leistungen vollständig einzustellen, wie er auch entscheidet, ob er überhaupt Leistungen erbringt.[42]

5.4.2.6 Und die Regelungsabrede – wirkt sie nach einer Kündigung nach?

Es war lange in der Literatur und bei den Arbeits- und Landesarbeitsgerichten unbestritten, dass auch Regelungsabreden nach ihrer Beendigung nachwirken.[43] Im Jahr 2019 hat das BAG[44] entschieden, dass Regelungsabreden nach ihrer Beendigung nicht nachwirken.

Beispiel: In dem Fall mit der Arbeitszeitregelung, die von beiden Betriebsparteien nach § 87 Abs. 1 Nr. 2 BetrVG über die Einigungsstelle durchgesetzt werden kann, und in denen sie eine Regelungsabrede getroffen haben, bedeutet dieser Beschluss,, das sie nach ihrem Ablauf nicht nachwirkt,

---

[41] BAG 26.08.2008 – 1 AZR 354/07, juris
[42] BAG 05.10.2010 – 1 ABR 20/09, juris; LAG Hamburg 28.11.2006 – 2 Sa 33/06, juris
[43] So noch *Bopp/Grundmann* S. 103
[44] BAG 13.08.2019 – 1 ABR 10/18, juris

> *mit der Folge, dass der Arbeitgeber vor ihrem Ablauf noch eine neue Betriebsabsprache mit dem Betriebsrat vereinbaren müsste.*[45]

Das BAG begründet seine Ansicht, die Regelungsabrede wirke nach ihrer Kündigung nicht nach, mit der unbestreitbaren Erkenntnis, dass diese nicht nach § 77 Abs. 4 S. 1 BetrVG unmittelbar und zwingend auf die Arbeitsverhältnisse einwirke. Um eine rechtliche Wirkung gegenüber den Arbeitnehmern zu erzielen, müsse der Arbeitgeber die mit dem Betriebsrat vereinbarte Absprache entweder vertragsrechtlich oder durch Ausübung seines Weisungsrechts gegenüber den Arbeitnehmern umsetzen. Eine „Weitergeltung" könnte daher ohnehin nur schuldrechtlich wirken. Dies aber ordne § 77 Abs. 6 BetrVG gar nicht an. Schließlich bedürfe es auch aus sonstigen Gründen, etwa zur Wahrung des Gleichheitssatzes oder aber zur Vermeidung von Wertungswidersprüchen, keiner analogen Anwendung. Da die vertraglich umgesetzte Regelungsabrede zwischen den Arbeitsvertragsparteien nach einer Kündigung im Verhältnis der Betriebsparteien ohnehin weitergelte, könne es zu gar keinem „ungeregelten" Zustand wie nach der Kündigung einer Betriebsvereinbarung kommen.

Der große Unterschied zwischen der Betriebsvereinbarung und der Regelungsabrede liegt mithin auch darin, dass nur die Betriebsvereinbarung nach ihrer Beendigung nachwirkt, nicht aber die Regelungsabrede.

5.4.3 Vorteil der Betriebsvereinbarung und Vorteil der Regelungsabrede

Die Betriebsvereinbarung und die Regelungsabrede haben Vor- und Nachteile, wobei der Vorteil der Betriebsvereinbarung überwiegt.

Gerade im Hinblick auf die dargestellte Nachwirkung **empfiehlt sich dringend**, Betriebsvereinbarungen abzuschließen. Aber auch in Angelegenheiten, mit denen Ansprüche für die Arbeitnehmer begründet werden sollen, schaffen nur sie für die Arbeitnehmer **Rechtssicherheit,** denn nur sie gelten **unmittelbar** und **zwingend.**

> Beispiel: *Der Arbeitgeber möchte an seine Mitarbeiter eine Treueprämie zahlen. Hier sollte die Leistung in einer Betriebsvereinbarung geregelt werden, damit die Arbeitnehmer, die die Voraussetzungen für den Erhalt der Treueprämie erfüllen, auch einen Rechtsanspruch darauf haben. Denn sonst sind sie darauf angewiesen, dass der Arbeitgeber die Treueprämie in dem Arbeitsvertrag „verankert". Denn der Betriebsrat*

---

[45] BAG 13.08.2019 – 1 ABR 10/18, juris

> kann nicht über das Arbeitsgericht erzwingen, dass der Arbeitgeber die in einer Regelungsabrede festgeschriebenen Zusagen auch erfüllt.

Gegenüber einer individualrechtlichen Vereinbarung hat die **Betriebsvereinbarung für den Arbeitgeber den großen Vorteil**, dass er sie jederzeit unter Einhaltung der vereinbarten oder gesetzlichen, § 77 Abs. 5 BetrVG, Kündigungsfrist kündigen oder gemeinsam mit dem Betriebsrat umgestalten kann, während eine einzelvertragliche Regelung für den Arbeitgeber nur schwer individualarbeitsrechtlich geändert werden kann.

Beispiel: *Steht in einem Arbeitsvertrag, dass die Arbeitnehmer ein Weihnachtsgeld erhalten, kann der Arbeitgeber nur mit großer Anstrengung sich der Zahlungsverpflichtung entziehen. Wäre das Weihnachtsgeld als freiwillige Leistung in einer Betriebsvereinbarungen ausschließlich geregelt, könnte er die Betriebsvereinbarung jederzeit ohne Nachwirkung kündigen oder mit dem Betriebsrat gemeinsam ändern.*

Andererseits ist eine Regelungsabrede für die Angelegenheiten von Vorteil, die nicht Inhalt einer Betriebsvereinbarung sein können, anderenfalls sie unwirksam wären. Denn nach § 77 Abs. 3 BetrVG können Betriebsvereinbarung nichts regeln, was bereits in der Branche des Arbeitgebers oder beim Arbeitgeber selbst durch einen Tarifvertrag geregelt ist (sog. Tarifvorrang). Hier wäre der Ausweg der Abschluss einer Regelungsabrede.

Beispiel: *Der Arbeitgeber will seinen Arbeitnehmer einen zusätzlichen Urlaubstag gewähren. In seiner Branche gibt es einen Tarifvertrag, der den Urlaubsanspruch der tarifgebundenen Arbeitnehmer regelt, ohne dass durch eine Öffnungsklausel[46] Regelungen für die Betriebe möglich sind. Die Vereinbarung einer Regelungsabrede kann hier hilfreich sein. Der Arbeitgeber müsste sie nur individualrechtlich durch entsprechende Vereinbarungen mit den Arbeitnehmern umsetzen. Der Betriebsrat kann dadurch sicherstellen, dass alle Arbeitnehmer gleichbehandelt werden.*

---

[46] Sieht eine in einem Tarifvertrag enthaltende Öffnungsklausel vor, dass Änderungen einer ergänzenden Betriebsvereinbarung der Zustimmung beider Tarifvertragsparteien bedürfen, kann diese auch nachträglich erteilt werden. Eine solche Genehmigung wirkt auf den Zeitpunkt des Abschlusses der Änderung zurück, BAG 15.12.2020 – 1 AZR 499/18, juris

Schaubild[47]

Merkmale	Betriebsvereinbarung	Regelungsabrede
Form:	schriftlich ohne Ausnahme	Grundsatz: formfrei Ausnahme: Interessenausgleich
Wirkungen	1. schuldrechtlich Betriebsrat – Arbeitgeber 2. normativ (unmittelbar und zwingend) Arbeitnehmer – Arbeitgeber	nur schuldrechtlich Betriebsrat – Arbeitgeber Umsetzung in das Vertragsverhältnis Arbeitnehmer – Arbeitgeber zusätzlich erforderlich
Begründung	1. Vertrag Betriebsrat – Arbeitgeber 2. Beschluss Betriebsrat	1. Vertrag Betriebsrat – Arbeitgeber 2. Beschluss Betriebsrat
Beendigung	1. Fristablauf 2. Kündigung 3. Aufhebung 4. Ablösung	1. Fristablauf 2. Kündigung 3. Aufhebung 4. Ablösung
Nachwirkung	soweit Regelungen von mitbestimmungspflichtigen Angelegenheiten	Nein

5.4.4 Und wenn es nicht weitergeht: Einigungsstelle

Wenn sich eine der Betriebsparteien gegenüber der anderen Seite nicht durchsetzen kann, indem sie die Zustimmung gänzlich ablehnt oder nur zu einer Regelung bereit ist, der die andere Seite nicht zustimmen kann, kann jede Seite die Einigungsstelle anrufen, § 87 Abs. 2 BetrVG, die dann notfalls durch einen „Spruch" die mangelnde Einigung ersetzt.

Beispiel: *Der Arbeitgeber will eine neue Arbeitszeitregelung erreichen, die der Betriebsrat selbst nach Verhandlungen ablehnt. Hier könnte der Arbeitgeber die Einigungsstelle anrufen, da diese Seite eine Neuregelung erreichen will.*

Beispiel: *Der Betriebsrat schlägt dem Arbeitgeber Entlohnungsgrundsätze, § 87 Abs. 1 Nr. 10 BetrVG vor, die der Arbeitgeber zwar nicht vom Grundsatz, sondern nur in der vom Betriebsrat beantragten Weise ablehnt. Hier könnten beide Seiten die Einigungsstelle anrufen.*

---

[47] *Bopp/Grundmann* S. 91

Die Einigungsstelle besteht aus einem unabhängigen Vorsitzenden (häufig einen aktiven oder pensionierten Richter der Arbeitsgerichtsbarkeit) und einer gleichen Anzahl von Beisitzern, die jeweils von den beiden Betriebsparteien benannt werden. Der Vorsitzende wird im gesamten Verfahren eine Einigung der Betriebsparteien versuchen. Klappt das nicht, wird die Einigungsstelle notfalls mit einem Mehrheitsbeschluss den Streit zwischen den Betriebsparteien entscheiden.[48] Kommt es zu einem „Spruch" der Einigungsstelle, hat dieser Beschluss bei einer Dauerregelung den Rechtscharakter eine Betriebsvereinbarung, § 77 Abs. 1 BetrVG.[49]

5.4.5 Die Mitbestimmung beim erstmals gewählten Betriebsrat

Ist ein Betriebsrat erstmalig gewählt worden, stellt sich die Frage, ob der Arbeitgeber bereits eingeführte Maßnahmen, die unter die Mitbestimmung des Betriebsrats nach § 87 Abs. 1 BetrVG fallen, trotzdem aufrechterhalten kann oder ob er sie einstellen muss und erst unter Beachtung der Mitbestimmung des Betriebsrats wieder einführen kann.

Beispiel: *Der Arbeitgeber lässt in seinem Betrieb Taschenkontrollen durchführen; er hat sie einseitig verhängt, weil es zu diesem Zeitpunkt noch keinen Betriebsrat gab, der dieser Maßnahme nach § 87 Abs. 1 Nr.1 BetrVG hätte zustimmen müssen. Der Betriebsrat verlangt, dass die Taschenkontrolle sofort eingestellt wird und erst nach seiner Zustimmung wieder aufgenommen wird.*

Dem Betriebsrat steht ein solcher **Unterlassungsanspruch nicht** zu. Da es nämlich bei der Einführung der Tatsachenkontrolle noch keinen Betriebsrat gab, müssen es der Betriebsrat und die Belegschaft hinnehmen, dass zunächst die bisherige Maßnahme aufrechterhalten bleibt. Das Gesetz verlangt vom Arbeitgeber in dieser Lage nicht, bis zur Herbeiführung einer einvernehmlichen Regelung mit dem Betriebsrat oder dem Spruch einer Einigungsstelle die ursprüngliche Handlung einzustellen, nur weil die Regelung der Mitbestimmung des Betriebsrats unterliegt. Es entspricht dem gesetzlich geregelten Mitbestimmungsablauf, dass Arbeitgeber und Betriebsrat zunächst über eine mitbestimmte Regelung nach §§ 87 Abs. 1, 74 Abs. 1 S. 2, 76 BetrVG in Verhandlungen eintreten und im Falle des Scheiterns der Verhandlungen die Einigungsstelle anrufen. Bis dahin ist eine mitbestimmte Regelung nicht möglich. In Ermangelung einer

---

[48] Zu den Einzelheiten vgl. auch *Beseler Die Einigungsstelle,* Rieder Verlag, 2. Aufl. 2021
[49] Näher auch S. 91

Verletzung des Mitbestimmungsrechts des Betriebsrats besteht somit auch kein Unterlassungsanspruch.[50]

Fraglich ist, ob der Arbeitgeber unverzüglich[51] in Verhandlungen mit dem Betriebsrat eintreten muss, um die Zustimmung des Betriebsrats zu erhalten, ob ihm eine Übergangsfrist[52] einzuräumen ist oder ob es allein in der Entscheidungskompetenz des Betriebsrats liegt, ob er tätig werden soll. Nach Auffassung des BAG[53] darf der Arbeitgeber davon ausgehen, dass gegen die weitere Durchführung der Taschenkontrolle seitens des Betriebsrats keine Bedenken bestehen, solange dieser sich dazu nicht äußert. Zwar spricht das BAG von einer Übergangszeit, ohne sie näher zu definieren. Demgegenüber hat das LAG Frankfurt[54] erkannt, dass z.B. die Weiterverwendung von mitbestimmungsfrei eingeführten Beurteilungsrichtlinien nach Wahl eines Betriebsrates zustimmungspflichtig ist, dem Betriebsrat aber nach dem Grundsatz der vertrauensvollen Zusammenarbeit in einer Übergangszeit die Pflicht auferlegt wird, zu erklären, ob er das nunmehr bestehende Mitbestimmungsrecht in Anspruch nehme oder nicht, und diese Übergangszeit jedenfalls nicht länger als 1/3 der gesamten Amtszeit des Betriebsrates beträgt. Man wird verlangen müssen, dass der **Betriebsrat selbst entscheidet**, ob er tätig werden soll, und in der Zwischenzeit die Taschenkontrolle oder andere mitbestimmungspflichtigen Maßnahmen, die der Arbeitgeber in der Zeit vor der erstmaligen Wahl des Betriebsrat eingeführt hat, auch ohne Zustimmung des Betriebsrats aufrechterhalten bleiben.

5.5 Anspruch auf Abschluss und Durchführung einer Betriebsvereinbarung

Es wurde dargestellt[55], welche Vorteile die Betriebsvereinbarung gegenüber einer Regelungsabrede hat und dass die Regelungsabrede bei freiwilligen Betriebsvereinbarungen nur in Hinblick auf § 77 Abs. 3 BetrVG vorzuziehen ist.

Der Betriebsrat kann von dem Arbeitgeber verlangen, dass in den mitbestimmungspflichtigen Angelegenheiten des § 87 Abs. 1 BetrVG eine Betriebsvereinbarung **abgeschlossen** wird, denn nur mit einer Betriebsvereinbarung werden

---

[50] LAG Berlin-Brandenburg 20.06.2019 – 10 TaBVGa 1001/19, juris
[51] *Däubler* § 87 Rn. 15
[52] *Bopp/Grundmann* S. 18
[53] BAG 22.10.1986 – 5 AZR 660/85, juris
[54] LAG Frankfurt 06.03.1990 – 5 Sa 1202/89, juris
[55] S. 39 f.

die Rechte und Pflichten der betroffenen Arbeitnehmer normativ, d.h. unmittelbar und zwingend geregelt. In gleicher Weise kann auch der Arbeitgeber den Abschluss einer Betriebsvereinbarung vom Betriebsrat verlangen.

Der Arbeitgeber muss nach § 77 Abs. 1 S. 1 BetrVG sowohl die Betriebsvereinbarung als auch die Regelungsabrede **durchführen**, es sei denn, es sei etwas anderes vereinbart worden. Damit werden dem Arbeitgeber zum einen die alleinige Führung des Betriebs überlassen und dem Betriebsrat einseitige Eingriffe in die Betriebsführung verboten. Zum anderen wird der Arbeitgeber gegenüber dem Betriebsrat verpflichtet, solche Vereinbarungen ihrem Inhalt entsprechend im Betrieb anzuwenden.[56] Der Betriebsrat hat also einen **gerichtlich durchsetzbaren** Anspruch darauf, dass der Arbeitgeber Maßnahmen unterlässt, den den Regelungen der Betriebsvereinbarung und der Regelungsabrede widersprechen.

Beispiel: *Der Arbeitgeber und der Betriebsrat haben sich in einer Regelungsabrede über die Verteilung einer freiwilligen Leistung des Arbeitgebers gemäß § 87 Abs. 1 Nr. 10 BetrVG verständigt. Der Arbeitgeber setzt Regelungsabrede nicht z.B. durch eine Gesamtzusage um. Daraufhin schaltet der Betriebsrat nach ergebnislosen Verhandlungen mit dem Arbeitgeber über den Abschluss einer Betriebsvereinbarung die Einigungsstelle ein, die durch ihren Spruch in einer Betriebsvereinbarung die Verteilung festlegt.*

Beispiel: *Der Arbeitgeber will aufgrund seiner wirtschaftlichen Situation kurzarbeiten. Da er eine individualrechtliche Änderung der Arbeitsverträge kaum durchsetzen kann, hilft ihm hier die nach § 87 Abs. 1 Nr. 3 BetrVG notfalls über die Einigungsstelle durchgesetzte Betriebsvereinbarung zur Kurzarbeit weiter.*

5.6 Wann ist die Mitbestimmung auszuüben?

Im Regelfall muss die Mitbestimmung **vor Durchführung der Maßnahme** ausgeübt worden sein.

Beispiel: *Es ist selbstverständlich, dass vor Ableistung von Überstunden die Zustimmung des Betriebsrats nach § 87 Abs. 1 Nr. 3 BetrVG vorliegen muss.*

Aber es gibt auch Fälle, in denen die Zustimmung noch im Nachhinein und zwar **für die Zukunft** erteilt werden kann.

---

[56] BAG 18.03.2014 – 1 ABR 75/12, juris

Beispiel: *Der Arbeitgeber hat einseitig ein Rauchverbot eingeführt. Der Betriebsrat stimmt dem Verbot zu rauchen im Nachhinein für die Zukunft zu. Die Mitbestimmung ist dann für die Zukunft eingehalten worden.*

Es gibt aber auch den Fall, dass der Betriebsrat noch im Nachhinein der Maßnahme des Arbeitgebers zustimmt und zwar mit **Wirkung für die Vergangenheit**.

Beispiel: *Der Arbeitgeber zahlt an seine Arbeitnehmer eine Zulage. Er bestimmt, ob, für welchen Personenkreis und welchem Zweck er die Zulage zahlt und wie viel Geld er dafür zu Verfügung stellt. Der Betriebsrat hat über die Verteilung nach § 87 Abs. 1 Nr. 10 BetrVG mitzubestimmen. Einigt er sich mit dem Arbeitgeber erst im Nachhinein auf die Verteilungsgrundsätze, haben die Arbeitnehmer evtl. noch für die Vergangenheit Anspruch auf Nachzahlung. Dieses kann aber dazu führen, dass der Arbeitgeber über die vorgesehenen Mittel hinaus weiteres Geld nachschießen muss; das ist die Konsequenz dafür, dass er nicht – wie vom Gesetzgeber erwartet – im Vorhinein die Zustimmung des Betriebsrat nach § 87 Abs. 1 Nr. 10 BetrVG eingeholt hat.[57]*

---

[57] Hierzu weiter *Bopp/Grundmann* S. 76

6. Die Betriebsvereinbarung – Zulässigkeit und Grenzen

Die Betriebsvereinbarung wird **schriftlich abgeschlossen, § 77 Abs. 2 BetrVG; sie gilt unmittelbar und zwingend**, § 77 Abs. 4 BetrVG. Die Regelungsbefugnis der Betriebsparteien bei Abschluss einer Betriebsvereinbarung findet ihre Grenzen in den Normen des **höherrangigen zwingenden staatlichen Rechts**, zu denen neben den Gesetzen, Verordnungen und Unfallverhütungsvorschriften auch die Grundrechte gehören.[58]

Beispiel: In einer Betriebsvereinbarung ist geregelt, dass die Arbeitnehmer nicht mit jemandem ausgehen oder eine Liebesbeziehung eingehen dürfen, denen sie Weisungen erteilen oder von denen sie Weisungen erhalten. Eine solche Betriebsvereinbarung wäre wegen Verstoßes gegen die Menschenwürde, Art 1 GG, und das Persönlichkeitsrecht der Arbeitnehmer, Art. 2 GG unwirksam.[59]

Es sollen an dieser Stelle nicht sämtliche möglichen Verstöße gegen höherrangiges Rechts dargestellt werden, sondern in wenigen Beispielen einige markante Fälle herausgestellt werden. Die Betriebsvereinbarung ist (natürlich) auch dann unwirksam, wenn kein ordnungsgemäßer Beschluss des Betriebsrats vorlag.

6.1 Tarifvorrang

Betriebsvereinbarungen sind ganz oder jedenfalls teilweise unwirksam, wenn sie im freiwilligen Bereich gegen den sog Tarifvorrang verstoßen, § 77 Abs. 3 BetrVG.[60]

Beispiel: In einer Betriebsvereinbarung werden die vergütungspflichtigen Fahrtzeiten eines Außendienstmitarbeiters verkürzt, während die betreffenden Zeiten nach den Bestimmungen des einschlägigen Tarifvertrags uneingeschränkt der entgeltpflichtigen Arbeitszeit zuzurechnen und mit der tariflichen Grundvergütung abzugelten sind. Diese Betriebsvereinbarung ist wegen Verstoßes gegen die Tarifsperre des § 77 Abs. 3 S. 1 BetrVG unwirksam.[61]

---

[58] *Däubler* § 77 Rn. 16
[59] LAG Düsseldorf 14.11.2005 – 10 TaBV 46/05, juris
[60] Vgl. näher S. 72
[61] BAG 18.03.2020 – 5 AZR 36/19, juris

6.2 Kollision mit Zuständigkeit von Gesamt- oder Konzernbetriebsrat

Eine Betriebsvereinbarung kann auch dann unwirksam sein, wenn sie damit kollidiert, dass nicht der Betriebsrat, sondern der Gesamt- oder der Konzernbetriebsrat zuständig ist oder wird.

Beispiel: In einem Unternehmen gab es bisher nur einen Betrieb mit einem Betriebsrat. Dieser vereinbart mit dem Arbeitgeber in einer Betriebsvereinbarung eine Ruhestandsregelung für das Unternehmen. Das Unternehmen übernimmt im Rahmen eines Betriebsübergangs einen weiteren Betrieb mit einem Betriebsrat. Für die dortigen Arbeitnehmer soll auch die Ruhestandsordnung gelten. Hierfür ist nunmehr der Gesamtbetriebsrat zuständig, der die bisherige Betriebsvereinbarung übernehmen könnte. Die bisherige Betriebsvereinbarung wird unwirksam.

Beispiel: Der örtliche Betriebsrat schließt eine Betriebsvereinbarung; zuständig dafür wäre aber der Konzernbetriebsrat. Die Betriebsvereinbarung ist unwirksam.

Beispiel: Der Arbeitgeber will allen in mehreren Betrieben beschäftigten anspruchsberechtigten Arbeitnehmern einen Jahresprämie gewähren, für die in einer Betriebsvereinbarung Vorgaben für die Ermittlung des unternehmensweiten Gesamtbudget gemacht werden. Diese Betriebsvereinbarung ist unwirksam; für eine solche Regelung ist der Gesamtbetriebsrat zuständig.[62]

Beispiel: Eine Konzernobergesellschaft entscheidet sich, allen Mitarbeitern weltweit eine einheitliche Corona-Prämie zu zahlen. Für die Festlegung der Verteilungsmaßstäbe nach § 87 Abs. 1 Nr. 10 BetrVG ist grundsätzlich der Konzernbetriebsrat zuständig.[63]

---

[62] BAG 09.11.2021 – 1 AZR 206/20, juris

[63] LAG Nürnberg 21.06.2021 – 1 TaBV 11/21, juris, auch zur Frage, ob der Betriebsrat zuständig ist, wenn es keinen Konzernbetriebsrat, sondern nur ein Betrieb in Deutschland gibt.

6.3 Verstoß gegen den Grundsatz der Billigkeit, § 75 BetrVG

Nach § 75 BetrVG müssen die Betriebsparteien darüber wachen, „dass alle im Betrieb tätigen Personen nach den Grundsätzen von Recht und Billigkeit behandelt werden". Bei einem Verstoß gegen diese Bestimmung ist auch eine Betriebsvereinbarung unwirksam.

Beispiel: *In einer Betriebsvereinbarung wird geregelt, dass die Wegezeit von der Betriebsstätte zu wechselnden auswärtigen Einsatzorten bis zu 1 ¼ Stunden nicht vergütet werden. Hinzu kommt die nach allgemeinen Grundsätzen unbezahlte Wegezeit zwischen Wohnort und Betriebsstätte. Diese Regelung greift unverhältnismäßig in das arbeitsvertragliche Synallagma ein. Die Interessen der betroffenen Arbeitnehmer hinsichtlich der vergütungspflichtigen und der vergütungsfreien Arbeitszeit werden nicht hinreichend berücksichtigt. Die Regelung in der Betriebsvereinbarung ist nach § 75 BetrVG unwirksam.*[64]

---

[64] LAG Berlin-Brandenburg 08.01.2021 – 12 Sa 1859/19, juris

7. Die Durchsetzung des Mitbestimmungsrechts des Betriebsrats in sozialen Angelegenheiten

Beansprucht der Betriebsrat in einer vom Arbeitgeber beabsichtigten oder durchgeführten Maßnahme ein Mitbestimmungsrecht nach § 87 Abs.1 BetrVG, haben beide Betriebsvereinbarungen verschiedene Möglichkeiten, wie dieser Streit beigelegt wird.

7.1 Streitentscheidung durch die Arbeitsgerichte

In diesen Fällen können die **Arbeitsgerichte** in einem **sog. Vorabentscheidungsverfahren** entscheiden, **ob** ein Mitbestimmungsrecht des Betriebsrats besteht.

7.1.1 Das arbeitsgerichtliche Beschlussverfahren zur Sicherung der Mitbestimmungsrechte des Betriebsrats

Nach § 2a ArbGG sind die Arbeitsgerichte im Beschlussverfahren zuständig in Angelegenheiten aus dem Betriebsverfassungsgesetz, soweit nicht nach §§ 119-121 BetrVG die Zuständigkeit eines anderen Gericht gegeben ist. Zur Durchsetzung von Rechtsansprüchen des Betriebsrats gegenüber dem Arbeitgeber ist das Beschlussverfahren die Verfahrensart, um die Befugnisse und Pflichten des Arbeitgebers nach dem BetrVG klären zu lassen. So kann z.B. die Feststellung des Bestehens oder Nichtbestehens eines Mitbestimmungsrechts des Betriebsrats begehrt werden. Der Anspruchsteller muss den Vorgang, der gerichtlich geklärt werden soll, so genau bezeichnen, dass mit der gerichtlichen Entscheidung über diesen Antrag feststeht, für welchen konkreten Vorgang ein Mitbestimmungsrecht vom Gericht bejaht oder verneint wird.[65]

Beispiel: *Der Betriebsrat lässt im Beschlussverfahren gerichtlich klären, ob er bei der Höhe einer Abschlussprovision nach § 87 Abs. 1 Nr. 11 BetrVG ein Mitbestimmungsrecht hat. Das BAG[66] hat ein solches Mitbestimmungsrecht verneint.*

Der Betriebsrat kann allerdings nicht gerichtlich Ansprüche von Arbeitnehmern z.B. aus einer Betriebsvereinbarung durchsetzen; hierfür müssten die Arbeitnehmer notfalls selbst klagen. Für beide Betriebsparteien ist das Beschlussverfahren kostenfrei.

---

[65] *Bopp/Grundmann* S. 20
[66] BAG 06.12.1988 – 1 ABR 44/87, juris

7.1.2 Fälle der Klärung von Mitbestimmungsrechten im Beschlussverfahren

7.1.2.1 Streit, ob ein Mitbestimmungsrecht besteht

Da sich die wirtschaftlichen und betrieblichen Belange wandeln, kann immer wieder zwischen den Betriebsparteien ein Streit darüber bestehen, ob und/ oder wie weit in einer bestimmten Angelegenheit dem Betriebsrat ein Mitbestimmungsrecht zusteht oder ob der Arbeitgeber den Arbeitnehmern einseitig eine Weisung erteilen kann.

Beispiel: *Der Arbeitgeber ordnet im Betrieb ein Handyverbot an. Der Betriebsrat ruft deshalb das Arbeitsgericht an mit dem Ziel der Klärung, ob ein Mitbestimmungsrecht nach § 87 Abs. 1 Nr. 1 besteht. Während das ArbG München[67] ein Mitbestimmungsrecht bejaht, wird es vom LAG Rheinland-Pfalz[68] und das LAG Frankfurt[69] abgelehnt.*

Der Betriebsrat hat kein Interesse daran, über das Handyverbot die Einigungsstelle anzurufen, weil er davon ausgeht, dass der Arbeitgeber es nicht ohne seine Zustimmung anordnen kann. Der Arbeitgeber wiederum wird ebenfalls nicht die Einigungsstelle zur Regelung des Handyverbots eingeschalten, weil er meint, er könne ohne Mitbestimmung des Betriebsrats die Nutzung des Handys verbieten. Nach einem sog. **Vorabentscheidungsverfahren**, in dem z.B. festgestellt wird, dass ein Mitbestimmungsrecht des Betriebsrats besteht oder nicht, kann jede Seite entscheiden, ob das Mitbestimmungsverfahren fortgesetzt und bei fehlender Einigung die Einigungsstelle angerufen wird oder ob davon Abstand genommen wird und die Maßnahme unterbleibt.

7.1.2.2 Streit, wer für die Regelung zuständig ist.

Der Betriebsrat eines Unternehmens mit mehreren Betrieben und einem Gesamtbetriebsrat (GBR) streitet sich mit dem Arbeitgeber um die Rechtsfrage, ob der Betriebsrat oder der Gesamtbetriebsrat zuständig ist. Über diese Rechtsfrage könnte das Arbeitsgericht entscheiden.

Beispiel: *Im einen Unternehmen mit mehreren Betrieben und einem Gesamtbetriebsrat will der Arbeitgeber eine unternehmenseinheitliche Regelung zu den Entlohnungsgrundsätzen für außertarifliche Angestellte (AT-Angestellte) nach § 87 Abs. 1 Nr. 10 einführen. Der örtliche Betriebsrat meint, der sei zuständig und ruft deshalb das Arbeitsgericht an.*

---

[67] ArbG München 18.11.2015 – 9 BVGA 52/15, juris
[68] LAG Rheinland-Pfalz 30.10.2009 – 6 TaBV 33/09, juris
[69] LAG Frankfurt 06.07.2020 – 5 TaBV 178/19, juris

Hierzu gilt es zwei **unterschiedliche Auffassungen:** Nach Meinung des LAG Niedersachsen[70] ist der GBR nach § 50 Abs. 1 BetrVG zuständig für den Abschluss einer Gesamtbetriebsvereinbarung (GBV) zur Regelung der **Entlohnungsgrundsätze** für **AT-Angestellte,** wenn ein mit allen – nach Struktur und Aufgabe gleichartigen – Betrieben an denselben Mantel- und Entgelttarifvertrag gebundenes Unternehmen AT-Angestellte unternehmenseinheitlich nach einer an die Tarifverträge anknüpfenden Vergütungsstruktur behandeln will. Und das BAG[71]: Ist der Arbeitgeber nicht frei, zu entscheiden, ob er die AT-Angestellten überhaupt vergütet, kann er die Zuständigkeit des Gesamtbetriebsrats nicht durch von ihm getroffene Organisationsentscheidungen über eine überbetriebliche Vergütungsstruktur der AT-Angestellten begründen. Der Wunsch, die für die Vergütung der AT-Angestellten vorgesehenen Mittel durch die Ausbringung eines unternehmenseinheitlichen Gesamtbudgets zu begrenzen, begründet lediglich ein Kosteninteresse des Arbeitgebers, das nicht geeignet ist, die Zuständigkeit des Gesamtbetriebsrats herbeizuführen.[72]

7.2 Streitentscheidung über die Einigungsstelle

Die Betriebsparteien können auch die Einigungsstelle anrufen, die in einer mitbestimmungspflichtigen Angelegenheit des § 87 Abs. 1 BetrVG den Konflikt lösen soll, wobei sie als **Vorfrage** die Frage zu klären hat, ob überhaupt in der streitigen Angelegenheit ein Mitbestimmungsrecht besteht oder wer für die Wahrnehmung dieses Rechts zuständig ist (sog. Vorfragenkompetenz[73]). Bejaht die Einigungsstelle ihre Zuständigkeit, könnte ein Spruch der Einigungsstelle später mit der Begründung angefochten werden, die Einigungsstelle sei unzuständig gewesen. Denn selbstverständlich kann sich die Einigungsstelle keine Zuständigkeit anmaßen, obwohl sie unzuständig ist.

Beispiel: *In dem Handyfall ruft der Betriebsrat sofort die Einigungsstelle an, die dann als Vorfrage zu entscheiden hat, ob dem Betriebsrat überhaupt ein Mitbestimmungsrecht zusteht. Verneint sie es, erklärt sich die Einigungsstelle für unzuständig. Diese Entscheidung könnte dann der Betriebsrat beim Arbeitsgericht angreifen, mit dem Antrag festzustellen, dass der Spruch unwirksam ist, weil entgegen der Auffassung der Einigungsstelle ein Mitbestimmungsrecht besteht.*

---

[70] LAG Niedersachsen 31.08.2020 – 1 TaBV 102/19, juris;
[71] BAG 18.05.2010 – 1 ABR 96/08, juris
[72] Weiter S. 81
[73] LAG Köln 23.4.2021 – 9 TaBV 9/21, juris

7.3 Einseitige Maßnahmen des Arbeitgebers ohne Zustimmung des Arbeitgebers

Gelegentlich kommt es vor, dass der Arbeitgeber **mitbestimmungswidrig** – d.h. ohne Zustimmung des Betriebsrats – eine Maßnahme plant oder durchgeführt hat.

Beispiel: *Der Arbeitgeber entschließt sich an einem Dienstag, am kommenden Samstag Überstunden leisten zu lassen. Er meint, er könne die Überstunden ohne Beteiligung des Betriebsrats anordnen, weil es sich um einen Eilfall handelt.*

Beispiel: *Der Arbeitgeber legt in einem Krankenhaus Dienstpläne fest, ohne den Betriebsrat nach § 87 Abs. 1 Nr. 2 BetrVG beteiligt zu haben.*

Beispiel: *Der Arbeitgeber hat einseitig verbindliche Arbeits- und Sicherheitsanweisungen erlassen, um Unfallverhütungsvorschriften zu konkretisieren, und sie in ein Sicherheitshandbuch aufgenommen.*

Erstmalig hat das BAG im Jahr 1994 entschieden[74], dass der Arbeitgeber aus dem Gebot zur **vertrauensvollen Zusammenarbeit**, § 2 Abs. 1 BetrVG, verpflichtet ist, die Mitbestimmungsrechte des Betriebsrats zu beachten und bei einem Konflikt das in § 87 Abs. 2 BetrVG geregelte Verfahren vor der Einigungsstelle durchzuführen. Wählt er diesen Weg nicht, muss er auf Grund eines aus § 2 BetrVG abzuleitenden selbstständigen Nebenleistungsanspruch nach § 87 BetrVG mitbestimmungswidrige Maßnahmen bis zum ordnungsgemäßen Abschluss des Mitbestimmungsverfahrens unterlassen. Damit wird zwar indirekt ein Zwang auf den Arbeitgeber ausgeübt, das Mitbestimmungsrecht des Betriebsrats zu wahren. Das Mitbestimmungsrecht aus § 87 BetrVG ist aber dem Betriebsrat zum **Schutz der Belegschaft** zugewiesen, dient also kollektiven Interessen. Der Betriebsrat selbst muss daher eine wirksame Möglichkeit haben, aktiv für die Einhaltung seines Mitbestimmungsrechts Sorge zu tragen. Allein der Umstand, dass die betroffenen Arbeitnehmer bei einem Verstoß gegen das Mitbestimmungsrecht des Betriebsrats der Weisung des Arbeitgebers nicht Folge leisten müssen (Theorie der Wirksamkeitsvoraussetzung), reicht nicht aus. Man kann ihn nicht auf ein Tätigwerden gerade derjenigen verweisen, deren Rechte durch seine Beteiligung gesichert werden sollen.

Dieses bedeutet in dem ersten Beispiel, dass der Betriebsrat beim Arbeitsgericht beantragen kann, durch eine **einstweilige Verfügung** dem Arbeitgeber unter Androhung eines Ordnungsgeldes bis zu 10.000 € aufzugeben, die Überstunden nicht leisten zu lassen.

---

[74] BAG 03.05.1994 – 1 ABR 24/93, juris

Im zweiten Fall hat der Arbeitgeber das Mitbestimmungsrecht des Betriebsrats nach § 87 Abs. 1 Nr. 2 BetrVG verletzt; er darf die Beschäftigen nicht anweisen, entsprechend diesen einseitig festgelegten Dienstplänen zu arbeiten;[75] der Betriebsrat kann auch hier dem Arbeitgeber gerichtlich untersagen lassen, entsprechend den Dienstplänen arbeiten zu lassen. Beruft sich allerdings der Betriebsrat im Extremfall auf eine formale Rechtsposition, die sie durch ein in erheblichem Maße eigenes betriebsverfassungswidriges Verhalten erlangt hat, kann eine gegen den Grundsatz der vertrauensvollen Zusammenarbeit verstoßende und damit unzulässige Rechtsausübung ausnahmsweise vorliegen.[76]

Beispiel: Der Betriebsrats verweigert die Zustimmung zu Dienstplänen in der Weise, dass er selbst der Einsetzung einer Einigungsstelle nicht zustimmt und diese durch maximale Ausschöpfung der Rechtsmittel so lange hinauszuzögert, dass die Zeit, für die der Dienstplan erstellt wurde, bereits abgelaufen ist. In diesem Verhalten kann eine unzulässige Rechtsausübung vorliegen, die Unterlassungsansprüche des Betriebsrats nach § 87 Abs. 1 BetrVG entgegenstehen.[77]

In dem dritten Beispiel hat der Arbeitgeber das Mitbestimmungsrecht des Betriebsrats nach § 87 Abs. 1 Nr. 7 BetrVG nicht beachtet. Denn der Betriebsrat hat nach dieser Bestimmung mitzubestimmen, wenn der Arbeitgeber verbindliche Arbeits- und Sicherheitsanweisungen erlässt, um Unfallverhütungsvorschriften zu konkretisieren. Als ausfüllungsfähige und -bedürftige Rahmenvorschrift kommt auch § 2 Abs. 1 DGUV Vorschrift 1 (Grundsätze der Prävention) in Betracht. Hat der Arbeitgeber unter Verletzung des Mitbestimmungsrechts die umstrittenen Anweisungen bereits bekanntgegeben (hier durch Aufnahme in ein Handbuch), kann der Betriebsrat die **Beseitigung des betriebsverfassungswidrigen Zustandes** verlangen (hier durch Herausnahme aus dem Handbuch).[78] Er kann aber nicht die Rückgängigmachung der sich aus der Verletzung des Mitbestimmungsrechts ergebender Folgen verlangen.

Beispiel: Der Arbeitgeber nutzt im Betrieb für die E-Mail-Kommunikation der Arbeitnehmer das Softwareprogramm „Outlook", für das ein Exchange-Server Dienste zur Verfügung stellt. Der Einführung und Anwendung der hierfür erforderlichen Anwendungen stimmte der Betriebsrat zu. Im Herbst des folgenden Jahres leitete der Arbeitgeber eine interne

---

[75] LAG Berlin-Brandenburg 12.07.2019 – 2 TaBV 908/19, juris
[76] Näher BAG 12.03.2019 – 1 ABR 42/17, juris; LAG Thüringen 23.02.2022 – 4 TaBV 17/19, juris
[77] LAG Thüringen 23.02.2022 – 4 TaBV 17/19, juris
[78] BAG 16.06.1998 – 1 ABR 68/97, juris noch zum früheren § 2 Abs.1. VBG 1; LAG Schleswig-Holstein 12.01.2021 – 1 TaBVGa 4/20, juris

Untersuchung zur Klärung strafrechtlich relevanter Vorwürfe u.a. gegen einen ihrer damaligen Geschäftsführer ein. Die Ermittlungen wurden von einer Rechtsanwaltskanzlei unterstützt. Im Rahmen der Untersuchung überprüfte die Arbeitgeberin ohne Beteiligung des Betriebsrats die E-Mail-Postfächer des Geschäftsführers, verschiedener leitender Angestellter und weiterer Arbeitnehmer, sicherte E-Mails – um deren Löschung zu verhindern – und leitete sie zum Zwecke der Auswertung an die Rechtsanwaltskanzlei weiter. Der Betriebsrat will erreichen, dass die an die Rechtsanwaltskanzlei weitergeleiteten Daten inklusive deren Auswertungen bei der Rechtsanwaltskanzlei physisch gelöscht und vernichtet werden.

Das BAG[79] hat diesem Antrag nicht stattgegeben. Zur Begründung führt das BAG aus, bei einem Verstoß des Arbeitgebers gegen das Mitbestimmungsrecht nach § 87 Abs. 1 Nr. 6 BetrVG richte sich der Beseitigungsanspruch des Betriebsrats gegen den Arbeitgeber darauf, dass die Anwendung der mitbestimmungswidrig im Betrieb eingeführten und genutzten technischen Überwachungseinrichtung unterbleibe. Dem Betriebsrat stehe hingegen kein Anspruch darauf zu, dass der Arbeitgeber bei Dritten eine Löschung von personenbezogenen Daten der Arbeitnehmer, die er mit Hilfe einer nicht mitbestimmt im Betrieb genutzten Überwachungseinrichtung erhoben und an Dritte weitergegeben hat, oder eine Vernichtung von solche Daten auswertenden Dokumenten veranlasst.

Besteht bereits eine **Betriebsvereinbarung** und verstößt der Arbeitgeber gegen die Bestimmung aus dieser Betriebsvereinbarung, braucht der Betriebsrat nicht § 2 Abs. 1 BetrVG zu bemühen, sondern er hat bereits nach § 77 Abs. 1 S. 1 BetrVG neben dem Anspruch auf Durchführung der Betriebsvereinbarung auch einen Anspruch darauf, dass der Arbeitgeber **gegen eine Betriebsvereinbarung verstoßende Maßnahmen unterlässt** und zwar unabhängig davon, ob ein grober Verstoß i.S. des § 23 Abs. 3 BetrVG vorliegt. Dies gilt sogar dann, wenn die Betriebsvereinbarung nur nachwirkt, da § 77 Abs. 6 BetrVG eine bestandssichernde Überbrückungsfunktion bezweckt, bis andere Abmachungen getroffen sind.

Beispiel: *Die Betriebspartner vereinbarten eine Betriebsvereinbarung „Videoüberwachung, Schließsysteme und Torkontrolle", in deren Anlage A aufgeführt ist, an welchen Orten des Betriebs Kameras installiert sind und zu welchen Zeiten diese Aufzeichnungen vornehmen. Inzwischen wurde diese Betriebsvereinbarung vom Arbeitgeber gekündigt. Aus An-*

---

[79] BAG 23.03.2021 – 1 ABR 31/19, juris

lass eines konkreten Verdachts installierte der Arbeitgeber im Betrieb eine weitere Kamera. Der Betriebsrat ging gegen diese Maßnahme gerichtlich vor.

Das LAG[80] hat ihm Recht gegeben; er hat auf Grund der Nachwirkung der Betriebsvereinbarung einen Unterlassungsanspruch aus der Betriebsvereinbarung.

7.4 Grober Verstoß des Arbeitgebers und Sicherstellung künftigen rechtmäßigen Verhaltens

Der Gesetzgeber gibt dem Betriebsrat nach § 23 Abs. 3 BetrVG das Recht an die Hand, von dem Arbeitgeber **künftiges rechtmäßiges Verhalten** zu erzwingen. Die Regelung dient dem Schutz der betriebsverfassungsrechtlichen Ordnung gegen grobe Verstöße des Arbeitgebers. Es soll ein Mindestmaß gesetzmäßigen Verhaltens des Arbeitgebers im Rahmen der betriebsverfassungsrechtlichen Ordnung sichergestellt werden, indem der Arbeitgeber zur Erfüllung seiner betriebsverfassungsrechtlichen Pflichten angehalten wird.[81]

Beispiel: Immer wieder lässt der Arbeitgeber Überstunden ohne Zustimmung des Betriebsrats leisten, obwohl der Betriebsrat wiederholt auf sein Mitbestimmungsrecht nach § 87 Abs. 1 Nr. 3 BetrVG hinweist.

Voraussetzung für die Einleitung des gerichtlichen Beschlussverfahren nach § 23 Abs. 3 BetrVG ist ein **grober Verstoß** des Arbeitgebers gegen konkrete Pflichten aus dem Betriebsverfassungsgesetz und die Befürchtung, dass der Arbeitgeber auch künftig sich in diesen Angelegenheiten nicht rechtmäßig verhalten wird, d.h. erneut gegen diese konkreten Pflichten verstoßen wird. In diesem Beispiel ist auf Grund des Verhaltens des Arbeitgebers in der Vergangenheit zu befürchten, dass er auch künftig seine Verpflichtung, vor der Ableistung von Überstunden die Zustimmung des Betriebsrats einzuholen, missachten wird.

Dabei gliedert sich das Verfahren nach § 23 Abs. 3 BetrVG in ein **Erkenntnisverfahren** nach § 23 Abs. 3 S. 1 BetrVG und ein **Vollstreckungsverfahren** nach § 23 Abs. 3 S. 2 und 3 BetrVG.

Mit dem Antrag bei Gericht muss ein in der **Vergangenheit** liegender, bestimmter grober Verstoß oder bestimmte grobe Verstöße des Arbeitgebers gegen seine

---

[80] Hess. LAG 05.08.2019 – 16 TaBV 50/19, juris
[81] BAG 08.03.2022 – 1 ABR 19/21, juris

sich aus dem BetrVG ergebenen gesetzlichen Verpflichtungen – hier wiederholter Verstoß gegen das Mitbestimmungsrecht des Betriebsrats nach § 87 Abs. 1 Nr. 3 BetrVG – geltend gemacht werden. Ein grober Verstoß liegt vor, wenn der Arbeitgeber **offensichtlich schwerwiegende Pflichtverletzungen** begangen hat, wobei ein Verschulden nicht vorliegen muss[82]. An die **Wiederholungsgefahr** sind keine allzu großen Anforderungen zu stellen. Sie ist gegeben, wenn die objektive Gefahr der erneuten Begehung einer konkreten Verletzungshandlung besteht. Eine solche Gefahr folgt bereits aus der erstmaligen Verletzung des Mitbestimmungsrechts durch den Arbeitgeber in einem konkreten betrieblichen Anlassfall. Deren Indizwirkung beschränkt sich zwar nicht auf vollständig identische Verletzungshandlungen. Sie vermag allerdings nur solche Handlungen zu umfassen, die im Kern mit der bereits erfolgten gleichartig sind.[83]

Bejaht das Gericht einen groben Verstoß vorliegt, wird daraufhin gegen den Arbeitgeber durch Beschluss des Gerichts festgesetzt, dass er **künftig eine Handlung zu unterlassen** bzw. **zu dulden oder vorzunehmen** hat. Damit ist noch keine Sanktion verbunden, sondern einzig die Verpflichtung, die festgesetzte Verpflichtung einzuhalten und künftig seine betriebsverfassungsrechtlichen Verpflichtungen zu beachten; gleichzeitig wird ihm gedroht, dass bei einem erneuten Verstoß gegen ihn Ordnungs- und Zwangsmaßnahmen in einer Höhe von bis zu 10.000 € festgesetzt werden können.

Verstößt der Arbeitgeber trotzdem gegen einen rechtkräftigen Beschluss der Arbeitsgerichtsbarkeit (Arbeitsgericht, Landesarbeitsgericht oder Bundes-arbeitsgericht), bestimmte Handlungen vorzunehmen, zu dulden oder vorzunehmen – hier die Mitbestimmung des Betriebsrats bei der Anordnung von Überstunden zu beachten –, kann gegen ihn im **Vollstreckungsverfahren** ein Ordnungs- oder Zwangsgeld bis zu 10.000 € festgesetzt werden. Die Verhängung einer Ordnungshaft ist nicht zulässig.

Der Beschluss der Arbeitsgerichtsbarkeit hat eine **Wirksamkeit von 30 Jahren,** so dass gegen den Arbeitgeber bei erneuten Verstößen gegen die gerichtlich festgestellte Verpflichtung auf Antrag der Gewerkschaft bzw. des Betriebsrats, je nachdem wer den Beschluss erwirkt hat, immer wieder ein Ordnungs- bzw. Zwangsgeld festgesetzt werden kann.

Das Beschlussverfahren beim Arbeitsgericht können der Betriebsrat und eine im Betrieb vertretene Gewerkschaft einleiten.

---

[82] *Däubler* § 87 Rn. 114
[83] BAG 08.03.2022 – 1 ABR 19/21, juris

7.5 Verhältnis des § 23 Abs. 3 BetrVG zum Unterlassungsanspruch nach § 2 Abs. 1 BetrVG

Während § 23 Abs. 3 BetrVG die **zukünftige Beachtung** der Verpflichtungen des Arbeitgebers aus dem BetrVG sichern will, soll durch den allgemeinen, aus § 2 Abs. 1 BetrVG abzuleitenden Unterlassungsanspruch, der entgegen § 23 Abs. 3 BetrVG keinen groben Verstoß gegen die Arbeitgeberpflichten verlangt, einem aktuell vorliegenden weiteren oder drohenden Verstoß **vorgebeugt** werden und zwar auch durch eine vom Betriebsrat beim Arbeitsgericht zu beantragende **einstweilige Verfügung**.

Beispiel: *In dem Beispiel mit den Überstunden kann der Betriebsrat (und nicht auch die Gewerkschaft) im Wege der einstweiligen Verfügung nach § 2 Abs. 1 BetrVG erreichen, dass der Arbeitgeber die angekündigten Überstunden nicht durchführen lässt; hat er sie trotzdem ableisten lassen, kann der Betriebsrat – bei einem groben Verstoß – zur Vermeidung von zukünftigen Verstößen gegen das Mitbestimmungsrecht des Betriebsrats nach § 87 Abs. 1 Nr. 3 BetrVG nach § 23 Abs. 3 BetrVG gegen den Arbeitgeber vorgehen und bei trotzdem später festgestellten Verstößen die Festsetzung eines zuvor angedrohten Ordnungsgeldes von bis zu 10.000 € beim Arbeitsgericht beantragen.*

8. Individualarbeitsrecht und Verstoß gegen Mitbestimmungsrechte nach § 87 Abs. 1 BetrVG

Im Arbeitsrecht gibt es das kollektive Arbeitsrecht und das Individualarbeitsrecht.

Zum **kollektiven** Arbeitsrecht gehören die zwischen der Gewerkschaft und dem Arbeitgeberverband oder dem Arbeitgeber abgeschlossenen **Tarifverträge** (Verband- und Firmentarifvertrag) und das **Betriebsverfassungsrecht**.

Zum **Individualarbeitsrecht** gehört der zwischen dem Arbeitnehmer und seinem Arbeitgeber abgeschlossene **Arbeitsvertrag**, § 611 a BGB.

Beide Ebenen sind **streng voneinander zu trennen**. Und trotzdem: Die Nichtbeachtung von Vorschriften des kollektiven Arbeitsrecht hat unmittelbare Folgen für das Verhältnis zwischen dem Arbeitgeber und dem Arbeitnehmer, während allein mit der Beachtung der Mitbestimmung des Betriebsrats nicht zwingend individualrechtliche Maßnahmen wirksam werden. Einige Beispiele sollen das verdeutlichen.

Beispiel: *Ein Arbeitnehmer ist Mitglied der Gewerkschaft. Der Arbeitgeber ist Mitglied des Arbeitsgeberverbandes, die mit dieser Gewerkschaft einen Tarifvertrag abgeschlossen hat. Nach dem Tarifvertrag würde dem Arbeitnehmer 20 € je Arbeitsstunde Lohn zustehen; in seinem Arbeitsvertrag ist nur von 15 € die Rede. Trotz des Arbeitsvertrages hat der Arbeitnehmer Anspruch auf 20 € je Arbeitsstunde Lohn, denn der Tarifvertragt gilt unmittelbar und zwingend für die tarifgebundenen Parteien.*

Beispiel: *Der Betriebsrat hat zugestimmt, dass der Arbeitnehmer A am Samstag Überstunden zu leisten hat. D.h. aber noch nicht, dass der Arbeitnehmer auch dazu verpflichtet ist. Erst wenn der Arbeitsvertrag die Leistung von Überstunden am Samstag zulässt und obendrein der Arbeitgeber individualarbeitsrechtlich beachtet, dass die Weisung des Arbeitgebers billigem Ermessen i.S. des § 106 GewO entspricht und damit ihm zumutbar ist, muss der Arbeitnehmer diese Überstunden leisten.*

Während individualrechtliche Maßnahmen mithin noch nicht allein deshalb wirksam sind, weil der Arbeitgeber die Zustimmung des Betriebsrats nach § 87 Abs. 1 BetrVG vorliegt, sind umgekehrt Maßnahmen des Arbeitgebers gegenüber dem Arbeitnehmer grundsätzlich **unwirksam**, wenn der Arbeitgeber die Mitbestimmung des Betriebsrats nach § 87 Abs. 1 BetrVG **nicht beachtet**.

Beispiel: Der Arbeitgeber ordnet Überstunden an, ohne hierfür die Zustimmung des Betriebsrats nach § 87 Abs. 1 Nr. 3 BetrVG eingeholt zu haben. Die Verletzung des Mitbestimmungsrechts schlägt auf die individualrechtliche Ebene durch: der Arbeitnehmer kann sich weigern, die verlangten Überstunden zu leisten (sog. Grundsatz oder auch **Theorie der Wirksamkeitsvoraussetzung).**

Beispiel: Der Arbeitgeber ordnet ein allgemeines Alkoholverbot an, ohne dass das Gesetz oder öffentlich-rechtliche Vorschriften ihn verpflichtet, den Alkoholkonsum zu verbieten. Die Zustimmung des Betriebsrats liegt nicht vor. Dieses bedeutet, dass die Weisung des Arbeitgebers gegenüber dem Arbeitnehmer unwirksam ist. **Aber Achtung!** Die Arbeitnehmer dürfen deshalb nicht unbeschränkt im Dienst Alkohol trinken. Denn sie dürfen sich durch den Konsum von Alkohol, Drogen oder anderen berauschenden Mitteln nicht in einen Zustand versetzen, durch den sie sich selbst oder andere gefährden können, § 15 Abs. 2 DGUV Vorschrift 1.

Beispiel: Der Arbeitgeber zahlt an seine Arbeitnehmer Weihnachtsgeld. Über die Verteilung des vom Arbeitgeber festgelegten Dotierungsrahmens hat der Betriebsrat nach § 87 Abs. 1 Nr. 10 BetrVG mitbestimmt. Der Arbeitgeber kürzt für spätere Jahre das Weihnachtsgeld, ohne den Betriebsrat beteiligt zu haben. Die Arbeitnehmer haben weiterhin Anspruch auf das ungekürzte Weihnachtsgeld, weil die Mitbestimmung des Betriebsrats nicht (erneut) nach § 87 Abs. 1 Nr. 10 BetrVG beachtet wurde.

Die Theorie oder der Grundsatz der Wirksamkeitsvoraussetzung hat aber nicht zur Folge, dass damit bei einem Verstoß gegen das Mitbestimmungsrecht des Betriebsrats Ansprüche begründet werden, die vorher nicht bestanden. Denn die Theorie der Wirksamkeitsvoraussetzung trägt keinen Anspruch auf Vergütung nach mitbestimmungswidrig geänderten Entlohnungsgrundsätzen. Sie setzt ein mitbestimmungswidriges Verhalten des Arbeitgebers voraus und ist nicht Anspruchsgrundlage zur Durchsetzung mitbestimmungswidrigen Verhaltens.

Beispiel: Der Arbeitgeber vereinbart mit seinen Arbeitnehmern ein Weihnachtsgeld, das er im Notfall ganz oder jedenfalls teilweise widerrufen kann. Der Arbeitgeber kürzt wegen eines solchen Notfalls zu Recht das Weihnachtsgeld. Der Arbeitnehmer meint, der Widerruf sei unwirksam, weil der Arbeitgeber wegen der Änderung der Entlohnungsgrundsätze nach § 87 Abs. 1 Nr. 10 BetrVG die Zustimmung des Betriebsrats hätte einholen müssen, *was nicht geschehen ist. Die Änderung sei deshalb unwirksam gewesen. Da aber bereits für das früher eingeführte Weihnachtsgeld im Rahmen der Regelung der Verteilungsgrundsätze, § 87 Abs. 1 Nr. 10 BetrVG, die Zustimmung des Betriebsrats fehlte und deshalb das Weihnachtsgeld kollektivrechtlich nicht ordnungsgemäß eingeführt worden war, hat er trotz des jetzigen Verstoßes gegen das Mitbestimmungsrecht keinen Anspruch auf Weihnachtsgeld. Der Widerruf bleibt wirksam. Denn die Theorie der Wirksamkeitsvoraussetzung ist selbst nicht Anspruchsgrundlage zur Durchsetzung mitbestimmungswidrigem Verhalten.*[84]

Beachte

Beteiligungsrechte des Betriebsrats **(kollektiv-rechtlicher Bereich)** sind unabhängig davon zu beachten, ob im individual-rechtlichen Bereich Einvernehmen zwischen Arbeitnehmer und Arbeitgeber besteht, die Angelegenheit im Arbeitsvertrag geregelt ist oder der Arbeitgeber die Grenzen seines ihm zustehenden Direktionsrechts nicht überschreitet.[85]

Der Arbeitgeber wird deshalb nur dann den Betriebsrat um Zustimmung zu einer mitbestimmungspflichtigen Maßnahme bitten, wenn er individualrechtlich die Maßnahme auch durchführen kann.

Beispiel: In dem Beispiel mit der Überstunde wird der Arbeitgeber richtigerweise beim Betriebsrat erst dann die Zustimmung zur Leistung der Überstunde beantragen, wenn er sie auch nach dem Arbeitsvertrag und nach § 106 GewO individualrechtlich anordnen könnte.

Allerdings gibt es von der Theorie der Wirksamkeitsvoraussetzung Ausnahmen.

Beispiel: Der Arbeitgeber stellt fest, dass in seinem Lager immer wieder Sachen gestohlen werden. Er stellt deshalb Videokameras auf, um die Täter zu finden. Diese Maßnahme ist nach dem Bundesdatenschutzgesetz zulässig. Er holt allerdings nicht die Zustimmung des Betriebsrats nach § 87 Abs. 1 Nr. 6 BetrVG ein.

Das BAG[86] hat dazu entschieden: „Die Nichtbeteiligung des Betriebsrats an einer nach § 87 Abs. 1 Nr. 6 BetrVG bei der Videoüberwachung von Betriebsräumen führt für sich genommen nicht dazu, dass die Aufzeichnung als Beweismittel

---

[84] BAG 24.01.2017 – 1 AZR 772/14, juris
[85] *Bopp/Grundmann* S. 30
[86] BAG 20.10.2016 – 2 AZR 395/15, juris

oder Sachvortrag, der sich auf daraus erlangte Erkenntnisse stützt, prozessual unverwertbar wäre. Der Schutzzweck von § 87 Abs. 1 Nr. 6 BetrVG gebietet die Annahme eines solchen Verwertungsverbots jedenfalls dann nicht, wenn die Verwendung und Verwertung eines Beweismittels und/oder daraus gewonnener, unstreitiger Informationen nach allgemeinen Grundsätzen zulässig ist."

Im Übrigen ist ein **verdeckte Videoüberwachung** nur dann **rechtens**, wenn der konkrete Verdacht einer strafbaren Handlung oder einer anderen schweren Verfehlung zu Lasten des Arbeitgebers besteht, weniger einschneidende Mittel zur Aufklärung des Verdachts ergebnislos ausgeschöpft sind, die verdeckte Videoüberwachung damit das praktisch einzig verbleibende Mittel darstellt und sie insgesamt nicht unverhältnismäßig ist.[87]

---

[87] BAG 20.10.2016 – 6 AZR 471/15, juris

9. Individualarbeitsvertrag und Betriebsvereinbarung – was gilt?

An Hand der dargestellten Theorie der Wirksamkeitsvoraussetzung wird bereits deutlich, dass individualarbeitsvertragliche Regelungen unwirksam sind, wenn der Arbeitgeber die Mitbestimmung des Betriebsrats nicht beachtet.

Beispiel: In einem Arbeitsvertrag ist ein absolutes Rauch- und Alkoholverbot geregelt. Wenn es für dieses Verbot keine ausschließlichen Gründe in der Person des Arbeitnehmers gibt (der Arbeitnehmer darf z.B. aus Krankheitsgründen weder rauchen noch Alkohol trinken), ist die einzelvertragliche Regelung unwirksam, wenn der Betriebsrat ihr nicht kollektivrechtlich zugestimmt hatte.

9.1 Das Günstigkeitsprinzip

Doch wie steht es ansonsten mit den vertraglichen Bestimmungen? Grundsätzlich gilt das sog. Günstigkeitsprinzip. Der Arbeitnehmer kann aus der Regelung in einem Arbeitsvertrag, einem anwendbaren Tarifvertrag oder einer Betriebsvereinbarung, die für ihn günstiger ist, Ansprüche herleiten. Dies gilt allerdings nur bei Ansprüchen aus einer Betriebsvereinbarung, die nach § 77 Abs. 4 BetrVG unmittelbar und zwingend für ihn gilt, und nicht für Regelungsabreden, mit der nur auf der kollektiven Ebene zwischen Betriebsrat und Arbeitgeber die Mitbestimmungsrechte des Betriebsrats beachtet werden, ohne dass der Arbeitnehmer darauf Rechte herleiten kann.

Beispiel: Nach dem Arbeitsvertrag hat der Arbeitnehmer Anspruch auf 500 € Weihnachtsgeld; in einer Betriebsvereinbarung, bei der im Rahmen der Verteilung des von dem Arbeitgeber vorgegebenen Finanzrahmens § 87 Abs. 1 Nr. 10 BetrVG beachtet wurde, sind 1000 € vorgesehen; der Arbeitnehmer hat Anspruch auf Zahlung von 1000 €; bei der umgekehrten Regelung wäre der Arbeitsvertrag günstiger. Eine Regelungsabrede würde dem Arbeitnehmer aber nichts bringen; sie hätte vom Arbeitgeber in Individualrecht umgesetzt werden müssen.

Das ist auf dem ersten Blick eindeutig. Nur so einfach ist häufig nicht.

Beispiel: In einem Arbeitsvertrag ist geregelt, dass die Arbeitszeit morgens um 8.00 Uhr beginnt. In einer späteren Betriebsvereinbarung heißt es dagegen, dass die Arbeitnehmer schon um 7.30 Uhr die Arbeit aufnehmen müssen. Was gilt?

Es wurde bereits dargestellt,[88] dass von der mitbestimmten Arbeitszeitregelung aus in der Person des Arbeitnehmers liegenden Gründen auf Grund einer Vereinbarung zwischen Arbeitgeber und Arbeitnehmer abgewichen werden kann. Dies könnte hier möglicherweise der Fall sein. Der Arbeitnehmer hatte z.B. im Einstellungsgespräch erklärt, er könne aus gesundheitlichen Gründen erst um 8 Uhr mit der Arbeit beginnen. Es kann aber auch sein, dass in den Vertrag nur die bei Vertragsschluss geltende Regelung aufgenommen wurde, mithin die Arbeitszeitregelung nur deklaratorisch (bestätigend oder klarstellend) und nicht konstitutiv (rechtsbegründend) genannt ist, so dass die spätere Betriebsvereinbarung auch für ihn gelten würde.

9.2 Die Ablösung von vertraglichen Einheitsregelungen durch eine Betriebsvereinbarung

In dem Arbeitsverhältnis zwischen Arbeitnehmer und Arbeitgeber gibt es häufig Regelungen, die eine kollektivähnliche Bedeutung haben, weil sie für alle Arbeitnehmer gelten, und die nicht Gegenleistung für erbrachte Leistungen sind.

Beispiel: *Die meisten Arbeitgeber verwenden **Musterarbeitsverträge** (= betriebliche Einheitsregelung, Allgemeine Geschäftsbedingungen). Oder es gelten bestimmte Leistungen wie z.B. ein Weihnachtsgeld nur aufgrund einer **betrieblichen Übung**, weil der Arbeitgeber das Weihnachtsgeld allen Arbeitnehmern ohne Vorbehalt dreimal gezahlt hat und der Arbeitsvertrag auch keine sog. doppelte Schriftformklausel enthält (Änderungen und Ergänzungen des Vertrages bedürfen der Schriftform, Aufhebung der Schriftform bedarf ebenfalls der Schriftform). Schließlich gibt es Vertragsregelungen, die der Arbeitgeber den Arbeitnehmern aufgrund einer **Gesamtzusage** z.B. am Schwarzen Brett oder auf der Betriebsversammlung zusagte (Angebot an die Arbeitnehmer, das sich stillschweigend annehmen).*

Der Arbeitgeber kann z.B. eine arbeitsvertraglich vereinbarte freiwillige Sozialleistung wie das Weihnachtsgeld **häufig** durch eine Betriebsvereinbarung, die nach § 87 Abs. 1 Nr. 10 BetrVG hinsichtlich der Verteilung der Finanzmasse der Mitbestimmung des Betriebsrat unterliegt, ändern oder sogar ganz aufheben. Denn die Arbeitsvertragsparteien können ihre vertraglichen Absprachen dahingehend gestalten, dass sie einer **Abänderung durch Betriebsvereinbarungen** unterliegen. Eine solche Vereinbarung kann ausdrücklich oder bei

---
[88] S. 23

entsprechenden Begleitumständen konkludent erfolgen und ist namentlich bei betrieblichen Einheitsregelungen und Gesamtzusagen möglich. Hiervon ist regelmäßig auszugehen, wenn der Vertragsgegenstand in Allgemeinen Geschäftsbedingungen enthalten ist, durch eine betriebliche Übung oder eine Gesamtzusage entstanden ist und einen kollektiven Bezug hat. Mit deren Verwendung mit dieser allgemein gültigen Regelung macht der Arbeitgeber für den Arbeitnehmer erkennbar deutlich, dass im Betrieb **einheitliche Vertragsbedingungen** gelten sollen. Eine betriebsvereinbarungsfeste Gestaltung der Arbeitsbedingungen stünde dem entgegen. Da Allgemeine Geschäftsbedingungen (auch Gesamtzusage und betriebliche Übung) ebenso wie Bestimmungen in einer Betriebsvereinbarung auf eine Vereinheitlichung der Regelungsgegenstände gerichtet sind, kann aus Sicht eines verständigen und redlichen Arbeitnehmers nicht zweifelhaft sein, dass es sich bei den vom Arbeitgeber gestellten Arbeitsbedingungen um solche handelt, die einer, möglicherweise auch verschlechternden Änderung durch Betriebsvereinbarung zugänglich sind. **Etwas anderes** gilt nur dann, wenn Arbeitgeber und **Arbeitnehmer ausdrücklich Vertragsbedingungen** vereinbaren, die unabhängig von einer für den Betrieb geltenden normativen Regelung Anwendung finden sollen.[89]

Beispiel: In einem Arbeitsvertrag wird in allgemeinen Geschäftsbedingungen ausdrücklich auf jeweils geltende Tarifbestimmungen (sog. dynamische Verweisungsklausel) verwiesen. Hier ergibt sich die Nachrangigkeit einer – konkludent getroffenen – Betriebsvereinbarungsoffenheitsabrede sowohl aus dem Vorrang der Vereinbarungsform als auch aus dem Vorrang der in Bezug genommenen dynamischen Rechtsquelle des Tarifvertrags gegenüber der Betriebsvereinbarung.[90]

9.3 Die Ablösung von vertraglichen Einheitsregelungen durch eine Regelungsabrede?

Nur eine Betriebsvereinbarung kann eine vertragliche Einheitsregelung ablösen. Da eine Regelungsabrede anders als eine Betriebsvereinbarung, § 77 Abs. 4 BetrVG, nicht unmittelbar und zwingend für und gegen den Arbeitnehmer gilt, sondern nur auf der kollektiven Ebene zwischen Betriebsrat und Arbeitgeber besteht, kann sie eine vertragliche Abrede nicht ersetzen.

---

[89] BAG 30.01.2019 – 5 AZR 450/17, juris
[90] BAG 11.04.2018 – 4 AZR 119/77, juris

10. Begrenzung des Mitbestimmungsrechts des Betriebsrats nach § 87 Abs. 1 Eingangssatz BetrVG – Vorrang von Gesetzen und Tarifverträgen

Der Betriebsrat kann – natürlich – nur in den Fällen mitbestimmen, in denen der Arbeitgeber selbst außerhalb des Betriebsverfassungsrechts eine Regelung auch allein treffen könnte. Ist der Arbeitgeber verpflichtet, eine bestimmte Maßnahme vorzunehmen, kann der Betriebsrat unter Berufung auf sein Mitbestimmungsrecht keine davon abweichende Regelung verlangen. Entscheidend ist, ob die an sich mitbestimmungspflichtige Angelegenheit **inhaltlich, abschließend** und **zwingend** durch Gesetz oder einen den Arbeitgeber bindenden Tarifvertrag geregelt ist. Hat der Arbeitgeber trotz des Gesetzes bzw. des Tarifvertrages einen Regelungsspielraum, bleibt das Mitbestimmungsrecht des Betriebsrats bestehen.

10.1 Einschränkung durch Gesetz

Schreibt z.B. der Gesetzgeber ein bestimmtes Verhalten **zwingend** vor, kann der Betriebsrat bei der Umsetzung des **Gesetzes** (auch von Verordnungen) durch den Arbeitgeber nicht mitbestimmen.

Beispiel: Arbeitgeber und Betriebsrat vereinbaren in einen Vereinbarung über die Lage der Arbeitszeit, dass die Arbeitnehmer auch in den Fällen, in denen sie über 8 Stunden hinaus arbeiten, die geleistete Arbeitszeit nicht aufzeichnen müssen. Hier liegt ein Verstoß gegen § 16 Abs. 2 ArbZG vor; diese Regelung ist unwirksam.

Bei **nicht zwingenden**, sog. nachgiebigen oder auch dispositiv genannten Gesetzesvorschriften, bei denen der Arbeitgeber außerhalb des BetrVG von dem Gesetz hätte abweichen können, **verbleibt es bei der Mitbestimmung** des Betriebsrats

Beispiel: §§ 269 ff BGB enthalten nachgiebige Gesetzesvorschriften für die Bestimmung von Ort und Zeit der Vergütungszahlung in einem Vertragsverhältnis; von ihnen kann einzelvertraglich abgewichen werden. Der Betriebsrat hat deshalb nach § 87 Abs. 1 Nr. 4 BetrVG ein Mitbestimmungsrecht bei der Festlegung von Zeit, Ort und Art der Auszahlung von Arbeitsentgelt, das er notfalls erzwingen kann.

Anders lag der Fall in der Pflegebranche. In der Zeit bis zum 31.12.2014 wurde nach § 3 Abs. 1 S. 1 PflegeArbbV das in § 2 PflegeArbbV festgelegte Mindestentgelt für die vertraglich vereinbarte Arbeitszeit

bis zum 15. des Monats *fällig, der auf den Monat folgt, für den das Mindestentgelt zu zahlen ist. Es handelte sich um eine abschließende gesetzliche Regelung ohne Gestaltungsspielraum für die Betriebsparteien.*[91] *Inzwischen ist das Arbeitsentgelt nach den Verordnungen über zwingende Arbeitsbedingungen für die Pflegebranche* **spätestens** *zu einem bestimmten Datum fällig, so dass der Betriebsrat über sein Mitbestimmungsrecht erreichen kann, dass das Entgelt vor diesem Datum gezahlt wird.*

Beispiel: *Arbeitgeber und Betriebsrat streiten um die Fälligkeit des Urlaubs- und Weihnachtsgeldes. Die Einigungsstelle stellte schließlich den Zeitpunkt der Fälligkeit beider Leistungen fest. Die Anfechtung des Spruchs der Einigungsstelle durch den Arbeitgeber war erfolglos, weil dem Betriebsrat ein Mitbestimmungsrecht bei der Fälligkeit dieser Leistungen zusteht; zudem stellte das Arbeitsgericht fest, dass entgegen der Auffassung des Arbeitgebers eine Anrechnung dieser Leistungen auf den Mindestlohn nicht in Betracht kommt.*[92]

Es kann sogar eine Einschränkung von Verfassungswegen geboten sein und zwar im durch Art 9 Abs. 3 GG grundgesetzlich geschützten Arbeitskampf.

Beispiel: *In einem Betrieb des Arbeitgebers wird gestreikt. Der Arbeitgeber will deshalb für die nicht am Streik teilnehmenden Arbeitnehmer Überstunden einführen. Der Betriebsrat lehnt diese Überstunden unter Hinweis auf sein Mitbestimmungsrecht nach § 87 Abs. 1 Nr. 3 BetrVG ab. Der Arbeitgeber muss die Folgen einer gegen ihn gerichteten streikbedingten Arbeitsniederlegung nicht hinnehmen. Er kann vielmehr – abgesehen von Aussperrungsmaßnahmen – versuchen, durch betriebsorganisatorische Gegenmaßnahmen die Folgen der streikbedingten Betriebsstörung zu begrenzen. Solche Maßnahmen sind durch die Arbeitsniederlegung bedingt und Teil des Systems von Druck und Gegendruck, das den Arbeitskampf kennzeichnet. Will der Arbeitgeber während eines laufenden Streiks in seinem Betrieb für die arbeitswilligen und zur Ableistung von Mehrarbeit bereiten Arbeitnehmer - begrenzt auf die Dauer der konkreten Arbeitsniederlegung - vorübergehend deren betriebsübliche Arbeitszeit verlängern, bedarf er hierzu* **nicht der Zustimmung des Betriebsrats.** *Die Tätigkeit solcher Arbeitnehmer dient in einer solchen Konstellation ersichtlich der unmittelbaren Streikabwehr.*[93]

---

[91] BAG 22.07.2014 – 1 ABR 96/12, juris
[92] ArbG Cottbus 16.06.2021 – 4 BV 3/20, juris, LAG Berlin Brandenburg 29.3.2022 – 7 TaBV 970/21, juris
[93] BAG 20.03.2018 – 1 ABR 70/16, juris

10.2 Einschränkung durch Verwaltungsakt

Doch es reicht für den Ausschluss des Mitbestimmungsrechts des Betriebsrats bereits aus, wenn dem Arbeitgeber verbindlich eine Regelung durch **Verwaltungsakt** einer Behörde aufgegeben wird.

Beispiel: *Der Arbeitgeber erforscht und erprobt Technologien zur Wiederaufarbeitung von abgebrannten Kernbrennstoffelementen; für seine Tätigkeit benötigt er eine behördlichen Betriebsgenehmigung. Die Genehmigungsbehörde verknüpft den Erlass von Betriebs- oder Teilbetriebsgenehmigungen regelmäßig mit Anordnungen und Auflagen, zu deren Einhaltung der Arbeitgeber gegenüber der Behörde verpflichtet ist. Die zuständige Behörde ordnet durch Verwaltungsakt an: „Zutritt zum äußeren Sicherungsbereich: Ab sofort sind vom Betriebs- und Fremdpersonal mitgeführte Sachen vor dem Zutritt zum äußeren Sicherungsbereich stichprobenartig auf Waffen, Sprengmittel und sonstige Gegenstände zu überprüfen, die geeignet sind, die Sicherheit der WAK zu gefährden. Die Prüfung ist bei mindestens jeweils 5 % des Betriebs- und des Fremdpersonals durchzuführen." Der Betriebsrat reklamiert ein Mitbestimmungsrecht nach § 87 Abs. 1 Nr. 1 BetrVG; er will erreichen, dass nicht in der in dem Verwaltungsakt festgelegten Zahl Mitarbeiter kontrolliert werden. Das BAG[94] hat den entsprechenden Wunsch des Betriebsrat zurückgewiesen; denn dem Mitbestimmungsrecht des Betriebsrats unterliegt nicht mehr die Frage, ob von der vorzunehmenden Überprüfung auch weniger als 5 % der Arbeitnehmer erfasst werden sollen, während auf der anderen Seite die Betriebspartner frei wären, die Überprüfung eines größeren Anteils der Arbeitnehmer zu vereinbaren.*

10.3 Einschränkung durch Tarifvertrag

Nicht nur Gesetze und Verwaltungsakte, sondern auch Tarifverträge können die Regelungsbefugnis der Betriebsparteien nach § 87 Abs. 1 BetrVG in sozialen Angelegenheiten einschränken und sogar ausschließen. Denn wenn der Arbeitgeber auf Grund eines Tarifvertrages nichts selbst regeln darf, kann auch der Betriebsrat nicht mitbestimmen.

---

[94] BAG 26.05.1988 – 1 ABR 9/87, juris

10.3.1 Tarifbindung des Arbeitgebers

Der Arbeitgeber ist nur dann an einen Tarifvertrag gemäß § 3 Abs. 1 TVG gebunden, wenn er Mitglied des Arbeitgeberverbandes ist, der den Tarifvertrag abgeschlossen hat und er auch nicht ein OT-Mitglied[95] ist, oder selbst Partei des Tarifvertrages (Haus- oder Firmentarifvertrag) ist und der Betrieb dem räumlichen, fachlichen und persönlichen Geltungsbereich des Tarifvertrages unterfällt. In diesem Fall gelten die Rechtsnormen des Tarifvertrages für ihn **unmittelbar und zwingend**, § 4 Abs. 1 TVG. Dies gilt auch dann, wenn die Tarifbindung nach § 3 Abs. 3 TVG trotz Austritts aus dem Verband weiterhin bis zum Ende des Tarifvertrages fortbesteht.

Oder der Tarifvertrag ist nach § 5 TVG von dem zuständigen Ministerium für **allgemeinverbindlich** erklärt worden und der Arbeitgeber fällt in den räumlichen, fachlichen und persönlichen Geltungsbereich dieses Tarifvertrages.

Nicht notwendig müssen Arbeitnehmer dieses Arbeitgebers durch ihre Mitgliedschaft in der Gewerkschaft selbst tarifgebunden sein; es reicht die unmittelbare und zwingende Bindung des Arbeitgebers an den Tarifvertrag aus. **Auf eine Tarifbindung des Arbeitnehmers kommt es also nicht an.**

Beispiel: Ein Tarifvertrag, an den der Arbeitgeber gebunden ist, legt fest, dass das Arbeitsentgelt bargeldlos gezahlt wird. Der Betriebsrat hat deshalb kein Mitbestimmungsrecht nach § 87 Abs. 1 Nr. 4 BetrVG über die Zahlungsart.

10.3.2 Abschließende und zwingende Wirkung der tarifvertraglichen Regelung

Entscheidend für die tarifliche Regelung, an die der Arbeitgeber gebunden ist, ist, ob der Arbeitgeber nach dem Tarifvertrag, an den er gebunden ist, noch einen **Regelungsspielraum** hat **oder** ob sie **abschließend** ist. Ist dies nicht der Fall, besteht kein Bedürfnis für eine Mitbestimmung des Betriebsrats.

Wenn allerdings die Tarifvertragsparteien nur Rahmenvorschriften erlassen, die durch die Betriebsparteien noch auszufüllen sind, verbleibt in den vom Tarifvertrag geschaffenen Grenzen beim Mitbestimmungsrecht des Betriebsrats. Ob die Tarifvertragsparteien Raum für ergänzende betriebliche Regelungen lassen wollten, muss, wenn es im Tarifvertrag an einem ausdrücklichen Hinweis fehlt, aus den einschlägigen tariflichen Bestimmungen **eindeutig** zu entnehmen sein.

---

[95] Mitgliedschaft im Verband ohne Tarifbindung

Mit Rücksicht auf den vom Gesetzgeber gewollten Vorrang des Tarifvertrages entfaltet jede tarifliche Regelung, die nicht ohne weiteres als nur unvollständig gemeint erkennbar ist, für die Betriebspartner eine Sperrwirkung. Jede auch nur einigermaßen vollständige, aus sich heraus zu handhabende Regelung in einem Tarifvertrag schließt eine entsprechende betriebliche Regelung aus.[96]

Allerdings wird die notwendige Mitbestimmung nach § 87 BetrVG durch eine Tarifregelung nicht verdrängt, wenn dem Arbeitgeber durch die Tarifnorm lediglich ein einseitiges Bestimmungsrecht zugewiesen wird. Gerade das ist es, was § 87 BetrVG den Tarifvertragsparteien untersagt. Insoweit ist eine Tarifbestimmung, die das festlegt, unwirksam mit der Rechtsfolge, dass der Betriebsrat sein volles Mitbestimmungsrecht nach § 87 Abs. 1 Nr. 3 BetrVG ausüben kann.[97]

Beispiel: *In einem Tarifvertrag ist geregelt, dass der Arbeitgeber pro Woche bis zu 6 Überstunden anordnen kann. Nach dieser Tarifregelung könnte der Betriebsrat nur über die Lage der Überstunden und nicht darüber mitbestimmen, ob überhaupt Überstunden angeordnet werden. Soweit damit der Tarifvertrag für die Anordnung der Überstunden nach § 87 Abs. 1 Nr. 3 BetrVG das Mitbestimmungsrecht des Betriebsrats ausschließt, ist diese Tarifregelung unwirksam.*

10.3.3 Nachwirkender Tarifvertrag und Mitbestimmung nach § 87 Abs. 1 BetrVG

Nach Ablauf eines Tarifvertrages wirken ihre Regelungen nach § 4 Abs. 5 TVG weiter, bis sie durch eine andere **Abmachung ersetzt** werden.

Beispiel: *In einem Tarifvertrag sind Entlohnungsgrundsätze festgelegt. Eine Betriebsvereinbarung oder Regelungsabrede, die solche Grundsätze bei einem an diesen Tarifvertrag kraft Verbandsmitgliedschaft tarifgebundenen Arbeitgeber enthalten, sind unwirksam, § 87 Abs. 1 Eingangssatz BetrVG. Gilt dies auch dann, wenn der Tarifvertrag bei einer Kündigung nach Ablauf der Kündigungsfrist nur nachwirkt?*

Der nachwirkende Tarifvertrag wirkt nicht mehr zwingend; nach § 4 Abs. 5 TVG kann die nachwirkende Tarifregelung durch eine anderen Abmachung ersetzt werden, so dass ein nur nachwirkender Tarifvertrag die Mitbestimmung des Betriebsrats nach § 87 Abs. 1 Eingangssatz BetrVG nicht sperrt.[98]

---

[96] BAG 04.08.1981 – 1 ABR 54/78, juris
[97] BAG 18.04.1989 – 1 ABR 100/87, juris
[98] BAG 27.11.2002 – 4 AZR 660/01, juris

Für die Frage, ob eine Betriebsvereinbarung wegen des Bestehens einer tariflichen Regelung nach § 87 Abs. 1 Eingangssatz BetrVG unwirksam ist, kommt es nicht auf den Zeitpunkt des Abschlusses der Betriebsvereinbarung an, sondern darauf, ob und inwieweit sich die **Geltungszeiträume überschneiden.** Der Wirksamkeit einer Betriebsvereinbarung, die erst nach Ende der zwingenden und unmittelbaren Geltung des Tarifvertrags (§ 4 Abs. 1 TVG) in Kraft treten soll, steht nicht entgegen, dass sie bereits vorher abgeschlossen worden ist. Das gilt vor allem, wenn durch die Betriebsvereinbarung eine nahtlos anschließende, vom bisherigen Tarifvertrag abweichende Regelung getroffen werden soll.[99] Entscheidend ist jedoch, dass die Betriebsvereinbarung erst nach Ablauf des Tarifvertrages – aber in der Zeit der Nachwirkung – in Kraft tritt.

Beispiel: *Ein Tarifvertrag regelt Entlohnungsgrundsätze. Eine während der Dauer des Tarifvertrages nach § 87 Abs. 1 Nr. 10 BetrVG vereinbarte Betriebsvereinbarung wäre wegen der Überschneidung der Geltungszeiträume unwirksam. Sie wird nicht dadurch wirksam, dass der Tarifvertrag gekündigt wird und er anschließend nur nachwirkt. Eine einmal unwirksame Betriebsvereinbarung lebt nach Ablauf des Tarifvertrages nicht wieder auf. Sie bleibt unwirksam. Die Rechtslage wäre anders, wenn die Betriebsvereinbarung von vornherein erst für den Zeitraum nach Ablauf des Tarifvertrages für den Nachwirkungszeitraum geschlossen worden wäre. Diese Betriebsvereinbarung ist wirksam.*

10.3.4 Tarifvertrag und nichttarifgebundene Arbeitnehmer

Probleme entstehen, wenn der Arbeitgeber zwar an eine zwingende Tarifregelung gebunden ist, in seinem Betrieb aber Arbeitnehmer beschäftigt werden, die nicht tarifgebunden sind.

Beispiel: *In einem Tarifvertrag, an den der Arbeitgeber kraft Verbandsmitgliedschaft zwingend gebunden ist, sind Entlohnungsgrundsätze mit einer Eingruppierungsordnung geregelt. Der Arbeitgeber stellt Arbeitnehmer ein, die nicht tarifgebunden sind. Muss er sie trotzdem gemäß dieser Tarifregelung eingruppieren oder kann der Betriebsrat für den nichttarifgebundenen Personenkreis nach § 87 Abs. Nr. 10 BetrVG eine eigene Eingruppierungsordnung notfalls über die Einigungsstelle erzwingen?*

---

[99] BAG 27.11.2002 – 4 AZR 660/01, juris

Nach Auffassung des BAG[100] stellt die in einem im Betrieb eines tarifgebundenen Arbeitgebers einschlägigen Tarifvertrag enthaltene Vergütungsordnung zugleich das im Betrieb geltende System für die Bemessung des Entgelts der Arbeitnehmer dar. Dieser Arbeitgeber ist betriebsverfassungsrechtlich verpflichtet, die tarifliche Vergütungsordnung ungeachtet der Tarifgebundenheit der Arbeitnehmer im Betrieb anzuwenden, soweit deren Gegenstände der erzwingbaren Mitbestimmung des § 87 Abs. 1 Nr. 10 BetrVG unterliegen. Denn besteht eine gesetzliche oder tarifliche Regelung, die eine mitbestimmungspflichtige Angelegenheit zwingend und abschließend inhaltlich regelt, ist das Mitbestimmungsrecht bei der Einführung und Änderung eines betrieblichen Vergütungssystems durch den Tarifvorbehalt des § 87 Abs. 1 S 1 BetrVG ausgeschlossen.

Dieses bedeutet, dass der Arbeitgeber die neu eingestellten Arbeitnehmer und die bei ihm bereits beschäftigten Arbeitnehmer unabhängig davon, ob sie tarifgebunden sind oder nicht, in die tarifliche Entgeltordnung eingruppieren muss.

Der Mitbestimmung nach § 87 Abs. 1 Nr. 10 BetrVG unterliegen jedoch nur die **Entlohnungsgrundsätze** – in dem dargestellten Fall ist das die Eingruppierungsordnung – **nicht** dagegen die **Höhe der Vergütung.** Die Arbeitnehmer haben deshalb nur dann Anspruch auf das im Tarifvertrag geregelte Entgelt, wenn sie – wie der Arbeitgeber – auch selbst tarifgebunden sind. Sie haben deshalb dann Anspruch aus der Tarifregelung, wenn sie selbst Mitglieder der entsprechenden Gewerkschaft sind oder der Arbeitsvertrag in einer Klausel auf diesen Tarifvertrag Bezug nimmt. Für die nichttarifgebundenen Arbeitnehmer kann der Arbeitgeber eine andere Vergütung vorsehen; er ist auch nicht aus den Gründen der Gleichbehandlung zur Zahlung der Tarifvergütung an die nicht tariflich gebundenen Arbeitnehmer verpflichtet. Die Tarifbindung ist das entscheidende Kriterium für die Zulässigkeit unterschiedlicher Vergütungen. In dem Augenblick, in dem die bisher nicht dem Tarifvertrag unterworfenen Arbeitnehmer der einschlägigen Gewerkschaft beitreten oder mit dem Arbeitgeber eine Bezugnahmeklausel vereinbaren und damit auch für sie die Tarifbindung eintritt, haben sie Anspruch auf die Tarifvergütung als Mindestentgelt.

10.3.5 Betriebsvereinbarung und nachträgliche Tarifbindung bzw. nachträgliche gesetzlicher Regelung

Haben die Betriebsparteien in einer Betriebsvereinbarung oder Regelungsabrede einen Mitbestimmungstatbestand des § 87 Abs. 1 BetrVG geregelt, stellt sich die Frage der Geltung dieser Regelungen, wenn der Arbeitgeber einem

---
[100] BAG 20.02.2018 – 1 ABR 53/16, juris

Arbeitgeberverband beitritt oder auf Grund eines Haus- oder Firmentarifvertrages tariflich gebunden wird, die in der Betriebsvereinbarung aufgenommene Regelung jetzt im Tarifvertrag geregelt ist oder durch ein Gesetz die bisher innerbetrieblich geregelten Materie ausgestaltet wird.

Beispiel: *Die Betriebsparteien haben in einer Betriebsvereinbarung die Entlohnungsgrundsätze i.S. des § 87 Abs. 1 Nr. 10 BetrVG festgelegt. Inhalt dieser Betriebsvereinbarung sind zum einen die Eingruppierungsmerkmale und zum zweiten in einem freiwilligen Teil die Entlohnungstabelle. Der Arbeitgeber tritt dem Arbeitgeberverband bei; dieser hat mit der Gewerkschaft eine Vergütungsregelung mit Eingruppierungsmerkmalen und der Vergütungstabelle tariflich geregelt. Was hat Vorrang?*

Die in der Betriebsvereinbarung geregelten Entlohnungsgrundsätze sind nach § 87 Abs. 1 Eingangssatz BetrVG unwirksam geworden; die freiwillige Vergütungsregelung war – möglicherweise – bereits von Anfang an gemäß § 77 Abs. 3 BetrVG (nachstehend) unwirksam. Sie wäre wirksam, wenn sie in einer Regelungsabrede enthalten wäre, da diese nicht von § 77 Abs. 3 BetrVG erfasst wird. Wären die Entlohnungsgrundsätze in eine Regelungsabrede aufgenommen worden, wäre diese ebenfalls nach § 87 Abs. 1 Eingangssatz BetrVG unwirksam. Denn die **Tarifregelung** i.S. des § 87 Abs. 1 Einleitungssatz BetrVG **schließt jegliche innerbetriebliche Regelung** aus.

Wird nach Abschluss einer Betriebsvereinbarung die dort geregelte Materie gesetzlich geregelt, wird insoweit die Betriebsvereinbarung nach § 87 Abs. 1 Einleitungssatz BetrVG ebenfalls unwirksam.

10.4 Einschränkung durch den Tarifvorrang des § 77 Abs. 3 BetrVG?

Nach § 77 Abs. 3 BetrVG sind Betriebsvereinbarung **unwirksam**, wenn und soweit die dortigen Bestimmungen durch einen Tarifvertrag oder durch einen in der Branche üblichen Tarifvertrag geregelt ist.

10.4.1 Bedeutung des § 77 Abs. 3 BetrVG

Durch § 77 Abs. 3 BetrVG soll die Funktionsfähigkeit der verfassungsrechtlich garantierten Tarifautonomie dadurch gewährleistet werden, dass den Tarifvertragsparteien ein Vorrang zur kollektiven Regelung materieller Arbeitsbedingungen eingeräumt wird mit der Folge, dass da, wo die Tarifvertragsparteien von ihrer Normsetzungsbefugnis Gebrauch gemacht haben, eine entsprechende Befugnis der Betriebspartner entfällt. Es geht mithin um die **Sicherung der ausgeübten und aktualisierten Tarifautonomie**.[101] Die Funktionsfähigkeit der Tarifautonomie würde dann gestört, wenn die nicht tarifgebundenen Arbeitgeber normativ wirkende kollektivrechtliche „Konkurrenzregelungen"[102] in der Form von Betriebsvereinbarungen erreichen könnten. Es besteht deshalb im Fall des § 77 Abs. 3 BetrVG eine **Regelungssperre** für Arbeitgeber und Betriebsrat für den Abschluss von normativ wirkenden Betriebsvereinbarungen.[103]

Der Sinn des sog. Tarifvorrangs liegt auch darin, dass die Betriebsparteien nicht durch eine Betriebsvereinbarung einen Tarifvertrag, an den der Arbeitgeber nicht tariflich gebunden ist, für die Betrieb „allgemeinverbindlich" machen sollen. Dieses kann nur durch eine Allgemeinverbindlichkeitserklärung des zuständigen Ministeriums erfolgen.

10.4.2 Tarifüblichkeit reicht aus

Nach § 77 Abs. 3 BetrVG reicht es für den Tarifvorrang aus, dass die Tarifregelung üblich ist. Dies ist dann der Fall, wenn es bloß in der Branche einen Tarifvertrag gibt und der Arbeitgeber selbst nicht tarifgebunden ist. Tarifüblich ist eine Regelung auch dann, wenn der Regelungsgegenstand in der Vergangenheit in einem einschlägigen Tarifvertrag tatsächlich enthalten war und die Tarifvertragsparteien über ihn Verhandlungen führen; keine Tarifüblichkeit liegt vor, wenn es in der Vergangenheit noch keinen einschlägigen Tarifvertrag gab und die Tarifvertragsparteien lediglich beabsichtigen, die Angelegenheit künftig tariflich zu regeln[104] oder die Tarifvertragsparteien beschlossen haben, eine bestimmte Materie nicht mehr tariflich regeln zu wollen, oder sich der Arbeitgeberverband auflöst, da dann nicht mehr mit einem neuen Tarifvertrag gerechnet werden kann.

Beispiel: *Im eine Branche gibt es in Tarifverträgen festgelegte Vergütungstabellen. Ein Arbeitgeber, der dieser Branche angehört, ist nicht Mitglied des entsprechenden Arbeitgeberverbandes, so dass er nicht tarifgebunden ist und er deshalb auch nicht an die tarifgebundenen Arbeitnehmer die tarifliche Vergütung zahlen muss. Eine Betriebsvereinbarung über diese Vergütungstabellen wäre aber – weil tarifüblich – unwirksam.[105]*

---

[101] BAG 24.02.1987 – 1 ABR 18/85, juris
[102] *Bopp/Grundmann* S. 41
[103] Ausnahme für die Regelungssperre § 112 Abs. 1 BetrVG für den Sozialplan
[104] LAG Berlin-Brandenburg 09.08.2019 – 9 Sa 1874/18, juris
[105] Vgl. S. 38

10.4.3 Arbeitgeberbetrieb und Geltungsbereich des Tarifvertrages

Die Regelungssperre besteht (natürlich) nur, wenn der Betrieb des Arbeitgebers unter den räumlichen, fachlichen und persönlichen Geltungsbereich eines Tarifvertrages fällt, wobei auch das Bestehen eines Firmentarifvertrages genügt.

Beispiel: *Übliche Tarifregelungen für die Eisen-, Metall- und Elektroindustrie sind nicht übliche Regelungen für den Einzelhandel.*

Beispiel: *Ein Firmentarifvertrag eines Arbeitgebers regelt die Höhe der Vergütung der bei ihm beschäftigten Arbeitnehmer. Nicht geregelt ist dort die Dauer des Urlaubs. Hierüber macht aber der Branchentarifvertrag, an den der Arbeitgeber nicht tarifgebunden ist, eine Aussage. Eine Betriebsvereinbarung über die Dauer des Urlaubs wäre nach § 77 Abs. 3 BetrVG unwirksam.*

10.4.4 Bezugnahmeklausel nicht ausreichend

Auch reicht es für die Anwendung des § 77 Abs. 3 BetrVG nicht aus, wenn der nicht tarifgebundene Arbeitgeber in den Arbeitsverträgen auf Tarifverträge verweist, unter deren Geltungsbereich er nicht fällt.

Beispiel: *Ein nicht tarifgebundener Arbeitgeber der metallverarbeitenden Industrie verweist in seinen Arbeitsverträgen auf die Tarifverträge des Groß- und Außenhandels.*

10.4.5 Tarifvertrag und trotzdem Betriebsvereinbarung

Nur in den Fällen, in denen ein Tarifvertrag **abschließend** etwas regelt, ist eine Betriebsvereinbarung nach § 77 Abs. 3 BetrVG **über den gleichen Regelungsgegenstand** unwirksam.

Beispiel: *Ein Tarifvertrag regelt nur den Lohn. Durch Betriebsvereinbarung könnten trotzdem Prämien, Zulagen und Gratifikationen aus besonderem Anlass wirksam abgeschlossen werden.*

Beispiel. *Ein Tarifvertrag über einen Tariflohn hindert nicht die Betriebsparteien die Anrechnung von Tariflohnerhöhungen auf Zulagen durch Betriebsvereinbarung zu regeln. Ein Tarifvertragsregelung, der das verbieten oder bestimmen würde, dass das Effektiv- und nicht bloß das Tarifgehalt um den Prozentsatz der Tariferhöhung angehoben würde, wäre sogar unwirksam.*[106]

---

[106] BAG 16.9.1987 – 4 AZR 265/87, juris; BAG 26.8.2009 – 4 AZR 294/08, juris

Beispiel: *Ein Tarifvertrag regelt eine 40-Stunden-Woche. In einer Öffnungsklausel haben die Tarifvertragsparteien bestimmt, dass hiervon abweichend ein Stundenkorridor z.B. zwischen 38 und 42 Stunden in einer Betriebsvereinbarung festgelegt werden kann. Die Tarifvertragsparteien können die Abweichung vom Tarifvertrag durch die Betriebsvereinbarung auch rückwirkend genehmigen, so dass sie damit wirksam wird.*

10.4.6. Tarifvertrag und Öffnungsklausel

Die Verletzung des Tarifvorrangs nach § 77 Abs. 3 BetrVG hat nur die schwebende Unwirksamkeit der Betriebsvereinbarung zur Folge.[107] Denn es bleibt den Tarifvertragsparteien vorbehalten, ob sie abweichende Betriebsvereinbarungen zulassen wollen oder nicht. Sie können nach § 77 Abs. 3 Satz 2 BetrVG selbst darüber entscheiden, inwieweit sie den Betriebspartnern die diesen gemäß § 77 Abs. 3 Satz 1 BetrVG grundsätzlich entzogenen Gestaltungsmacht zurückgeben. Die Tarifvertragsparteien können deshalb durch Vereinbarung einer Tariföffnungsklausel eine – zuvor gegen den Tarifvertrag verstoßende – Betriebsvereinbarung rückwirkend genehmigen, sofern das Vertrauen der Normadressaten in den Fortbestand der bisherigen Rechtslage nicht entgegensteht.[108]

10.4.7 § 77 Abs. 3 BetrVG nur für Betriebsvereinbarungen

Die Regelungssperre besteht **nur** in den Fällen, in denen eine betriebliche **Regelung normativ** und damit **unmittelbar** für und gegen die Arbeitnehmer **wirkt**; sie gilt mithin nur für Betriebsvereinbarungen. Sie besteht dagegen wegen fehlender normativer Wirkung **nicht bei Regelungsabreden** und schon gar nicht bei **arbeitsvertraglichen Regelungen.**

Beispiel: *In dem Beispiel mit den in Tarifverträgen festgelegte Vergütungstabellen wäre eine Regelungsabrede gültig. So könnte z.B. in einer Regelungsabrede vereinbart werden, dass die Arbeitnehmer über den tariflichen Urlaub einen weiteren Urlaubstag erhalten; diese Regelung müsste, um für die Arbeitnehmer zu gelten, vom Arbeitgeber durch eine entsprechende Vereinbarung mit den Arbeitnehmern individualrechtlich umgesetzt worden sein.*

---

[107] LAG Düsseldorf 15.04.2021 – 11 Sa 490/20, juris
[108] BAG 29.01.2002 – 1 AZR 167/01, juris

Außerdem besteht die Regelungssperre des Tarifvertrags gegenüber Betriebsvereinbarungen nur, wenn der Tarifvertrag bestimmte Arbeitsbedingungen tatsächlich regelt; die Betriebsvereinbarung muss die tariflichen Bestimmungen inhaltsgleich oder ihnen gegenüber günstiger regeln.

Beispiel: *Eine Betriebsvereinbarung regelt die Zahlung einer stundenbezogenen und betragsmäßig bezifferten (Spätschicht-) Zulage unter denselben Tatbestandsvoraussetzungen, unter denen nach dem einschlägigen Tarifvertrag ein prozentualer Zuschlag je Arbeitsstunde zu zahlen ist. Die Betriebsvereinbarung ist nach § 77 Abs. 3 BetrVG unwirksam.*[109]

10.4.8 Verhältnis § 77 Abs. 3 BetrVG zu § 87 Abs. 1 BetrVG

Damit stellt sich aber die Frage, ob § 77 Abs. 3 BetrVG auch für Betriebsvereinbarungen gilt, **die nach § 87 Abs. 1 BetrVG** abgeschlossen werden.

Beispiel: *Wäre in dem vorigen Fall bei einer in der Branche üblichen Tarifregelung eine Betriebsvereinbarung nach § 77 Abs. 3 BetrVG auch für nach § 87 Abs. 1 Nr. 10 BetrVG vereinbarte Entlohnungsgrundsätze unwirksam?*

Das BAG hat hierzu bereits am 24.2.1987 entschieden, dass eine tarifliche Regelung einer **an sich mitbestimmungspflichtigen** Angelegenheit, die **lediglich üblich** ist, für den Betrieb jedoch keine Bindungen erzeugt und daher im Betrieb nicht besteht, für die im Betrieb beschäftigten Arbeitnehmer den erforderlichen Schutz nicht gewährleisten. Würde § 77 Abs. 3 BetrVG Mitbestimmungsrechte des Betriebsrats schon dann entfallen lassen, wenn die mitbestimmungspflichtige Angelegenheit nur „üblicherweise" durch Tarifvertrag geregelt ist, so könnte der durch § 87 Abs. 1 BetrVG bezweckte Schutz der Arbeitnehmer – sofern nicht eine gesetzliche Regelung besteht – weder durch eine tarifliche Regelung noch durch eine mitbestimmte Regelung bewirkt werden. Die in § 87 Abs. 1 BetrVG geregelten Mitbestimmungsrechte des Betriebsrats, soweit sie materielle Arbeitsbedingungen betreffen, würden weitgehend leerlaufen und nur dort bedeutsam sein, wo eine tarifliche Regelung von materiellen Arbeitsbedingungen nicht einmal üblich ist. Mitbestimmungsrechte des Betriebsrats sind aber nicht auf solche Randbereiche beschränkt, sondern sollen grundsätzlich in allen Betrieben zum Tragen kommen. Ihr Inhalt und ihre Grenzen müssen für den Normalfall bestimmt werden.

---

[109] LAG Baden-Württemberg 27.7.2022 – 19 Sa 6/22, juris

Betriebsvereinbarungen über einen nach § 87 Abs. 1 BetrVG geregelten **Mitbestimmungstatbestand** sind daher **nur dann unwirksam**, wenn der Arbeitgeber **tarifgebunden** ist und die mitbestimmte Angelegenheit Inhalt des Tarifvertrages ist. Die Betriebsvereinbarung über Entlohnungsgrundsätze i.S.d. § 87 Abs. 1 Nr. 10 BetrVG ist aber zulässig, wenn der Arbeitgeber nicht tarifgebunden ist und es in der Branche nur üblicherweise diese Tarifregelungen gibt. Dieses bedeutet, **dass § 77 Abs. 3 BetrVG nur für freiwillige** (und nicht für die notfalls über die Einigungsstelle erzwingbare) **Betriebsvereinbarungen** anzuwenden ist.

Beispiel: *Bei fehlender Tarifbindung des Arbeitgeber enthält der Branchentarifvertrag Regelungen über die bargeldlosen Zahlungen. Trotz der betriebsüblichen Regelung hat der Betriebsrat nach § 87 Abs. 1 Nr. 4 BetrVG über die bargeldlose Zahlung ein Mitbestimmungsrecht.*[110]

Beispiel: *Der Arbeitgeber will seinen Arbeitnehmern Weihnachtsgeld zahlen. In der Branche des nicht tarifgebundenen Arbeitnehmers ist tariflich bereits Weihnachtsgeld geregelt. Obwohl dem Betriebsrat bei der Verteilung der von dem Arbeitgeber für das Weihnachtsgeld insgesamt zur Verfügung gestellten Dotierung nach § 87 Abs. 1 Nr. 10 BetrVG ein Mitbestimmungsrecht zusteht, die Entscheidung des Arbeitgebers, dass Weihnachtsgeld gezahlt wird, die Festlegung des Personenkreises und der Umfang der Gesamtdotierung aber freiwillig ist, wäre eine hierüber abgeschlossene Betriebsvereinbarung (anders als die Regelungsabrede*[111]*) nach § 77 Abs. 3 BetrVG unwirksam.*

10.4.9 Umdeutung einer unwirksamen Betriebsvereinbarung?

Ist eine Betriebsvereinbarung nach § 77 Abs. 3 BetrVG unwirksam, stellt sich die Frage, ob sie nicht in einer individualrechtliche Regelung wie in eine betriebliche Übung oder eine Gesamtzusage umgedeutet werden kann.

Beispiel: *Der Arbeitgeber hat mit dem Betriebsrat in einer Betriebsvereinbarung ein Weihnachtsgeld geregelt. Die Betriebsvereinbarung ist wegen eines in der Branche geltenden Tarifvertrages, der Weihnachtsgeld vorsieht, unwirksam. Kann die Betriebsvereinbarung in Individualrecht umgedeutet werden, so dass die Arbeitnehmer aus dem Arbeitsvertrag einen Anspruch auf Weihnachtsgeld haben?*

---

[110] Fall entnommen *Bopp/Grundmann* S. 53
[111] Vgl. S. 75

Eine betriebliche Übung kraft Umdeutung scheidet im Regelfall aus, weil der Arbeitgeber eine (zwar unwirksame) Betriebsvereinbarung abgeschlossen hat und den Arbeitnehmer nicht unabhängig von der Betriebsvereinbarung Leistungen gewähren will.[112]

Anders verhält es sich z.B. mit einer **Gesamtzusage**. Nach der Rechtsprechung des BAG[113] ist es zwar nicht grundsätzlich ausgeschlossen, eine unwirksame Betriebsvereinbarung entsprechend § 140 BGB in eine vertragliche Einheitsregelung (Gesamtzusage oder gebündelte Vertragsangebote) umzudeuten. Das kommt jedoch nur in Betracht, wenn **besondere Umstände** die Annahme rechtfertigen, der Arbeitgeber habe sich unabhängig von der Wirksamkeit der Betriebsvereinbarung auf jeden Fall verpflichten wollen, seinen Arbeitnehmern die in dieser vorgesehenen Leistungen zu gewähren. Dabei ist insbesondere zu berücksichtigen, dass der Arbeitgeber sich von einer Betriebsvereinbarung durch Kündigung jederzeit lösen kann, während eine Änderung der Arbeitsverträge, zu deren Inhalt eine Gesamtzusage wird, lediglich einvernehmlich oder durch gerichtlich überprüfbare Änderungskündigung möglich ist. Ein hypothetischer Wille des Arbeitgebers, sich unabhängig von der Wirksamkeit einer Betriebsvereinbarung auf Dauer einzelvertraglich zu binden, kann deshalb nur in Ausnahmefällen angenommen werden. Bei einer möglichen Umdeutung könnte überlegt werden, dass z.B. die Gesamtzusage mit einem Widerrufsvorbehalt versehen wird, damit sich der Arbeitgeber von dieser Verpflichtung im Ergebnis in gleicher Weise entziehen kann wie bei einer kündbaren und nicht nachwirkenden Betriebsvereinbarung.

10.4.10 Verstoß gegen § 77 Abs. 3 BetrVG und grober Verstoß nach § 23 BetrVG

Verstoßen der Betriebsrat und der Arbeitgeber gegen § 77 Abs. 3 BetrVG, liegt ein Verstoß gegen ihre gesetzlichen Pflichten vor, so dass evtl. der Betriebsrat nach § 23 Abs. 1 BetrVG aufgelöst und/oder gegen den Arbeitgeber nach § 23 Abs. 3 BetrVG vorgegangen werden kann, wobei in beiden Fällen auch die Gewerkschaft gegen einen oder beide Betriebsparteien im Beschlussverfahren tätig werden kann.

Auch kann die Gewerkschaft gerichtlich feststellen lassen, dass die Betriebsvereinbarung unwirksam ist.

---

[112] BAG 05.03.1997 – 4 AZR 532/95, juris
[113] BAG 26.01.2017 – 2 AZR 405/17, juris

Beispiel: Ein Arbeitgeber war in wirtschaftlichen Schwierigkeiten. Abweichend von einem in der Branche ohne Öffnungsklausel für betriebliche Regelungen bestehenden Tarifvertrag vereinbarte der Arbeitgeber mit dem Betriebsrat die Verringerung des Urlaubs- und Weihnachtsgeldes sowie eine Verlängerung der Wochenarbeitszeit. Abgesehen davon, dass die Betriebsvereinbarung nach § 77 Abs. 3 BetrVG unwirksam ist, kann die Gewerkschaft deren Unwirksamkeit in einem Beschlussverfahren feststellen lassen, den Arbeitgeber in diesem Verfahren verpflichten, künftig das Mitbestimmungsrecht des Betriebsrats bei der Änderung von Entlohnungsgrundsätzen nach § 87 Abs. 1 Nr. 10 BetrVG zu beachten und für den Fall eines Verstoßes gegen diese Pflicht ein Ordnungsgeld androhen.[114] Auch könnte die Gewerkschaft überlegen, ob sie den Betriebsrat nicht nach § 23 Abs. 1 BetrVG durch das Gericht auflösen lässt.

Dieses Beispiel macht deutlich, wie wichtig es für den Arbeitgeber und den Betriebsrat ist, vor Abschluss einer **freiwilligen Betriebsvereinbarung** zu prüfen, ob es in der Branche tarifliche Regelungen gibt, die dem Abschluss eine Betriebsvereinbarung entgegenstehen.

---

[114] BAG 13.03.2001 – 1 AZB 19/80, juris

11. Wer ist zuständig? Betriebsrat oder Gesamtbetriebsrat?

Es wurde bereits dargestellt[115], dass gelegentlich streitig ist, ob in einer Angelegenheit des § 87 Abs. 1 BetrVG der örtliche Betriebsrat oder der Gesamtbetriebsrat zuständig ist. Doch wann ist der Gesamtbetriebsrat zuständig?

Der Gesamtbetriebsrat kann nach § 50 BetrVG entweder **originär** oder **kraft Auftrages** des Betriebsrats zuständig sein.

11.1 Zuständigkeit des Gesamtbetriebsrats kraft Beauftragung, § 50 Abs. 2 S. 1 BetrVG

Der örtliche Betriebsrat kann mit der Mehrheit der Stimmen seiner Mitglieder (**qualifizierte Mehrheit**) durch Beschluss den Gesamtbetriebsrat **schriftlich** beauftragen, für ihn z.B. das Mitbestimmungsrecht nach § 87 Abs. 1 BetrVG wahrzunehmen. In diesem Fall schließt der Gesamtbetriebsrat mit dem Arbeitgeber keine Gesamtbetriebsvereinbarung, sondern eine **Betriebsvereinbarung** ab. Die Beauftragung des Gesamtbetriebsrats, die auch notfalls die Anrufung der Einigungsstelle zum Inhalt hat, kann vom Betriebsrat jederzeit mit qualifizierter Mehrheit durch Beschluss schriftlich widerrufen werden.

Der Betriebsrat hat bei der Beauftragung mehrere Möglichkeiten:

- er kann dem Gesamtbetriebsrat den Auftrag erteilen, für ihn eine Betriebsvereinbarung abzuschließen. Dabei kann der Betriebsrat dem Gesamtbetriebsrat Eckpunkte für eine Regelung vorgeben,

- er kann den Gesamtbetriebsrat nach § 50 Abs. 2 S. 2 BetrVG lediglich mit der Verhandlung der Angelegenheit beauftragen und sich selbst die Entscheidungsbefugnis – etwa den Abschluss der Betriebsvereinbarung – vorbehalten. Dieser Vorbehalt muss **deutlich** erklärt werden. Im Zweifel erfolgt die Beauftragung ohne Vorbehalt.

- Im Regelfall wird der Gesamtbetriebsrat zwar die Abschlussvollmacht haben, er wird sich aber in dem Verfahren zum Abschluss einer Vereinbarung mit dem Arbeitgeber immer wieder mit dem Betriebsrat rückkoppeln, um deren Auffassung zu erfahren und sie in den Gestaltungsprozess einzubringen.

---

[115] S. 51

Hat der Gesamtbetriebsrat nur kraft Auftrages eine Betriebsvereinbarung abgeschlossen, kann nur der Betriebsrat und nicht etwa der Gesamtbetriebsrat die Einhaltung dieser Betriebsvereinbarung gegenüber dem Arbeitgeber durchsetzen und die Betriebsvereinbarung kündigen.

11.2 Originäre Zuständigkeit des Gesamtbetriebsrats, § 50 Abs. 1 S. 1 BetrVG

Schwieriger ist die Frage nach der originären Zuständigkeit des Gesamtbetriebsrats zu beantworten.

Beispiel: *Der Arbeitgeber möchte in seinen drei Betrieben eine einheitliche Arbeitszeitregelung einführen, damit alle Arbeitnehmer zur gleichen Zeit erreichbar sind. Der Arbeitgeber will deshalb mit dem Gesamtbetriebsrat eine unternehmenseinheitliche Betriebsvereinbarung zur Arbeitszeit einführen. Ist der Gesamtbetriebsrat zuständig?*

Die Ausübung der Mitbestimmungsrechte nach dem Betriebsverfassungsgesetz obliegt **grundsätzlich** dem von den Arbeitnehmern unmittelbar gewählten **Betriebsrat**. Der Gesamtbetriebsrat ist den einzelnen Betrieben nicht übergeordnet, § 50 Abs. 1 S. 2 BetrVG.

Dem Gesamtbetriebsrat ist nach § 50 Abs. 1 S. 1 BetrVG nur die Behandlung von Angelegenheiten zugewiesen, die das Gesamtunternehmen oder mehrere Betriebe betreffen und **nicht** durch die einzelnen Betriebsräte innerhalb ihrer Betriebe **geregelt werden können**. Erforderlich ist, dass es sich zum einen um eine mehrere Betriebe betreffende Angelegenheit handelt und zum anderen objektiv ein **zwingendes Erfordernis** für eine unternehmenseinheitliche oder betriebsübergreifende Regelung besteht. Das Vorliegen eines zwingenden Erfordernisses bestimmt sich nach Inhalt und Zweck des Mitbestimmungstatbestands, der einer zu regelnden Angelegenheit zugrunde liegt. Maßgeblich sind stets die **konkreten Umstände des Unternehmens** und der einzelnen Betriebe. Allein der Wunsch des Arbeitgebers nach einer unternehmenseinheitlichen oder betriebsübergreifenden Regelung, sein Kosten- oder Koordinierungsinteresse sowie reine Zweckmäßigkeitsgesichtspunkte genügen nicht, um in Angelegenheiten der zwingenden Mitbestimmung die Zuständigkeit des Gesamtbetriebsrats zu begründen.

In Unternehmen mit mehreren Betrieben sind mithin im Bereich des § 87 Abs. 1 Nr. 2 BetrVG regelmäßig die **Einzelbetriebsräte für die Regelung** der davon erfassten **Arbeitszeitfragen** zuständig. Dies kann allerdings anders zu beurteilen sein, wenn es an einer zu verteilenden betrieblichen Arbeitszeit fehlt. Das Mitbestimmungsrecht aus § 87 Abs. 1 Nr. 2 BetrVG soll die Interessen der Arbeitnehmer an der Lage der Arbeitszeit und damit zugleich ihrer freien Zeit für die Gestaltung ihres Privatlebens mit den betrieblichen Belangen des Arbeitgebers zu einem angemessenen Ausgleich bringen. Dessen betriebliche Interessen werden durch die im Betrieb zu erledigenden Aufgaben bestimmt. Diese richten sich grundsätzlich nach der vom Arbeitgeber getroffenen **Organisationsentscheidung**, durch die Art und Umfang der im Betrieb zu erledigenden Arbeiten festgelegt werden. Die Regelungsbefugnis des Einzelbetriebsrats setzt aber regelmäßig voraus, dass die Arbeitszeit durch Arbeitsabläufe bestimmt wird, die sich nach den **auf den Betrieb beschränkten Vorgaben des Arbeitgebers** richten. Wird eine Dienstleistung vom Arbeitgeber in mehreren Betrieben erbracht, entfällt bei einer **technisch-organisatorischen Verknüpfung der Arbeitsabläufe** eine betriebliche Regelungsmöglichkeit. Die von den Betriebsparteien zu berücksichtigenden betrieblichen Belange betreffen sämtliche von der Organisationsentscheidung des Arbeitgebers erfassten Betriebsstätten. Es fehlt dann an einer zu verteilenden betrieblichen Arbeitszeit i. S. des § 87 Abs. 1 Nr. 2 BetrVG. Für die Regelung der Arbeitszeitfragen nach dieser Vorschrift ist dann der Gesamtbetriebsrat nach § 50 Abs. 1 BetrVG zuständig.

Dieses bedeutet in dem dargestellten Beispiel, dass allein der Wunsch des Arbeitgebers, dass alle Arbeitnehmer zur gleichen Zeit erreichbar sind, noch nicht zur Begründung der Zuständigkeit des Gesamtbetriebsrats ausreicht. Erst wenn die Arbeitsabläufe in den drei Betrieben so aufeinander abgestimmt sind, dass **notwendigerweise** eine einheitliche Arbeitszeit geboten ist, wäre der Gesamtbetriebsrat zuständig.

Der Gesamtbetriebsrat ist allerdings nicht nur dann zuständig, wenn die Angelegenheiten nicht durch die Einzelbetriebsräte geregelt werden können, ihnen die Regelung mithin objektiv unmöglich ist. Die Zuständigkeit des Gesamtbetriebsrats besteht auch dann, wenn der Arbeitgeber im Bereich der freiwilligen Betriebsvereinbarung eine Angelegenheit unternehmenseinheitlich regeln will. In diesen Fällen ist es den örtlichen Betriebsräten faktisch unmöglich, die Sache zu regeln.

Beispiel: *Der Arbeitgeber will für das gesamte Unternehmen freiwillig Weihnachtsgeld zahlen; er ist aber zur Zahlung nur bereit, wenn die Verteilung einheitlich mit dem Gesamtbetriebsrat nach § 87 Abs. 1 Nr. 10 BetrVG geregelt wird. Hier wäre der Gesamtbetriebsrat für die Weihnachtsgeldregelung zuständig. Der Arbeitgeber muss aber eindeutig zum Ausdruck bringen, dass er nur bei einer unternehmenseinheitlichen Regelung bereit ist, Weihnachtsgeld zu zahlen.*

Liegt eine Gesamtbetriebsvereinbarung vor, kann nur der Gesamtbetriebsrat ihre Einhaltung gegenüber dem Arbeitgeber gerichtlich durchsetzen Hier wäre der Gesamtbetriebsrat für die Weihnachtsgeldregelung zuständig.

Beispiel: *Der Arbeitgeber muss nach § 3 Abs. 2 Nr. 1 BetrVG eine „Organisation des betrieblichen Arbeitsschutzes" schaffen; diese Angelegenheit unterliegt der zwingenden Mitbestimmung des Betriebsrats nach § 87 Abs. 1 Nr. 7 BetrVG. Da der Arbeitgeber besser mit dem Gesamtbetriebsrat als mit dem örtlichen Betriebsrat zurechtkommt, will er die Zuständigkeit des Gesamtbetriebsrats herbeiführen, indem er eine betriebsübergreifende Regelung verlangt.*

Das LAG Nürnberg[116] hat diesem Bestreben einen Riegel vorgeschoben.

Der Arbeitgeber kann in Angelegenheiten der zwingenden Mitbestimmung die Zuständigkeit des Gesamtbetriebsrats nicht dadurch herbeiführen, dass er eine betriebsübergreifende Regelung verlangt. Ebenso wenig können Arbeitgeber und Gesamtbetriebsrat die Zuständigkeit der einzelnen Betriebsräte abbedingen. Die gesetzliche Zuständigkeitsverteilung ist in Angelegenheiten, die in vollem Umfang der Mitbestimmung unterliegen, zwingend. Die Schaffung einer Organisation gemäß § 3 Abs. 2 Nr. 1 ArbSchG gehört nicht zur originären Zuständigkeit des Gesamtbetriebsrats im Sinne des § 50 Abs 1 BetrVG. Es besteht kein zwingendes Erfordernis für eine betriebsübergreifende oder unternehmenseinheitliche Regelung.

11.3 Zuständigkeit des Gesamtbetriebsrat für betriebsratslose Betriebe, § 50 Abs. 1 2. HS BetrVG

Gibt es in einem Betrieb keinen Betriebsrat, kann auch der Gesamtbetriebsrat für diesen Betrieb keine Mitbestimmungsrechte ausüben. Der Gesamtbetriebsrat ist also **kein Hilfsbetriebsrat.**

Allerdings heißt es in § 50 Abs. 1 2. HS BetrVG „seine Zuständigkeit erstreckt sich insoweit auch auf Betriebe ohne Betriebsrat". Dieses bedeutet, dass eine Gesamtbetriebsvereinbarung, die der Gesamtbetriebsrat kraft seiner originären Zuständigkeit abschließt, auch in **Betrieben ohne Betriebsrat normativ,** also unmittelbar und zwingend gilt.

---

[116] LAG Nürnberg 10.09.2021 – 4 TaBV 29/19, juris

Beispiel: In einem Unternehmen gibt es neben zwei Betrieben mit Betriebsrat einen ohne Betriebsrat. Der Arbeitgeber will unternehmenseinheitlich die Zahlung von Weihnachtsgeld einführen. Der Gesamtbetriebsrat ist hier originär zuständig, Die abgeschlossene Gesamtbetriebsvereinbarung gilt unmittelbar und zwingend auch in dem betriebsratslosen Betrieb. Ist der Gesamtbetriebsrat von den örtlichen Betriebsräten nur beauftragt worden, tätig zu werden, würde der Gesamtbetriebsrat nur eine einheitliche Betriebsvereinbarung für die Betriebe mit Betriebsrat abschließen, ohne dass der Betrieb ohne Betriebsrat davon partizipiert.

12. Einigungsstelle – kurze Darstellung[117]

Nach § 87 Abs. 2 BetrVG entscheidet die Einigungsstelle, wenn sich die Betriebspartner nicht in einer Angelegenheit nach § 87 Abs. 1 BetrVG einigen. Natürlich entscheidet sie nicht von Amts wegen, sondern nur dann, wenn eine der beiden Seiten sie zur Regelung der streitigen Fragen einschaltet.

12.1 Die Besetzung der Einigungsstelle

Die Einigungsstelle ist als außerbetriebliche Schlichtungsstelle besetzt mit einem externen Vorsitzenden und eine gleiche Anzahl Beisitzern, die von den jeweiligen Betriebsparteien benannt werden. Die Einigungsstelle wird im Regelfall für **jeden Einzelfall** des Streits über einen Mitbestimmungstatbestand des § 87 Abs. 1 BetrVG gebildet; es ist aber auch auf Grund einer entsprechenden Vereinbarung zwischen den Betriebsparteien möglich, eine **Dauereinigungsstelle** einzusetzen.

12.1.1 Der Vorsitzende der Einigungsstelle

Die wichtige Person in der Einigungsstelle ist der externe **neutrale** Vorsitzende. Er muss in der Lage sein, die oft sehr betriebsspezifischen Probleme schnell zu erkennen und zu beurteilen, die Gesprächs- und Verhandlungsbereitschaft zwischen den beiden Parteien zu fördern und durch eigene Alternativvorschläge in dem Konflikt zu vermitteln und streitige Punkte in Kompromissen zusammenzuführen. Häufig einigen sich die Betriebsparteien auf einen aktiven oder pensionierten Arbeitsrichter vom ArbG, LAG oder BAG, der natürlich bereit sein müsste, diese Funktion zu übernehmen. Aber auch Richter anderer Gerichtsbarkeiten, Rechtsanwälte oder andere Personen könnten den Vorsitz übernehmen. Wenn sich die Parteien nicht auf eine Person einigen können, weil jede Seite meint, der von der Gegenseite benannte Vorsitzende entscheide einseitig zugunsten der anderen Seite, oder eine geeignete Person nicht bekannt ist, kann der Arbeitgeber und/oder der Betriebsrat durch einen Antrag an das Arbeitsgericht beantragen, dass dieses Gericht einen Einigungsstellenvorsitzenden einsetzt, § 100 ArbGG. Nach nicht unbestrittener Auffassung kann jede Seite den von der anderen Seite vorgeschlagenen Vorsitzenden ohne weitere Begründung ablehnen. Denn Voraussetzung für die Übertragung des Amtes eines Vorsitzenden ist, dass er

---

[117] Ergänzend wird auf *Beseler Die Einigungsstelle,* Rieder Verlag, 2. Aufl. 2021 verwiesen.

das Vertrauen beider Betriebsparteien genießt. Vertrauen kann aber nicht per Gerichtsbeschluss „verordnet" werden.[118]

12.1.2 Die Beisitzer der Einigungsstelle

Jede Betriebspartei bestimmt ihre Beisitzer. Während die Auswahl der Personen der jeweiligen Seite obliegt, ist manchmal die jeweilige Zahl der Beisitzer streitig. Der Arbeitgeber ist wegen der entstehenden Kosten (die Kosten der Einigungsstelle trägt der Arbeitgeber, § 76 a BetrVG) an einer geringen Zahl von Beisitzern interessiert, während der Betriebsrat häufig eine größere Zahl favorisiert, um z.B. auch externen Sachverstand in der Person eines Rechtsanwalts, eines Gewerkschaftsbeauftragten oder eines Sachverständigen in die Beratungen einbringen zu können. Kommt es nicht zur Einigung, kann über diese Frage ebenfalls das Arbeitsgericht eingeschaltet werden, der in einem kostenfreien Verfahren die Zahl der Beisitzer bestimmen kann.

Die von den Betriebsparteien benannten Beisitzer müssen nicht neutral sein; sie können auch schon mit der streitigen Angelegenheiten – wie im Regelfall – befasst gewesen sein. Als Mitglieder der Einigungsstelle sind sie aber keinen Weisungen unterworfen.

12.2 Voraussetzung für die „Anrufung" der Einigungsstelle

Auf die Einsetzung einer Einigungsstelle können sich die Betriebspartner jederzeit einigen.

Im Regelfall wird aber nur von einer Seite die Einigungsstelle eingeschaltet, weil sie sich mit der Gegenseite nicht hat einigen können. Voraussetzung für einen solchen Antrag und damit auch bei einer mangelnden Einigung über den Vorsitzenden die Einschaltung des **Arbeitsgerichts** ist das Scheitern der Verhandlungen und damit das Vorliegen eines Rechtsschutzbedürfnisses. Hierzu sagt das LAG Düsseldorf[119]:

- „Immer muss zumindest die antragstellende Partei vor Einleitung des gerichtlichen Verfahrens ernsthaft versucht haben, mit der Gegenseite in Verhandlungen zum Thema der Einigungsstelle einzutreten, wozu insbesondere gehört, eigene Vorstellungen zum Regelungsthema zu formu-

---

[118] LAG Düsseldorf 09.06.2020 – 3 TaBV 31/20, juris
[119] LAG Düsseldorf 16.07.2019 – 3 TaBV 36/19, juris

lieren, über die dann überhaupt erst verhandelt werden könnte. Hiervon kann allein dann eine Ausnahme gemacht werden, falls die Gegenseite ausdrücklich oder konkludent erklärt hat, Verhandlungen abzulehnen.

- Wird die Aufnahme von Verhandlungen trotz vordergründig artikulierter Verhandlungsbereitschaft von einer Partei dann gleichwohl verzögert, kann die andere Partei direkt die Einigungsstelle anrufen und gerichtlich einsetzen lassen. Hierbei kommt ihr eine weitreichende Einschätzungsprärogative zu, die gerichtlich nur noch auf offensichtliche Unbegründetheit zu überprüfen ist.

- Sind Verhandlungen begonnen worden, gelangt jedoch eine der Seiten nach ihrer nicht offensichtlich unbegründeten subjektiven Einschätzung zu der Annahme, dass die Verhandlungen nicht oder nicht in absehbarer Zeit zum Erfolg führen werden, kann sie ebenfalls die Einigungsstelle anrufen und gerichtlich einsetzen lassen."

Es liegt deshalb kein ernsthafter Verhandlungsversuch vor, wenn ein Betriebsrat einfach nur beschließt, den Arbeitgeber zu einem mitbestimmungspflichtigen Thema zu Verhandlungen aufzufordern, hierbei aber keinerlei Angaben dazu macht, was er zu regeln wünscht. Andererseits geht die Verhandlungsobliegenheit nach § 74 Abs. 1 S. 2 BetrVG nicht so weit, dass eine Betriebspartei von ihrer bisherigen Position abrücken müsste, um damit Verhandlungen aufrecht zu erhalten und ihr anderenfalls das Rechtsschutzbedürfnis für ein Verfahren nach § 100 ArbGG abgesprochen werden könnte.[120]

Wird das Arbeitsgericht eingeschaltet, um einen Vorsitzenden der Einigungsstelle zu bestellten und/oder die Anzahl der Beisitzer zu bestellen, kann der für dieses Verfahren allein zuständige Kammervorsitzende den Antrag nur zurückweisen, wenn die Einigungsstelle **offensichtlich unzuständig** ist, d.h. wenn bei fachkundiger Beurteilung durch das Gericht sofort erkennbar ist, dass ein Mitbestimmungsrecht des Betriebsrats in der fraglichen Angelegenheit unter keinem rechtlichen Gesichtspunkt in Frage kommt.

Beispiel: *Ein Arbeitnehmer beschwert sich beim Betriebsrat, weil er nach seiner Meinung zu Unrecht abgemahnt wurde. Der Betriebsrat folgt dem Arbeitnehmer, tritt daraufhin in Verhandlungen mit dem Arbeitgeber ein, § 85 Abs. 1 BetrVG, und ruft mangels Einigung die Einigungsstelle, § 85 Abs. 2 BetrVG an. Die Einigungsstelle ist offensichtlich unzuständig, weil Gegenstand der Beschwerde ein Rechtsanspruch des Arbeitnehmers ist.*

---

[120] LAG Düsseldorf 07.04.2020 – 3 TaBV 1/20, juris

12.3 Verfahrungsgrundsätze

Das Einigungsstellenverfahren ist zwar kein Gerichtsverfahren, trotzdem müssen elementare Verfahrensgrundsätze beachten werden, anderenfalls die Entscheidungen der Einigungsstelle unwirksam sind.

12.3.1. Nur Präsenzsitzung

Der Einigungsstellentermin kann nur als Präsenzsitzung und nicht im Rahmen einer Video- oder Telefonkonferenz durchgeführt werden.

Nach dem Betriebsrätemodernisierungsgesetz vom 14.6.2021 (BGBl. I. S. 1762) kann zwar die Sitzung des Betriebsrats bei einer entsprechenden Regelung in der Geschäftsordnung unter dort festgelegten Bedingungen auch als Video- oder Telefonkonferenz durchgeführt werden, nicht aber die Sitzung der Einigungsstelle. Bei ihr müssen alle am notwendigen Beteiligten persönlich anwesend sein.

Allerdings können nach § 76 Abs. 4 Satz 4 BetrVG die Beschlüsse der Einigungsstelle auch in elektronischer Form niedergelegt und „vom Vorsitzenden mit seiner qualifizierten elektronischen Signatur" versehen werden.

12.3.2 Ordnungsgemäße Ladung

Die Beisitzer der Einigungsstelle müssen ordnungsgemäß und rechtzeitig durch den Vorsitzenden zur Sitzung der Einigungsstelle mit Mitteilung über Ort und Zeit der Sitzung geladen worden sein. In der Praxis werden die Beisitzer häufig über die jeweilige Betriebspartei geladen. Erscheint aber ein Beisitzer nicht zur Sitzung, könnte von der Einigungsstelle keine Entscheidung getroffen werden, weil eine ordnungsgemäße Ladung nicht festgestellt werden kann. Notfalls müssen die Beisitzer mit Einschreiben und Rückschein geladen werden.

12.3.3 Gewährung rechtlichen Gehörs

Eine der wichtigsten Grundsätze ist die Gewährung rechtlichen Gehörs. Beide Betriebsparteien müssen die Möglichkeit haben, zu den in dem Einigungsstellenverfahren zu behandelnden Fragen ausreichend Stellung zu nehmen, was im Regelfall in der Vorbereitung der Sitzung der Einigungsstelle schriftlich erfolgt und in der Sitzung durch mündlichen Vortrag. Im Rahmen der Gewährung rechtlichen Gehörs können – natürlich – beide Seiten auch Lösungsvorschläge einbringen.

Will die Einigungsstelle – und zwar nicht der Vorsitzende allein, sondern die Mehrheit der Mitglieder der Einigungsstelle – sich z.B. für unzuständig erklären, müssen die Betriebsparteien vorher die Gelegenheit haben, sich hierzu zu erklären.

12.3.4 Beschlussfassung aufgrund nichtöffentlicher mündlicher Beratung

Die Einigungsstelle entscheidet aufgrund nichtöffentlicher mündlicher Beratung. An dieser Beratung nehmen nur die Beisitzer und der Einigungsstellenvorsitzende teil.

12.3.5 Entscheidungen über Befangenheitsanträge

Während die Beisitzer nicht für befangen erklärt werden können, weil sie nicht notwendig, aber regemäßig die Auffassung der Betriebspartei, die sie benannt hat, jedenfalls zu Anfang der Beratungen vertritt, muss der Vorsitzende neutral sein. Er kann deshalb von einer und/oder beiden Betriebsparteien als befangen abgelehnt werden. Über diesen Befangenheitsantrag muss die Einigungsstelle ohne die Stimme des Vorsitzenden entscheiden, anderenfalls ein späterer Spruch der Einigungsstelle unwirksam ist.

12.4 Das Verfahren der Einigungsstelle

Der Vorsitzende bestimmt – im Regelfall nach Absprache mit den Betriebsparteien – Zeit und Ort der Sitzung der Einigungsstelle. Er bereitet die Sitzung vor, er lädt die Betriebsparteien, ihre Vertreter und die Beisitzer. Er veranlasst, dass beide Seiten den Sach- und Streitgegenstand vortragen, und sorgt dafür, dass diese Schriftsätze nicht nur der jeweiligen Gegenseite, sondern auch den Beisitzern zugehen. In der Sitzung erteilt er das Wort und leitet die Sitzung.

Die Sitzung beginnt mit dem Vortrag beider Betriebsparteien, wobei sie sich durch einen Rechtsanwalt oder einen Verbandsvertreter (Gewerkschaft bzw. Arbeitgeberverband) vertreten lassen können.

Die Mitglieder der Einigungsstelle können zur Aufhellung des Sachverhalts Fragen stellen.

Der Vorsitzende wird sodann herausarbeiten, was zwischen den Betriebsparteien unstreitig und was streitig ist, um so den Streitgegenstand auf die entscheidenden Fragen zu konzentrieren. Sollte er der Meinung sein, dass die Einigungsstelle nicht zuständig ist, wird er diese Frage zunächst mit den Beisitzern beraten und – sollte die Mehrheit der Mitglieder der Einigungsstelle ebenfalls dieser Meinung sein – den Betriebsparteien Gelegenheit geben, sich zur Frage der Zuständigkeit der Einigungsstelle weiter zu erklären.

Auf Grund eines Beschlusses der Einigungsstelle kann eine Beweisaufnahme durchgeführt werden, indem die Einigungsstelle für einen weiteren Termin Zeugen lädt, ein Sachverständigengutachten oder die Vorlage von Unterlagen (Urkunden) veranlasst.

Der Vorsitzende wird sich im gesamten Verfahren um eine Einigung der Betriebsparteien bemühen. Er und die Besitzer können Lösungsvorschläge einbringen.

Um eine Einigung der Betriebsparteien zu erreichen, führt der Vorsitzende gelegentlich nach einer entsprechenden Unterbrechung der Sitzung mit beiden Seiten getrennte Verhandlungen; in diesen Gesprächen will er beide Seiten ermuntern, kompromissbereit zu sein, und feststellen, in welchem Umfang sie bereit sind, von ihren bisherigen Positionen abzuweichen und Lösungen anzustreben. Gelegentlich kommt es auch vor, dass er in einem Sechsaugengespräch nur mit den Vertretern beider Seiten Kompromisslinien auslotet.

Kommt es trotz aller Bemühungen nicht zu einer Einigung, kann jede Betriebspartei Anträge stellen, über die zunächst die Beisitzer abstimmen. Kommt es in diesen Abstimmungen nicht zu einer Mehrheitsentscheidung, stimmt der Vorsitzende in einem 2. Abstimmungsgang mit. Häufig – aber nicht zwingend – werden auf diesem Weg die Anträge beider Betriebspartner abgelehnt. Sodann wird der Vorsitzende einen eigenen Kompromissvorschlag einbringen, über den erneut zunächst die Beisitzer abstimmen, und den er dann – sollte sein Vorschlag keine Mehrheit finden – nach einer weiteren Beratung, § 76 Abs. 3 BetrVG, mit seiner Stimme zur Mehrheit verhilft. Dieser Beschluss, auch **Spruch** genannt, ersetzt die bisher fehlende Einigung der Betriebspartner. Dieser Beschluss vom Vorsitzenden zu unterzeichnen oder in elektronischer Form niederzulegen und in diesem Fall vom Vorsitzenden mit seiner qualifizierten elektronischen Signatur zu versehen [121] und ist beiden Betriebsparteien zuzustellen. Im Regelfall geschieht das in der Weise, dass beide Seiten dem Vorsitzenden schriftlich bestätigen, dass und wann sie den **Beschluss im Original** mit der Unterschrift des Vorsitzenden erhalten haben. Außerdem erstellt der Vorsitzende ein Protokoll der gesamten Einigungsstellensitzung, das von ihm unterzeichnet wird und in der

---

[121] Gemäß Art. 1 des Betriebsrätemodernisierungsgesetz vom 14.06.2021

der Verfahrensablauf und das Ergebnis festgehalten werden; dieses Protokoll erhalten nicht nur die Betriebsparteien, sondern auch die Beisitzer.

Der Spruch der Einigungsstelle muss **nicht begründet** werden; er muss aus sich selbst heraus verständlich sein.

Dieser Spruch der Einigungsstelle hat bei Dauerregelungen den Rechtscharakter einer Betriebsvereinbarung, § 77 Abs. 1 BetrVG.

12.5 Unwirksamkeit und Anfechtbarkeit des Beschlusses der Einigungsstelle

Der Spruch der Einigungsstelle ist unwirksam und die Betriebspartner können sich auf seine Unwirksamkeit berufen, wenn er gegen wesentliche Verfahrensvorschriften, gegen ein Gesetz oder einen Tarifvertrag verstößt. Auf diese Unwirksamkeit kann sich auch jeder von dem Spruch der Einigungsstelle erfasste Arbeitnehmer berufen.

Beispiel: *Obwohl ein Besitzer nicht geladen wurde, entscheidet die Einigungsstelle über die streitige Angelegenheit. Der Spruch ist **unwirksam**.*

Beispiel: *Durch einen Spruch der Einigungsstelle wird geregelt, dass die Arbeitszeit der Arbeitnehmer entgegen § 16 Abs. 2 ArbZG selbst dann nicht aufgezeichnet werden, wenn sie mehr als 8 Stunden an einem Tag auf Weisung oder mit Duldung des Arbeitgebers gearbeitet haben. Der Spruch ist **hinsichtlich der Nichtaufzeichnung** der Überstunden als Verstoß gegen das Gesetz **unwirksam**. Jeder Arbeitnehmer, der von der Betriebsvereinbarung erfasst wird, kann sich auf die Unwirksamkeit berufen und z.B. den Arbeitgeber bei der zuständigen Stelle (z.B. Amt für Arbeit, Gewerbeaufsichtsamt) anzeigen.*

Die Einigungsstelle entscheidet über den Streitgegenstand **nach billigem Ermessen** unter angemessener Berücksichtigung der Belange des Betriebs und der betroffenen Arbeitnehmer, § 76 Abs. 5 S. 3 BetrVG. Der Betriebsrat und der Arbeitgeber können den Beschluss – den Spruch – der Einigungsstelle wegen Überschreitung der Grenzen des Ermessens innerhalb einer **Frist von 14 Tagen,** vom Tag der Zuleitung des Beschlusses an gerechnet, gerichtlich **anfechten**, wobei innerhalb dieser Frist auch die Anfechtungsgründe genannt werden müssen. Das Gericht kann dann evtl. feststellen, dass der Beschluss unwirksam ist. In diesem Fall ist das Einigungsstellenverfahren fortzusetzen, es sei denn die Betriebsparteien einigen sich anderweitig, was jederzeit möglich ist.

12.6 Kosten der Einigungsstelle

Der Arbeitgeber trägt die Kosten der Einigungsstelle, § 76 a Abs. 1 BetrVG. Die von den Betriebsparteien benannten Beisitzer, die dem Betrieb angehören, erhalten keine Vergütung, ihnen ist aber für die Dauer der Sitzung der Einigungsstelle die Vergütung weiterzuzahlen und – sollten sie außerhalb der Arbeitszeit an der Sitzung teilnehmen – nach § 37 Abs. 3 BetrVG Freizeitausgleich zu gewähren und – sollte er nicht erteilt werden können – Überstundenvergütung zu zahlen. Diese Regelung gilt nicht nur für die innerbetrieblichen Beisitzer, die Mitglieder des Betriebsrats sind, sondern auch für, die dem Betriebsrat nicht angehören.

Beispiel: *Der Arbeitgeber entsendet ein Mitglied der Personalabteilung als Beisitzer in die Einigungsstelle. Auch dieser hat Anspruch auf Vergütung bzw. Freizeitausgleich nach § 37 Abs. 3 BetrVG.*

Es gibt keine Vorschrift über die genaue Höhe der Vergütung des Vorsitzenden. Es heißt nur, dass sie nach dem erforderlichen Zeitaufwand, der Schwierigkeit der Streitigkeit sowie nach dem Verdienstausfall zu bemessen ist. Üblicherweise wird für das Honorar des Vorsitzenden von einem Tagessatz von 2500 bis 3000 € oder von einem Stundensatz von 250 € bis 400 € ausgegangen.

Die externen Beisitzer wie ein Gewerkschaftsbeauftragter oder Rechtsanwalt erhalten ausgehend von der Vergütung des Vorsitzenden im Regelfall 70% davon. Denn nach § 76 a BetrVG ist die Vergütung der externen Beisitzer niedriger zu bemessen als die des Vorsitzenden.

Häufig wird der Betriebsrat im Einigungsstellenverfahren von einem Gewerkschaftsbeauftragten oder einem Rechtsanwalt vertreten. Dieser entwirft die Schriftsätze an den Einigungsstellenvorsitzenden und vertritt auch – wie in einem Gerichtsverfahren – den Betriebsrat (bzw. der Verbandsvertreter oder ein Rechtsanwalt den Arbeitgeber) vor der Einigungsstelle. Gerade in schwierigen Rechtsangelegenheiten ist eine solche Vertretung geboten; der Arbeitgeber hat diese Kosten nach § 40 BetrVG zu tragen, falls die Beauftragung z.B. eines Rechtsanwalts notwendig ist. Die Kosten für Zeugen und Sachverständige sind wiederum Kosten nach § 76 a Abs. 1 BetrVG und vom Arbeitgeber zu tragen.

Schaubild: Das Verfahren vor der Einigungsstelle:

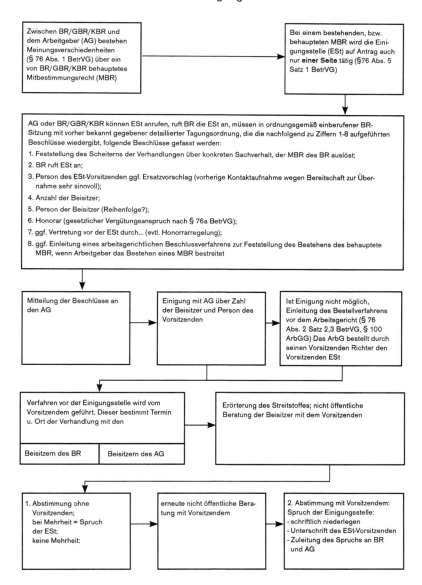

Teil II Das Mitbestimmungsrecht des Betriebsrats in sozialen Angelegenheiten (§ 87 Abs. 1 Nr. 1 – 13 BetrVG) dargestellt an Fallbeispielen

1. Ordnung und Verhalten der Arbeitnehmer im Betrieb (§ 87 Abs. 1 Nr. 1 BetrVG)

1.1 Gegenstand der Mitbestimmung

Beispiel: *Der Arbeitgeber weist die Arbeitnehmer an, ihre Arbeiten sorgfältig zu erbringen. Außerdem verbietet er ihnen, zu rauchen. Der Betriebsrat reklamiert für sich in beiden Fällen ein Mitbestimmungsrecht nach § 87 Abs. 1 Nr. 1 BetrVG.*

Nur das Rauchverbot ist mitbestimmungspflichtig.[122]

Gegenstand der Mitbestimmung nach § 87 Abs. 1 Nr. 1 BetrVG ist die **Gestaltung des Zusammenlebens und Zusammenwirkens der Arbeitnehmer im Betrieb.** Das Mitbestimmungsrecht betrifft die Gestaltung der Ordnung des Betriebs durch die Schaffung allgemein gültiger, verbindlicher Verhaltensregeln und sonstiger Maßnahmen, durch die das Verhalten der Arbeitnehmer in Bezug auf die betriebliche Ordnung beeinflusst werden soll.[123] Das mitbestimmungspflichtige Ordnungsverhalten ist vom mitbestimmungsfreien Arbeitsverhalten zu unterscheiden. Das Arbeitsverhalten ist berührt, wenn der Arbeitgeber kraft seiner Organisations- und Leitungsmacht näher bestimmt, welche Arbeiten auszuführen sind und in welcher Weise das geschehen soll. Ob das mitbestimmungsfreie Arbeitsverhalten betroffen ist, beurteilt sich nicht nach den subjektiven Vorstellungen, die den Arbeitgeber zu einer Maßnahme bewogen hat. Entscheidend ist der jeweilige objektive Regelungszweck.[124] **Mitbestimmungsfrei** sind danach nur Maßnahmen, mit denen **die Arbeitspflicht unmittelbar konkretisiert wird. Hingegen betreffen Anordnungen, die dazu dienen, das sonstige Verhalten der Arbeitnehmer zu koordinieren, die Ordnung des Betriebes i. S. d. § 87 Abs. 1 Nr. 1 BetrVG.**

Im ersten Fall besteht deshalb kein Mitbestimmungsrecht, weil hier die **Arbeitspflicht konkretisiert** wird. Das **Rauchverbot** gestaltet dagegen das Zusammenleben der Arbeitnehmer untereinander und ist daher grundsätzlich **mitbestimmungspflichtig**, es sei denn, durch das Rauchen würde die Arbeitsleistung selbst beeinträchtigt, sodass mitbestimmungsfreies Arbeitsverhalten berührt

---

[122] BAG 19.01.1999 – 1 ABR 499/98, juris
[123] LAG Rheinland-Pfalz 21.10.2019 – 3 TaBV 1/19, juris
[124] BAG 23.08.2018 – 2 AZR 235/18, juris zu Sammeln von Pfandflaschen entgegen einer Weisung des Arbeitgebers (Arbeitsverhalten)

ist. Das Mitbestimmungsrecht besteht dann nicht, wenn der Arbeitgeber durch zwingende gesetzliche Vorgaben – auch per Verwaltungsakt – zum Brandschutz gebunden ist.[125]

Aber:

Weist der Arbeitgeber die Arbeitnehmer an, dass Rauchen nur in den festgelegten Pausen gestattet ist, unterliegt diese Anordnung regelmäßig nicht dem Mitbestimmungsrecht des Betriebsrat. Denn die Anordnung will nur die Einhaltung der Arbeitszeit sicherstellen und betrifft somit nur das Arbeitsverhalten und nicht das Ordnungsverhalten.[126]

Beispiel: *Der Arbeitgeber weist die Arbeitnehmer an, sich täglich einen (neuen) freien Arbeitsplatz zu suchen, von dem sie ihre Arbeit erbringen sollten (Desk Sharing). Der Betriebsrat möchte mitbestimmen. Ein Mitbestimmungsrecht ist zu verneinen.*

Denn der Arbeitgeber ist frei in der Entscheidung, wie viele Arbeitsplätze er vorhält und wie viele Arbeitsmittel er letztlich zur Erbringung der Arbeitsleistung bereitstellt.[127]

Beispiel: *Der Arbeitgeber verpflichtet die Arbeitnehmer außerdem, den genutzten Arbeitsplatz vor Verlassen des Büros durch Entfernung der nicht zu dem Arbeitsplatz gehörenden Gegenständen für andere Arbeitnehmer nutzbar zu machen (Clean Desk). Auch hierfür besteht kein Mitbestimmungsrecht des Betriebsrats.*

Diese Arbeiten sind mit der Haupttätigkeit eng verknüpft; sie sind für die ordnungsgemäße Durchführung des Arbeitsverhältnisses und der Arbeitsleistung (auch der anderen Mitarbeiter) erforderlich und gehören damit zum Arbeitsverhalten des Arbeitnehmers.[128]

Beispiel: *Die Anweisung des Arbeitgebers, bestimmte Arbeitnehmer sollten im Rahmen der Coronapandemie die zulässige Maximalzahl an Kunden in den Räumlichkeiten überwachen und durchsetzen und auf die Einhaltung des Tragens einer Mund-Nasen-Bedeckung hinweisen, ist keine dem Mitbestimmungsrecht des Betriebsrats unterliegendes Ordnungserhalten, sondern Arbeitsverhalten.[129]*

---

[125] LAG Hessen 20.09.2018 – 5 TaBV 13/18, juris zur Frage einer Einrichtung einer Einigungsstelle zur Regelung eines Rauchverbots.
[126] LAG Mecklenburg-Vorpommern 29.03.2022 – 5 TaBV 12/21, juris
[127] *Schönhöft/Einfeldt* NZA 2022, 92
[128] *Schönhöft/Einfeldt* NZA 2022, 92, 93
[129] ArbG Berlin 30.07.2020 – 4 BVGa 9401/20, juris

Beispiel: *Der Arbeitgeber ordnet ein Essensverbot am Arbeitsplatz unter Hinweis auf die Kantine an und außerdem ein generelles Verbot der privaten Handynutzung während der Arbeitszeit an.*

Nur im ersten Fall hat der Betriebsrat ein Mitbestimmungsrecht.

Hinsichtlich des **Essensverbots am Arbeitsplatz** führt das LAG Berlin-Brandenburg[130] aus: „Die diesbezügliche Weisung dient dazu, das Verhalten der Arbeitnehmer in Bezug auf die betriebliche Ordnung und das betriebliche Zusammenleben der Arbeitnehmer zu koordinieren und zu beeinflussen. Die Arbeitnehmer werden angehalten, die Küche als Ort der Essenzubereitung und der Essenseinnahme zu wählen, nicht aber den Arbeitsplatz selbst. Hiermit wird das Verhalten der Arbeitnehmer „untereinander" koordiniert; arbeitende Arbeitnehmer sollen beispielsweise nicht Essensverhalten, Essensgerüchen etc. von anderen (am Arbeitsplatz essenden) Arbeitnehmern ausgesetzt sein. Es soll auch ein „gleichmäßiges" Verhalten der Arbeitnehmer erreicht werden: Arbeiten am Arbeitsplatz, Essen in der Küche."

Zum **Handyverbot** während der Arbeitszeit bejahte noch ArbG München[131] ein Ordnungsverhalten i.S. des § 87 Abs. 1 BetrVG und bemerkte, dass der Arbeitnehmer konzentriert und sorgfältig zu arbeiten und die Arbeit nicht zu unterbrechen hat, um privaten Interessen nachzugehen. Ein Arbeitnehmer, der seine Arbeit konzentriert, zügig und fehlerfrei verrichtet, erfüllt seine Arbeitspflicht, auch dann, wenn er oder sie daneben einen Blick auf sein/ihr Mobiltelefon wirft, um zu überprüfen, ob es verpasste Anrufe oder eingegangene Textnachrichten anzeigt. Zudem lenkt nicht jede Nutzung des Mobiltelefons zum Zweck der Kommunikation von der Erbringung der Arbeitsleistung ab. So kann es z.B. für die Fähigkeit zur Konzentration auf die Arbeitsleistung sogar förderlich sein, wenn ein Arbeitnehmer/eine Arbeitnehmerin weiß, dass er/sie für sein/ihr minderjähriges Kind oder ggf. einen pflegebedürftigen Elternteil jederzeit bei Bedarf erreichbar ist. Hingegen kann in derartigen Fällen die Ungewissheit, „ob alles in Ordnung ist", die Konzentration massiv beeinträchtigen. Dies gilt insbesondere, wenn tatsächlich eine Nachricht oder ein Anruf von einem Angehörigen oder nahestehenden Personen auf dem privaten Mobiltelefon während der Dienstzeit eingeht und der Arbeitnehmer darauf nicht reagieren dürfte, sich dafür ggf. aber ständig fragen müsste, ob der Anrufer einen wichtigen Grund für den Anruf hatte.

Demgegenüber lehnen das LAG Rheinland-Pfalz[132] und das LAG Frankfurt[133] ein Mitbestimmungsrecht des Betriebsrats ab mit der Begründung, der Arbeitnehmer

---

[130] LAG Berlin-Brandenburg 12.07.2016 – 7 TaBVGa 520/16, juris
[131] ArbG München 18.11.2015 – 9 BVGa 52/15, juris; ablehnend *Jarsch* BB 2020, 692 ff
[132] LAG Rheinland-Pfalz 30.10.2009 – 6 TaBV 33/09, juris
[133] LAG Frankfurt 06.07.2020 – 5 TaBV 178/19, juris

müsse arbeiten und dürfe nicht privat telefonieren; das **Handyverbot** regele deshalb das nicht dem Mitbestimmungsrecht unterfallende **Arbeitsverhalten**.[134]

Beispiel: *Ein Arbeitgeber ordnet ohne Zustimmung des Betriebsrats an,*

- *wie groß die Tischfläche sein darf, die der Arbeitnehmer für private Zwecke nutzen darf*
- *dass freie Arbeitsplätze nicht durch einen Kollegen belegt werden dürfen,*
- *dass die Schrankoberflächen in regelmäßigen Intervallen überprüft werden und alles Unnötige entfernt oder archiviert wird,*
- *wie die persönlichen Pflanzen gepflegt und beschnitten werden*
- *dass der Arbeitsplatz abends aufgeräumt zu verlassen ist,*
- *wo und alte, defekte Geräte entsorgt und*
- *dass der Müll getrennt wird.*

Gerade die **Abgrenzung** zwischen mitbestimmungspflichtigem Ordnungsverhalten und mitbestimmungsfreien Arbeitsverhalten ist häufig **schwierig**.

Dass Arbeitsplätze beim Verlassen **aufzuräumen** sind, berührt das **Arbeitsverhalten** wie auch der Hinweis, was mit alten, **defekten Geräten** zu machen ist. Bei der Mülltrennung liegt ein Gesetz vor (Kreislaufwirtschaftsgesetz) vor, das der Arbeitgeber zu beachten hat.

In allen **anderen Fällen** sind die angeordneten Verhaltensregeln nicht darauf gerichtet, das Arbeitsverhalten der Arbeitnehmer an ihrem Arbeitsplatz zu konkretisieren, sondern dafür gedacht, z.B. das einheitliche äußere Erscheinungsbild der Arbeitsplätze aufrecht zu erhalten. In diesen Fällen hat der Betriebsrat mitzubestimmen.[135]

Beispiel: *Mehrere Arbeitnehmer eines Arbeitgebers verteilten auf dem Betriebsgelände Informationsmaterial der Gewerkschaft. Der Arbeitgeber untersagte den Arbeitnehmern diese Werbeaktion. Der Betriebsrat meint, die Anordnung des Arbeitgebers sei wegen Verstoßes gegen § 87 Abs. 1 Nr. 1 BetrVG unwirksam.*

Das BAG[136] hat sich dieser Meinung nicht angeschlossen.

---

[134] Vgl. S. 50
[135] ArbG Würzburg 08.06.2016 – 12 BV 25/15, juris
[136] BAG 28.07.2020 – 1 ABR 41/18, juris

Das Ordnungsverhalten der Arbeitnehmer ist berührt, wenn die Maßnahme des Arbeitgebers auf die Gestaltung des kollektiven Miteinanders oder die Gewährleistung und Aufrechterhaltung der vorgegebenen Ordnung des Betriebs zielt. Gegenstand des Mitbestimmungsrechts nach § 87 Abs. 1 Nr. 1 BetrVG ist das **betriebliche Zusammenleben und kollektive Zusammenwirken** der Beschäftigten. Es beruht darauf, dass die Beschäftigten ihre vertraglich geschuldete Leistung innerhalb einer vom Arbeitgeber vorgegebenen Arbeitsorganisation erbringen und deshalb dessen Weisungsrecht unterliegen. Das berechtigt den Arbeitgeber dazu, Regelungen vorzugeben, die das Verhalten der Beschäftigten im Betrieb beeinflussen und koordinieren sollen. Solche Maßnahmen bedürfen der Mitbestimmung des Betriebsrats. Dies soll gewährleisten, dass die Beschäftigten gleichberechtigt in die Gestaltung des betrieblichen Zusammenlebens einbezogen werden. Dazu schränkt das Mitbestimmungsrecht nach § 87 Abs. 1 Nr. 1 BetrVG die auf die betriebliche Ordnung bezogene Regelungsmacht des Arbeitgebers ein. Das von **Art. 9 Abs. 3 GG** geschützte Recht betriebsangehöriger Gewerkschaftsmitglieder, sich durch die Verteilung gewerkschaftlichen Informations- oder Werbematerials im Betrieb aktiv an der koalitionsgemäßen Betätigung ihrer Gewerkschaft zu beteiligen und diese dadurch bei der Verfolgung ihrer koalitionsspezifischen Ziele zu unterstützen, unterliegt nicht der Regelungsmacht des Arbeitgebers. Aus diesem Grund besteht auch kein Raum für eine Mitbestimmung des Betriebsrats nach § 87 Abs. 1 Nr. 1 BetrVG.

1.2 Arbeits- und Verhaltenskontrollen

Beispiel: *Der Arbeitgeber will Werksausweise einführen, auf denen jeweils neben dem Foto des Arbeitnehmers Name, Geburtstag und Anschrift vermerkt sind. Der Betriebsrat meint, er habe ein Mitbestimmungsrecht. Wie ist der Fall zu beurteilen, wenn der Arbeitgeber codierte Ausweiskarten einführen will, mit denen dem Arbeitnehmer über ein elektronisches Zugangssicherungssystem der Ein- und Ausgang zu Betriebsräumen ermöglicht wird, ohne dass festgehalten wird, wer wann in welche Richtung den Zugang benutzt?*

Beim Werksausweis besteht ein Mitbestimmungsrecht, nicht aber bei der Einführung der codierten Ausweiskarte.[137]

Nach allgemeiner Meinung unterliegen Fragen des Betretens und Verlassens des Betriebes, Türkontrollen, die Einrichtung von Stechuhren, die Installation von Kontrollsystemen, die Einführung von Passierscheinen und Betriebs- bzw.

---

[137] BAG 10.04.1984 – 1 ABR 69/82, juris

Werksausweisen dem Mitbestimmungsrecht des Betriebsrats nach § 87 Abs. 1 BetrVG.

Die Installation eines Zugangssicherungssystems, das bei der Präsentation von codierten Ausweiskarten den Ein- und Ausgang zu Betriebsräumen freigibt, **ohne festzuhalten, wer wann in welche Richtung den Zugang benutzt, unterliegt nicht der Mitbestimmung** des Betriebsrats. Denn die Installation des geplanten Zugangssicherungssystems betrifft nicht die Ordnung des Betriebes. Weder wird damit geregelt, wer wann durch welchen Eingang das Betriebsgebäude betreten kann, noch wird registriert und ausgewertet, wer wann durch welche Tür das Betriebsgebäude betritt oder verlässt. Einziger Zweck des Systems ist es, die beiden Zugänge zum Betriebsgebäude geschlossen halten zu können und ein Öffnen der Türen durch Präsentation der Ausweiskarte vor dem Sensor zu ermöglichen. Der **codierten Ausweiskarte kommt lediglich die Funktion eines Schlüssels zum Öffnen der Tür zu**. Wird eine von dem Arbeitgeber ausgegebene Ausweiskarte dem Sensor präsentiert, wird die Tür geöffnet, unabhängig davon, ob derjenige, der die Ausweiskarte präsentiert hat, dazu berechtigt ist oder nicht.

Dass mit der Einführung dieses Systems dem Arbeitnehmer zur Pflicht gemacht wird, diese zumindest faktisch genötigt sind, die Ausweiskarte bei sich zu führen und diese sorgfältig aufzubewahren, rechtfertigt keine andere Beurteilung. Dem Arbeitnehmer wird damit zwar ein bestimmtes Verhalten abverlangt, dieses hat aber keinen Bezug zur betrieblichen Ordnung.

Fazit: Mit einem Werksausweis weist der Arbeitnehmer nach, dass er das Werk betreten darf. Er kann jederzeit im Betrieb auf seine Aufenthaltsberechtigung hin kontrolliert werden. Demgegenüber erhält mit einer codierten Ausweiskarte jeder Karteninhaber Zugang zum Betriebsgelände; seine Berechtigung wird nicht kontrolliert.

Beispiel: Ein Busunternehmen des öffentlichen Personennahverkehrs will anordnen, dass seine Fahrer auf der Dienstkleidung Namensschilder tragen. Der Betriebsrat reklamiert ein Mitbestimmungsrecht nach § 87 Abs. 1 Nr. 1 BetrVG.

Das BAG hat ein Mitbestimmungsrecht des Betriebsrats bejaht.[138]

Ob das mitbestimmungsfreie Arbeitsverhalten betroffen ist, beurteilt sich nicht nach den subjektiven Vorstellungen, die den Arbeitgeber zu einer Maßnahme bewogen haben. Entscheidend ist der jeweilige objektive Regelungszweck.

---

[138] BAG 11.06.2002 – 1 ABR 46/01, juris; LAG Rheinland-Pfalz 21.10.2019 – 3 TaBV 1/19, juris

Dieser bestimmt sich nach dem Inhalt der Maßnahme sowie nach der Art des zu beeinflussenden betrieblichen Geschehens. Wirkt sich eine Maßnahme zugleich auf das Ordnungs- und das Arbeitsverhalten aus, so kommt es darauf an, welcher Regelungszweck überwiegt.

Danach betrifft die hier streitige Anordnung nicht das mitbestimmungsfreie Arbeitsverhalten. Nach ihrem objektiven Regelungsgehalt ist die Maßnahme nicht darauf gerichtet, das Arbeitsverhalten der Fahrer zu konkretisieren. Sie dient vielmehr dazu, dass die Kunden auch aus dem durch das Namensschild geprägten äußeren Erscheinungsbild der Fahrer positive Rückschlüsse auf die Dienstleistungsbereitschaft des Unternehmens ziehen. Für den Fahrgast stellt sich das **Namensschild als Teil der einheitlichen Dienstkleidung** der Fahrer dar. Damit bringt es wie diese eine bestimmte Unternehmenskultur zum Ausdruck, deren Repräsentant das Fahrpersonal sein soll.

Das Namensschild und die damit bezweckte Aufhebung der Anonymität der Fahrer Dritten gegenüber ist für die Erbringung ihrer arbeitsvertraglich geschuldeten Leistung nahezu ohne jede Bedeutung. Diese Aufgabe wird ohne die nach außen getragene Darstellung der Identität des einzelnen Fahrers verrichtet. **Die Kunden können die kommunikative Funktion des Namensschilds während der Erbringung der Beförderungsleistung nicht wahrnehmen.** Von der Arbeitgeberin wird aus Gründen der Verkehrssicherheit gerade nicht gewünscht, dass die Fahrgäste während der Fahrt mit den Fahrern Gespräche führen. Das Ansprechen der Fahrer ist regelmäßig nur während der sehr kurzen Fahrtunterbrechung an den Haltestellen möglich. Erst dabei können die Fahrer um Auskünfte gebeten werden oder darum, Hilfestellung beim Ein- oder Aussteigen zu leisten. Infolge der begrenzten Dauer des Gesprächskontakts wird der Kunde den Namen jedoch kaum wahrnehmen und daher im Kommunikationsprozess auch selten verwenden. Zwar sind die Fahrer zur Erbringung dieser Serviceleistungen arbeitsvertraglich verpflichtet. Im Gegensatz zu der schriftlichen Kommunikation zwischen Kunden und Sachbearbeitern in Geschäftsbriefen oder der Kundenberatung durch die Mitarbeiter eines Geldinstituts betrifft die Kommunikation mit den Fahrgästen aber nur einen Randbereich der arbeitsvertraglich geschuldeten Leistung der Fahrer und nicht das eigentliche Arbeitsprodukt.

Beispiel: *Die Arbeitnehmer des Unternehmens A arbeiten auf dem Betriebsgelände der Firma B. Der Arbeitgeber A weist seine Arbeitnehmer an, sich in einem Kundenbetrieb der Firma B der dort eingerichteten biometrischen Zugangskontrolle (Fingerabdruckerfassung) zu unterziehen.*

Der Betriebsrat der Firma A hat ein Mitbestimmungsrecht bei der Frage, ob sich die Arbeitnehmer der biometrischen Zugangskontrolle unterziehen müssen.[139]

Das Mitbestimmungsrecht des Betriebsrats nach § 87 Abs. 1 Nr. 1 BetrVG wird nicht dadurch ausgeschlossen, dass sich die Arbeitnehmer zur Verrichtung ihrer arbeitsvertraglichen Tätigkeit auf Anweisung des Arbeitgebers in den Betrieb eines anderen Arbeitgebers begeben. Dies folgt ebenfalls aus dem Sinn und Zweck des Mitbestimmungsrechts. Die Arbeitnehmer unterliegen auch bei der Arbeit in einem fremden Betrieb weiterhin den Weisungen ihres Vertragsarbeitgebers. Daher hat der von ihnen gewählte und sie repräsentierende Betriebsrat nach § 87 Abs. 1 Nr. 1 BetrVG auch dann mitzubestimmen, wenn die **Weisungen ihr Ordnungsverhalten in einem fremden Betrieb** betreffen. Andernfalls entstünde eine mit dem Schutzzweck des § 87 Abs. 1 Nr. 1 BetrVG nicht zu vereinbarende Lücke. Ein im Kundenbetrieb errichteter Betriebsrat kann die Interessen der aufgrund von Werkverträgen dort tätigen fremden Arbeitnehmer regelmäßig nicht wahrnehmen. Er besitzt für diese Arbeitnehmer weder ein Mandat noch kann er mit deren Vertragsarbeitgeber verhandeln. Diese haben im Übrigen auch keine rechtliche Möglichkeit, die Errichtung eines im Kundenbetrieb fehlenden Betriebsrats herbeizuführen.

Um das nach § 87 Abs. 1 Nr. 1 BetrVG mitbestimmungspflichtige Ordnungsverhalten geht es auch, wenn der Vertragsarbeitgeber seine Arbeitnehmer anweist, sich nach den in einem Kundenbetrieb bestehenden Regeln zu verhalten. Der Arbeitgeber übernimmt in einem solchen Fall die Verhaltensregelungen des Dritten und gibt sie seinen Arbeitnehmern vor. Dies ist ihm aufgrund seines mit dem Arbeitsverhältnis verbundenen Weisungsrechts möglich. Dagegen besitzt der Kunde keine unmittelbaren vertraglichen Befugnisse, den in seinem Betrieb eingesetzten fremden Arbeitnehmern Weisungen hinsichtlich ihres Ordnungsverhaltens zu geben. Daher macht es für das Mitbestimmungsrecht nach § 87 Abs. 1 Nr. 1 BetrVG keinen Unterschied, ob ein Arbeitgeber seinen im Außendienst beschäftigten Mitarbeitern selbst bestimmte Vorschriften hinsichtlich ihres Verhaltens in den Räumlichkeiten von Kunden macht oder ob er sie anweist, die dort geltenden Regeln zu beachten.

Hiergegen kann der Arbeitgeber nicht erfolgreich einwenden, ihm selbst seien die Verhaltensregeln durch den Dritten vorgegeben. Allerdings steht die betriebliche Ordnung in einem Kundenbetrieb nicht zur Disposition des Arbeitgebers. Dieser hat aber als Vertragspartner des Kunden die Möglichkeit, darauf Einfluss zu nehmen, unter welchen Bedingungen „seine" Arbeitnehmer dort zu arbeiten

---

[139] BAG 27.01.2004 – 1 ABR 7/03, juris

haben. Dementsprechend obliegt es nach der Rechtsprechung des BAG dem Arbeitgeber, sich in mitbestimmungspflichtigen Angelegenheiten Dritten gegenüber nicht in einer Weise zu binden, die eine Einflussnahme des Betriebsrats faktisch ausschließt. Vielmehr muss der Arbeitgeber durch eine entsprechende Vertragsgestaltung sicherstellen, dass die ordnungsgemäße Wahrnehmung der Mitbestimmungsrechte des Betriebsrats gewährleistet ist. Der Arbeitgeber wird hierdurch in seiner unternehmerischen Freiheit nicht unzulässig eingeschränkt. Nicht selten betreffen Mitbestimmungsrechte des Betriebsrats Entscheidungen, die Auswirkungen auch auf den wirtschaftlichen Erfolg eines Unternehmens haben können. Dieser Umstand lässt die Mitbestimmung nicht entfallen. Der Betriebsrat muss aber nach § 2 BetrVG bei der Ausübung seines Mitbestimmungsrechts die mögliche Beeinträchtigung betrieblicher Belange bedenken, die auch in der Gefährdung von Kundenbeziehungen liegen kann. Gleiches gilt für die Einigungsstelle bei einem die Einigung der Betriebsparteien ersetzenden Spruch.

Beispiel: *Eine Unternehmen verlangte von den von bei ihr eingesetzten Arbeitnehmern einer Fremdfirma vor ihrem Einsatz einen Fitnesstest. Der Betriebsrat der Fremdfirma verlangte von seinem Arbeitgeber zu ermöglichen, dass bestimmte Arbeitnehmer an dem Fitnesstest teilnehmen können.*

Der Antrag wurde zurückgewiesen.[140]

Das LAG führt aus, aus § 87 Abs 1 BetrVG lasse sich lediglich ein Anspruch auf Unterlassung mitbestimmungswidriger Maßnahmen ableiten, nicht jedoch ein unternehmerisch gestaltender Leistungsanspruch des Betriebsrats. Es sei allein Sache des Arbeitgebers, wie er sein Unternehmen organisiert und wie er hierbei die Mitbestimmungsrechte des Betriebsrats wahre. „Eine Rechtsgrundlage, die dem Betriebsrat ein Recht einräumt, vom Arbeitgeber zu verlangen eine bestimmte unternehmerische Entscheidung im Sinne des Betriebsrats zu treffen und dies gerichtlich zu erzwingen, besteht nicht."

Beispiel: *Der Arbeitgeber führt bei seinen Mitarbeitern stichprobenartig eine Taschen- und Behälterkontrolle durch, um damit Diebstähle zu verhindern. Wie ist der Fall zu beurteilen, wenn der Arbeitgeber lediglich eine Anordnung der Kriminalpolizei weitergibt? Oder wenn der Arbeitgeber eine Videoattrappe anbringt? Und wenn der Arbeitgeber Privatdetektive einsetzt?*

Nur im ersten Fall besteht ein Mitbestimmungsrecht des Betriebsrats.[141]

---

[140] LAG Rheinland-Pfalz 09.10.2020 – 8 TaBV 7/20, juris
[141] BAG 17.08.1982 – 1 ABR 50/90, juris

Die **Anordnung des Arbeitgebers** an seine Arbeitnehmer oder an eine Gruppe von ihnen, sich zur Aufdeckung eines Diebstahls im Betrieb einer Kontrolluntersuchung zu unterziehen, wäre etwa **vergleichbar mit der Anordnung einer Torkontrolle**, die eine nach § 87 Abs. 1 Nr. 1 BetrVG **mitbestimmungspflichtige** Maßnahme der Ordnung des Betriebes und des Verhaltens der Arbeitnehmer im Betriebe ist.

Gibt dagegen der Arbeitgeber lediglich **Anordnungen der Polizeibeamten** weiter, dann **fehlt** es an einer eigenständigen Ordnungsmaßnahme des Arbeitgebers, die Gegenstand des **Mitbestimmungsrechts** des Betriebsrats sein könnte.

Auch unterliegt das bloße **Anbringen einer Videoattrappe im Außenbereich** nicht der Mitbestimmung des Betriebsrats nach § 87 Abs. 1 Nr. 1 BetrVG. Denn die Anbringung der Attrappe einer Videokamera im Außenbereich kann auf den ersten Blick keine Auswirkungen auf das innerbetriebliche Zusammenleben der Arbeitnehmer entfalten. Auch ist nicht erkennbar, welche konkreten (Mit-)Gestaltungsmöglichkeiten sich diesbezüglich ergeben sollen. Durch die Attrappe wird gerade nicht kontrolliert, wann wer das Gebäude durch den betroffenen Zugang betritt oder verlässt.[142]

Der **Einsatz von Privatdetektiven** zur Überwachung von Arbeitnehmern bei der Arbeit unterliegt **nicht der Mitbestimmung** des Betriebsrats nach § 87 Abs. 1 Nr. 1 BetrVG.[143] Die Überwachung der Arbeitnehmer, gleichgültig ob durch Detektivbüro oder Vorgesetzte, hat keinen Bezug zum so genannten Ordnungsverhalten der Arbeitnehmer, sondern betrifft ausschließlich ihr Arbeitsverhalten. Mit dem Einsatz von Detektiven wird überhaupt kein Verhalten der Arbeitnehmer geregelt, ihnen kein bestimmtes Verhalten aufgegeben. Zweck des Einsatzes von Detektiven wie jeder Überwachung ist es lediglich festzustellen, ob die Arbeitnehmer sich bei ihrer Arbeitsleistung so verhalten, wie sie aufgrund ihres Arbeitsvertrages ohnehin verpflichtet sind.

Beispiel: Der Arbeitgeber ordnet an, dass die Mitarbeiter Arbeitsblätter auszufüllen haben, in die die für die einzelnen Montagearbeiten aufgewendeten Arbeitsstunden einzutragen sind, um anhand dieser Arbeitsblätter später bei den Kunden abrechnen zu können. Besteht ein Mitbestimmungsrecht nach § 87 Abs. 1 Nr. 1 oder Nr. 6 BetrVG?

Entscheidend ist der Zweck, für den die Arbeitsblätter benötigt werden.[144]

---

[142] LAG Mecklenburg-Vorpommern 12.11.2014 – 3 TaBV 5/14, juris
[143] BAG 26.03.1991 – 1 ABR 26/90 juris
[144] BAG 24.11.1981 – 1 ABR 108/79 , juris

Eine nach § 87 Abs. 1 Nr. 1 BetrVG **mitbestimmungspflichtige** Maßnahme der Ordnung des Betriebes und des Verhaltens der Arbeitnehmer im Betrieb **liegt nicht** vor, wenn der Arbeitgeber zu **Kalkulationszwecken** vorgedruckte Erfassungsbögen einführt, in die die Arbeitnehmer die für jedes laufende Arbeitsprojekt aufgewendeten Arbeitsstunden einzutragen haben.

Herkömmliche Schreibgeräte, mit deren Hilfe der Arbeitnehmer bestimmte Daten auf Papier festzuhalten hat, sind keine technischen Einrichtungen i. S. d. § 87 Abs. 1 Nr. 6 BetrVG.

Schriftliche Tätigkeitsberichte (so genannte Tagesnotizen) sind **keine technischen Einrichtungen i. S. d. § 87 Abs. 1 Nr. 6 BetrVG**, die dazu bestimmt sind, das Verhalten oder die Leistung der Arbeitnehmer zu überwachen. Nach dem Sinn dieser Vorschrift sind darunter nur mechanische Kontrolleinrichtungen zu verstehen, die stark in den persönlichen Bereich des Arbeitnehmers eingreifen.[145]

Auch ist die Einführung von **Laufzetteln** „Arbeitsmittel und Berechtigungen", die für jeden Beschäftigten angelegt werden und auf denen u.a. die ausgegebenen Arbeitsmittel, die Zugänge und Berechtigungen zu IT-Systemen, -Diensten und -Anwendungen einschließlich erforderlicher Belehrungen sowie Zutrittsberechtigungen vermerkt sind, nicht mitbestimmungspflichtig. Denn die in die Laufzettel aufgenommenen Angaben über den Erhalt von Arbeitsmitteln und Zutrittsberechtigungen einschließlich erforderlicher Belehrungen stehen in einem untrennbaren Zusammenhang mit der Erbringung der Arbeitsleistung. Diese sind Voraussetzung für deren ordnungsgemäße Erbringung. Das verwendete Formular dient damit der Regelung des Arbeitsverhaltens und nicht der Koordinierung des Zusammenlebens und Zusammenwirkens der Arbeitnehmer. Die bloße Standardisierung des Arbeitsverhaltens bewirkt keine Zuordnung zum Ordnungsverhalten.[146]

Die Einführung von Formularen, welche von den Arbeitnehmern auszufüllen sind und die der Anwesenheitskontrolle dienen, unterfällt dagegen dem Mitbestimmungsrecht nach § 87 Abs. 1 Nr. 1 BetrVG.[147] Ein Mitbestimmungsrecht des Betriebsrats besteht auch, wenn der Arbeitgeber ein Formular „Meldung einer Pflichtverletzung an Leistung und/oder Verhalten" einführt. Denn mit der Verwendung des Formblatts schafft der Arbeitgeber eine betriebliche Verhaltensregel; er will kraft seines Direktionsrechts erreichen, dass die Arbeitnehmer bei der Meldung von Fehlverhalten standardisiert vorgehen.[148]

---

[145] LAG Düsseldorf 17.01.1975 – 9 TaBV 115/74, juris
[146] BAG 25.09.2012 – 1 ABR 50/11, juris
[147] LAG Baden-Württemberg 09.06.1989 – 8 TaBV 7/88, juris
[148] ArbG Siegen 17.2.2022 – 1 BV 5/21, juris

Fazit: Es kommt darauf an, zu welchem Zweck der Arbeitnehmer die Arbeitsblätter ausfüllen soll. Dienen sie zur Anwesenheitskontrolle oder zur standardisierten Meldung von Fehlverhalten der Arbeitnehmer, ist ihre Einführung mitbestimmungspflichtig; will der Arbeitgeber damit die Überstunden des Arbeitnehmers berechnen oder die Arbeitsleistung des Arbeitnehmers kontrollieren oder dienen sie der Abrechnung mit dem Kunden, sind sie mitbestimmungsfrei.

Allerdings besteht **kein Mitbestimmungsrecht des Betriebsrats,** wenn der Arbeitgeber **An- und Abwesenheitslisten** führt. Denn das Ordnungsverhalten der Arbeitnehmer wird nicht dadurch betroffen, dass der Arbeitgeber eine nach Mitarbeitern gesonderte Zusammenfassung der krankheitsbedingten und aus anderen Gründen angefallenen Fehl- bzw. Arbeitstage führt.[149] Müssen die Arbeitnehmer nur die An- und Abwesenheitszeiten aufschreiben, besteht auch kein Mitbestimmungsrecht. Entscheidend war bei der Anwesenheitskontrolle, dass die Arbeitnehmer ein vom Arbeitgeber **erstelltes Formular** nutzen mussten.

Beispiel: Der Arbeitgeber ordnet an, dass die Arbeitnehmer Geschäftsbriefe auch mit ihrem Vornamen unterzeichnen. Der Betriebsrat reklamiert ein Mitbestimmungsrecht nach § 87 Abs. 1 Nr. 1 BetrVG.
Das BAG hat ein Mitbestimmungsrecht verneint.[150]

Das BAG begründet das fehlende Mitbestimmungsrecht damit, dass hier das Arbeitsverhalten betroffen ist.

Es heißt dann weiter: „Soweit die Arbeitspflicht der Arbeitnehmer die Korrespondenz mit Außenstehenden umfasst, wird sie in der Weise konkretisiert, dass die Schreiben eine bestimmte äußere Form erhalten sollen. Vorgaben für die Form von Geschäftsbriefen sind indessen unerlässlich für Unternehmen, die sich gegenüber ihren Kunden als kompetente und seriöse Geschäftspartner darstellen wollen. Bliebe es dem jeweiligen Sachbearbeiter überlassen, welche äußere Gestalt er geschäftlichen Schreiben gibt, so könnte die hieraus resultierende Vielfalt bei den Adressaten sogar zu Unsicherheit darüber führen, ob sie es überhaupt mit autorisierten Äußerungen des jeweiligen Unternehmens zu tun haben. Insoweit machen auch die Antragsteller keine Zweifel geltend.

Entgegen ihrer Auffassung ergibt sich hinsichtlich der Angabe der Namen der jeweiligen Bearbeiter keine Besonderheit. Die Korrespondenz ist Teil der Kommunikation mit den Kunden, die zu der von den Sachbearbeitern geschuldeten Arbeitsleistung gehört. Dieser Verkehr wird durch die Angabe des zuständigen

---

[149] LAG München 13.02.2014 – 3 TaBV 84/13, juris
[150] BAG 08.06.1999 – 1 ABR 67/98, juris

Ansprechpartners im Unternehmen erleichtert. Dabei macht es für die rechtliche Bewertung keinen Unterschied, ob diese Angabe auf die betriebliche Telefonnummer beschränkt ist oder auch Vor- und Familiennamen zu erkennen gibt. Der Arbeitgeber macht geltend, die Nennung des vollständigen Namens der Bearbeiter solle Offenheit signalisieren und dadurch die Kommunikation mit den Kunden fördern; dieser Zweck betrifft die Leistung der geschuldeten Arbeit. „

Beispiel: *Der Arbeitgeber, eine Bank, lässt die Arbeitnehmer durch ein anderes Unternehmen hinsichtlich der Beratungsqualität testen, wobei der Arbeitgeber die Ergebnisse nicht mit einzelnen Arbeitnehmern oder Gruppen von Arbeitnehmern in Verbindung bringen kann.*

Das BAG hat ein Mitbestimmungsrecht sowohl nach § 87 Abs. 1 Nr. 1 oder Nr. 6 als auch nach § 94 BetrVG verneint.[151]

Das BAG begründet seine Auffassung u. a. damit, dass der Arbeitgeber sehr wohl die Arbeitsleistung der Arbeitnehmer – auch durch ein Drittunternehmen – überprüfen lassen kann.

Es heißt dann u. a.: „Die geschuldete Arbeitsleistung der an den Schaltern tätigen Mitarbeiter besteht darin, die Leistungen der R. anzubieten und erforderlichenfalls die Kunden zu beraten. Von der Arbeitsleistung umfasst ist daher sowohl die fachliche als auch die kommunikative und verkäuferische Kompetenz der R-Mitarbeiter. Zu der geschuldeten Arbeitsleistung der Mitarbeiter in den Geschäftsstellen gehört auch die Präsentation der Leistungen der Arbeitgeberin gegenüber den Kunden. Fragen, wie der Mitarbeiter den Kunden begrüßt und das Gespräch führt und ob er ihn mit Namen anspricht oder nicht, betreffen die Erbringung der geschuldeten Arbeitsleistung „Beratung". Dies gilt auch für die Frage, ob die Mitarbeiter ein Namensschild tragen oder nicht. Zur Präsentation des Arbeitsprodukts „Beratung" gehört auch, ob den Kunden die Möglichkeit gegeben wird, den Berater persönlich mit Namen anzusprechen. Auch soweit das Erscheinungsbild der Mitarbeiter Gegenstand der Schaltertests war, gehört dieses im weitesten Sinne zur Arbeitsleistung, weil der Kunde – und damit auch der Arbeitgeber – gerade von einem Bankmitarbeiter eine äußere Erscheinung erwartet, die Seriosität ausdrückt."[152]

Beispiel: *Ein Arbeitgeber gibt vor, dass als Sprache der betrieblichen Kommunikation Englisch statt Deutsch gesprochen wird. Der Betriebsrat verlangt, mitzubestimmen.*

---

[151] BAG 18.04.2000 – 1 ABR 22/99, juris

[152] Es besteht ebenfalls kein Mitbestimmungsrecht bei der Durchführung von Testkäufen, so LAG Nürnberg 10.10.2006 – 6 TaBV 16/06, juris

> *Das Mitbestimmungsrecht ist bei einer Regelung über das Ordnungsverhalten zu bejahen.*[153]

Allerdings muss differenziert werden. Der Arbeitgeber kann sicherlich verlangen, dass die Arbeitnehmer in einem international ausgerichteten Unternehmen mit Englisch sprechenden Kunden oder Mitarbeitern Englisch sprechen **(Arbeitssprache)**. Dies gilt insbesondere in den Fällen, in denen gesichert ist, dass die entsprechenden Übersetzungen erfolgen.[154] Hierbei handelt es sich um ein mitbestimmungsfreies Arbeitsverhalten. Verlangt jedoch der Arbeitgeber generell, Englisch zu sprechen **(Betriebssprache)**, ohne dass ein konkreter Anlass besteht, hat der Betriebsrat ein Mitbestimmungsrecht.

Beispiel: *Der Arbeitgeber erlässt eine Ethikrichtlinie. Der Betriebsrat verlangt, mitzubestimmen.*

Es besteht ein Mitbestimmungsrecht, wenn der Tatbestand des § 87 Abs. 1 Nr. 1 BetrVG erfüllt ist.[155]

Nach Auffassung des BAG besteht ein Mitbestimmungsrecht nach § 87 Abs. 1 Nr. 1 BetrVG, wenn der Arbeitgeber in einem Verhaltenskodex das Verhalten der Arbeitnehmer und die betriebliche Ordnung regeln will. Das Mitbestimmungsrecht an einzelnen Regelungen begründet nicht notwendig ein Mitbestimmungsrecht am Gesamtwerk. So begründet das **Mitbestimmungsrecht bei einem „Meldeverfahren"** bezüglich bestimmter Tatbestände **kein Mitbestimmungsrecht bei den zu meldenden Tatbeständen selbst.** Ein Mitbestimmungsrecht besteht jedoch, wenn der Arbeitgeber anweist, z.B. im Fall einer **Datenpanne einen bestimmten Meldeweg** zur Feststellung und Behebung der Verletzung des Datenschutzes nach der DSGVO einzuhalten, und die Arbeitnehmer verpflichtet, sich während des Prozesses der Feststellung der Datenpanne kurzfristig erreichbar zu halten.[156]

Das Mitbestimmungsrecht nach § 87 Abs. 1 Nr. 1 BetrVG setzt nicht notwendig voraus, dass es sich um verbindliche Verhaltensregeln handelt. Ausreichend ist es, wenn die Maßnahme darauf gerichtet ist, das Verhalten der Arbeitnehmer zu steuern oder die Ordnung des Betriebs zu gewährleisten.

Regelungen über private Beziehungen im Betrieb sind nicht von vorneherein der Mitbestimmung entzogen. Der Betriebsrat soll im Rahmen der Mitbestimmung gerade darauf achten, dass durch die Regelung Persönlichkeitsrechte der

---

[153] LAG Köln 09.03.2009 – 5 TaBV 114/08, juris
[154] LAG Nürnberg 18.06.2020 – 1 TaBV 33/19, juris
[155] BAG 22.07.2008 – 1 ABR 40/07, juris
[156] LAG Schleswig-Holstein 06.08.2019 – 2 TaBV 9/19, juris

Arbeitnehmer nicht verletzt werden. Folglich sind Regelungen über im Betrieb stattfindende private Verhaltensweisen der Arbeitnehmer, insbesondere wenn es um das Verhältnis von Vorgesetzten und Untergebenen geht, nicht generell unzulässig.

Gibt es eine gesetzliche Regelung über den durch den Verhaltenskodex betroffenen Gegenstand (hier regeln die Bestimmungen der §§ 1, 3, 7 und 12 AGG das Verbot „unwillkommener sexueller Zudringlichkeiten oder Körperkontakte, Gesten und Aussagen sexuellen Inhalts" inhaltlich), ist eine Mitbestimmung nach § 87 Abs. 1 Eingangshalbs. BetrVG ausgeschlossen. **Die Bestimmungen des AGG enthalten insoweit eine abschließende gesetzliche Regelung.**

Das LAG Düsseldorf[157] hatte darüber hinaus erkannt, dass der Betriebsrat **kein Mitbestimmungsrecht** hat im Hinblick auf die Anweisung in einer Ethikrichtlinie, die Mitarbeiter dürften nicht ohne Zustimmung der Arbeitgeberin **Pressemitteilungen** abgeben; es fehle an dem für die Mitbestimmung notwendigen Regelungsspielraum. Auch bestehe kein Mitbestimmungsrecht, dass nur berechtigte Personen **Einblick in die Personal- und Krankenakte** nehmen dürfen. Der Betriebsrat könne nicht darüber mitentscheiden, wer Einblick nehmen darf. Schließlich hat dieses Gericht entschieden, dass eine Ethikrichtlinie, die bestimmt, dass Mitarbeiter nicht mit jemandem ausgehen oder in eine **Liebesbeziehung** eingehen dürfen, der Einfluss auf die Arbeitsbedingungen nehmen kann oder deren Arbeitsbedingungen von der anderen Person beeinflusst werden können, gegen das Grundgesetz (Artikel 1 und 2 GG) verstößt; sie sei unwirksam. Entgegen der Auffassung des BAG hat das LAG Düsseldorf bei den Liebesbeziehungen generell ein Mitbestimmungsrecht verneint.

Beispiel: *Der Arbeitgeber möchte, dass die Arbeitnehmer eine Verschwiegenheitserklärung unterzeichnen.*

Der Betriebsrat möchte mitbestimmen. Nur in bestimmten Fällen besteht ein Mitbestimmungsrecht.[158]

Das Verlangen des Arbeitgebers nach der Abgabe inhaltlich standardisierter Erklärungen, in denen sich Arbeitnehmer zum Stillschweigen über bestimmte betriebliche Vorgänge verpflichten, unterliegt nicht in jedem Fall der Mitbestimmung des Betriebsrats nach § 87 Abs. 1 Nr. 1 BetrVG. Diese kommt in Betracht, wenn sich die Verschwiegenheitspflicht auf das sogenannte Ordnungsverhalten der Arbeitnehmer bezieht und nicht schon gesetzlich geregelt ist. So besteht kein Mitbestimmungsrecht, wenn sich die Schweigeverpflichtung auf das Arbeits-

---

[157] LAG Düsseldorf 14.11.2005 – 10 TaBV 46/05, juris
[158] BAG 10.03.2009 – 1 ABR 87/07, juris

verhalten der Arbeitnehmer bezieht oder bereits gesetzliche Schweigepflichten – etwa nach § 17 UWG – bestehen.

Beispiel: *Der Arbeitgeber lädt die Mitarbeiter zu einer Informationsveranstaltung ein, auf der die Unternehmensleitung ihren Beschäftigten in regelmäßigen Abständen Hintergrundwissen über das Unternehmen vermitteln will.*
Der Betriebsrat möchte mitbestimmen.

Diese Veranstaltung unterliegt **nicht dem Mitbestimmungsrecht** des Betriebsrats. Denn diese Veranstaltung dient nicht dazu, das Verhalten der Arbeitnehmer in Bezug auf die betriebliche Ordnung und das betriebliche Zusammenleben der Arbeitnehmer zu koordinieren und zu beeinflussen, sondern dazu, den Mitarbeitern wirtschaftliche Zusammenhänge im Konzern aufzuzeigen und unternehmerische Entscheidungen transparent zu machen.[159]

1.3 Rauch- und Alkoholverbot

Beispiel: *Der Arbeitgeber verhängt gegenüber seinen Kraftfahrern ein absolutes Alkoholverbot. Darüber hinaus regelt er einseitig, wie sich Vorgesetzte gegenüber Arbeitnehmern bei dem Verdacht auf Alkoholgenuss zu verhalten haben.*
Nur die Verhängung des Alkoholverbots ist mitbestimmungspflichtig.[160]

Ein Kraftfahrer ist verpflichtet, jeden die Fahrtüchtigkeit beeinträchtigenden Alkoholgenuss während des Dienstes und kurz vor Dienstantritt zu unterlassen, § 15 Abs. 2 DGUV Vorschrift 1.

Ein **absolutes Alkoholverbot für Kraftfahrer** unterliegt als Maßnahme zur Verhütung von Arbeitsunfällen nach § 75 Abs. 3 Nr. 11 BPersVG (= § 87 Abs. 1 Nr. 7 BetrVG) der **Mitbestimmung** des Hauptpersonalrates (Betriebsrats).

Auch die näheren Regelungen zur Feststellung des Alkoholisierungsgrades unterliegen der Mitbestimmung des Betriebsrats und bedürfen seiner Zustimmung.[161]

Mitbestimmungsfrei ist dagegen die Anweisung des Arbeitgebers an **Vorgesetzte, wie** sie sich gegenüber Arbeitnehmern bei **Verdacht auf Alkoholgenuss zu verhalten haben.**[162]

---

[159] BAG 15.04.2014 – 1 ABR 85/12, juris
[160] BAG 23.09.1986 – 1 AZR 83/85, juris
[161] BAG 13.02.1990 – 1 ABR 11/89, juris
[162] LAG Hamm 13.07.1988 – 12 TaBV 50/88, juris

Beispiel: *Der Arbeitgeber vereinbart mit dem Betriebsrat ein absolutes Rauchverbot, um die Nichtraucher vor den schädlichen Folgen des Passivrauchens zu schützen. Ein Arbeitnehmer meint, dies Rauchverbot sei unwirksam.*

Das BAG ist seiner Auffassung nicht gefolgt.[163]

Der Arbeitgeber muss nach § 5 Arbeitsstättenverordnung den Nichtraucherschutz beachten. Die Betriebspartner sind deshalb nach § 87 Abs. 1 Nr. 7 BetrVG **befugt**, durch Betriebsvereinbarung ein betriebliches Rauchverbot zu erlassen, um **Nichtraucher vor den Gesundheitsgefahren** und Belästigungen des **Passivrauchens** zu schützen; jedoch müssen sie dabei gemäß § 75 Abs. 2 BetrVG in Verbindung mit Art. 2 Abs. 1 GG den Verhältnismäßigkeitsgrundsatz beachten, weil ihre Regelung die allgemeine Handlungsfreiheit der Raucher beeinträchtigt. Ein generelles Rauchverbot im Freien kann in der Regel nicht mit dem Gesundheitsschutz der Nichtraucher begründet werden. Ein **Rauchverbot mit dem Ziel, Arbeitnehmer von gesundheitsschädlichen Gewohnheiten abzubringen, überschreitet die Regelungskompetenz der Betriebspartner.**

Zu beachten ist mithin die Zielrichtung des Rauchverbots.

Dagegen besteht kein Mitbestimmungsrecht über die Frage der Vergütungspflicht der Rauchpausen.[164]

Beispiel: *Der Arbeitgeber, der ein Krankenhaus betreibt, verhängt ohne Beteiligung des Betriebsrats ein absolutes Rauchverbot in den Stations- und Funktionsräumen.*

Ein Mitbestimmungsrecht des Betriebsrats wurde verneint.[165]

Ein **Mitbestimmungsrecht** des Betriebsrats bei der Regelung eines Rauchverbots in den Stations- und Funktionsräumen eines Krankenhauses **besteht nicht.** Es handelt sich hierbei nämlich um eine Maßnahme des Arbeitgebers, die zwar auch das Verhalten der Arbeitnehmer betrifft, aber keinen Bezug zur betrieblichen Ordnung hat, da das Rauchverbot **vor allem dem Schutz der Patienten** und nicht dem Ordnungsverhalten der Arbeitnehmer dient.

Das Gericht hätte sicherlich ein Mitbestimmungsrecht des Betriebsrats anerkannt, wenn der Arbeitgeber ein absolutes Rauchverbot in den Stationszimmern des Personals verhängt hätte.

---

[163] BAG 19.01.1999 – 1 AZR 499/98, juris; LAG Rheinland-Pfalz 20.09.2018 – 5 TaBV 13/18, juris
[164] LAG Schleswig-Holstein 21.06.2007 – 4 TaBV 12/07, juris
[165] LAG München 30.10.1985 – 8 TaBV 15/85, juris

1.4 Radiohören am Arbeitsplatz

Beispiel: Der Arbeitgeber verbietet in seinem Betrieb das Radiohören mit der Begründung, das Radiohören während der Arbeit beeinträchtige die Konzentrationsfähigkeit des Arbeitnehmers und gefährde damit das Arbeitsergebnis. Der Betriebsrat will nach § 87 Abs. 1 Nr. 1 BetrVG mitbestimmen.

Das BAG ist der Auffassung des Betriebsrats gefolgt.[166]

Die Frage, ob im Betrieb während der Arbeitszeit **Radio gehört** werden darf, betrifft die **Ordnung des Betriebes und des Verhaltens der Arbeitnehmer im Betrieb**. Der Betriebsrat hat daher nach § 87 Abs. 1 Nr. 1 BetrVG mitzubestimmen, wenn der Arbeitgeber das Radiohören verbieten will. Ein ohne Beteiligung des Betriebsrats ausgesprochenes Verbot ist unwirksam.

Das **Verbot, Radio zu hören, betrifft nicht die Frage, in welcher Weise bestimmte Arbeiten auszuführen sind.** Der Arbeitnehmer ist schon aufgrund seines Arbeitsvertrages verpflichtet, die übertragene Arbeit unter Anspannung der ihm möglichen Fähigkeiten ordnungsgemäß zu verrichten, d. h. konzentriert und sorgfältig zu arbeiten und die Arbeit nicht zu unterbrechen, um privaten Interessen nachzugehen. Der Arbeitnehmer, der seine Arbeit konzentriert, zügig und fehlerfrei verrichtet, erfüllt seine Arbeitspflicht, auch wenn er daneben Radio hört. Arbeitet er ohne die erforderliche Konzentration und deshalb fehlerhaft, verstößt er gegen seine arbeitsvertraglichen Pflichten. Die Feststellung einer solchen Pflichtverletzung ist nicht davon abhängig, ob das fehlerhafte Arbeiten auf das Radiohören zurückzuführen ist. Es bedarf daher keiner im Direktionsrecht des Arbeitgebers begründeten Weisung an den Arbeitnehmer, konzentriert, zügig und sorgfältig zu arbeiten, um eine entsprechende Pflicht des Arbeitnehmers zu begründen. Auf diese Pflicht kann der Arbeitgeber bei Beanstandung der Arbeit hinweisen, er kann aufgrund seines Direktionsrechts dem Arbeitnehmer aber nicht verbindliche Weisungen des Inhalts erteilen, wie der Arbeitnehmer die Ursachen seiner schlechten Leistung zu beseitigen hat. Wäre der Arbeitgeber dazu befugt, könnte er einen Arbeitnehmer, der übermüdet zur Arbeit kommt und deswegen seiner Arbeitspflicht nicht vertragsgemäß erfüllt, auch anweisen, früher schlafen zu gehen.

Die Anordnung, während der Arbeit kein Radio zu hören, betrifft daher jedenfalls nicht deswegen das Arbeitsverhalten des Arbeitnehmers, weil damit ein konzentriertes, zügiges und fehlerfreies Arbeiten ermöglicht werden soll.

---

[166] BAG 14.01.1986 – 1 ABR 75/83, juris

Das BAG hat in dieser Entscheidung darauf hingewiesen, dass die zu erbringende Dienstleistung, deren Form und Inhalt der Arbeit der Arbeitgeber zu bestimmen hat, berührt sein kann und deshalb ein Mitbestimmungsrecht des Betriebsrats nicht bestehen kann, wenn er die Arbeitnehmer anweist, nicht während der Kundenberatung oder -bedienung Radio zu hören.

Das Gleiche gilt bei dem Verbot der Nutzung von TV-, Video- und DVD-Geräten in allen Räumen des Betriebes einschließlich der Sozialräume.[167]

Beispiel: Der Arbeitgeber verbietet die private Nutzung des Internet- und E-Mail-Verkehrs. Der Betriebsrat möchte mitbestimmen.

Ein Mitbestimmungsrecht ist zu verneinen.[168]

Das LAG Hamm hat zutreffend darauf hingewiesen, dass der Arbeitnehmer mangels einer besonderen Rechtsgrundlage **keinen Anspruch** darauf hat, Betriebsmittel **privat nutzen** zu dürfen. Dies gilt auch für die Privatnutzung des betrieblichen Internet-Zugangs oder der E-Mail-Systeme. Insoweit handelt es sich um die Zulässigkeit der Verwendung von Betriebsmitteln, nicht um die Ordnung des Betriebes. Eine arbeitgeberseitige Anordnung, Betriebsmittel nicht privat zu nutzen, ist damit unter dem Gesichtspunkt der Ordnung des Betriebes nicht mitbestimmungspflichtig. Nur wenn es um die Frage geht, in welcher Weise die Gestattung der Privatnutzung von Internet und E-Mail geschehen soll, käme ein Mitbestimmungsrecht nach § 87 Abs. 1 Nr. 1 BetrVG in Betracht; soweit es aber um die Frage geht, ob eine Privatnutzung überhaupt gestattet wird, kann der Arbeitgeber mitbestimmungsfrei über die Gewährung freiwilliger Leistungen entscheiden.[169]

1.5   Betriebsbuße – Abmahnung

Beispiel: Der Arbeitgeber mahnt einen Arbeitnehmer ab, der gegen ein mit dem Betriebsrat vereinbartes absolutes Alkoholverbot verstoßen hat. Der Arbeitnehmer meint, diese Abmahnung sei unwirksam, weil der Betriebsrat ihr nicht zugestimmt habe.

Der Betriebsrat hat kein Mitbestimmungsrecht bei Verhängung der Abmahnung.[170]

---

[167] LAG Köln 12.04.2006 – 7 TaBV 68/05, juris
[168] LAG Hamm 07.04.2006 – 10 TaBV 1/06, juris
[169] zum Handyverbot S. 50
[170] BAG 17.10.1989 – 1 ABR 100/88, juris

Der Arbeitgeber kann ein Verhalten des Arbeitnehmers, das er als eine Verletzung seiner Pflichten aus dem Arbeitsvertrag ansieht, „abmahnen". Inhalt einer **Abmahnung** ist es, ein bestimmtes Verhalten des Arbeitnehmers als **Vertragsverletzung** aufzuzeigen, für die Zukunft die Einhaltung der vertraglichen Pflichten zu fordern und für den Fall eines erneuten Verstoßes Folgerungen für das Arbeitsverhältnis anzudrohen. Eine solche Beanstandung wird regelmäßig als „Abmahnung" bezeichnet, jedoch kommt es auf die äußerliche Bezeichnung nicht an, so dass auch eine „Rüge" oder ein „Verweis" oder ähnlich bezeichnete Beanstandungen nur eine Abmahnung darstellen können. Eine solche **Abmahnung unterliegt nicht der Mitbestimmung des Betriebsrats**. Auch Verstöße gegen die kollektive betriebliche Ordnung, die das Ordnungsverhalten der Arbeitnehmer regelt, können vom Arbeitgeber abgemahnt werden. Eine Abmahnung wegen eines Verstoßes gegen ein betriebliches Rauch- oder Alkoholverbot wird nicht deswegen mitbestimmungspflichtig, weil darin ein Verstoß gegen die kollektive Ordnung liegt. Denn auch ein Verstoß des Arbeitnehmers gegen die kollektive betriebliche Ordnung ist ein Verstoß gegen die Pflichten des Arbeitnehmers aus dem Arbeitsvertrag. **Dieser schuldet aufgrund seines Arbeitsvertrages auch die Beachtung der betrieblichen Ordnung**. Der Arbeitgeber kann diesen Verstoß als arbeitsvertragswidriges Verhalten des Arbeitnehmers mitbestimmungsfrei abmahnen.

Damit unterscheiden sich Verstöße des Arbeitnehmers gegen die Regeln über das Ordnungsverhalten von Verstößen gegen die Regeln über das Arbeitsverhalten nur dadurch, dass die **Betriebspartner** nach § 87 Abs. 1 Nr. 1 BetrVG für Verstöße gegen die kollektive betriebliche Ordnung – und nur für diese – zusätzliche Sanktionen, **Betriebsbußen**, vorsehen können. Welcher Art diese Betriebsbußen sein sollen, bleibt im Rahmen ihrer Regelungsbefugnis der Vereinbarung der Betriebspartner überlassen, mag es sich um förmliche Beanstandungen in Form von „Rügen", „Verweisen", „strengen Verweisen", um den zeitweiligen Ausschluss von Vergünstigungen, um Geldbußen oder ähnliche Disziplinarmittel handeln.

Ob eine Rüge des Arbeitgebers im Einzelfall als bloße Abmahnung vertragswidrigen Verhaltens oder Betriebsbuße anzusehen ist, bedarf im Zweifel der Auslegung der Erklärung unter Berücksichtigung ihres Wortlauts, ihres Gesamtzusammenhangs und ihrer Begleitumstände. Eine mitbestimmungspflichtige Betriebsbuße liegt vor, wenn die Erklärung des Arbeitgebers über die Geltendmachung eines Gläubigerrechts auf vertragsgemäßes Verhalten des Arbeitnehmers einschließlich der Androhung individualrechtlicher Konsequenzen für den Wiederholungsfall hinausgeht und Strafcharakter annimmt, wenn also das beanstandete Verhalten geahndet werden soll. Jede Betriebsbuße setzt eine mitbestimmte Betriebsbußenordnung voraus, die den Anforderungen hinsichtlich der ausreichenden Bestimmtheit bußbewährter Tatbestände und der verwirkten Buße genügt. Besteht keine Betriebsbußenordnung und ist die Verhängung einer Betriebsbuße deshalb unwirksam, kann der Betriebsrat nicht Mitbestimmung an dieser unwirksamen Maßnahme verlangen. Ihm steht deshalb auch kein Unterlassungsanspruch zur Verhinderung von Betriebsbußen zu.[171]

Das Mitbestimmungsrecht des Betriebsrats nach § 87 Abs. 1 Nr. 1 BetrVG umfasst sowohl das Recht zur Mitbestimmung bei der Aufstellung einer Bußordnung als auch bei der Verhängung einer Betriebsbuße im Einzelfall.

Eine **Betriebsbuße** kann nur zur Durchsetzung der **generellen betrieblichen Ordnung** verhängt werden. Ein Verstoß gegen die betriebliche Ordnung kann nur mit einer Buße belegt werden, wenn eine solche Maßnahme in einer mit dem Betriebsrat vereinbarten Bußordnung vorgesehen ist.[172]

1.6 Arbeits- und Dienstkleidung

Beispiel: *Ein Bauunternehmen führt einheitliche Arbeitskleidung „zur Verbesserung des äußeren Erscheinungsbildes und Images" ein. Der Betriebsrat beansprucht ein Mitbestimmungsrecht.*

Der Arbeitgeber hat mit dem Betriebsrat die Einführung dieser Kleiderordnung vereinbart und gleichzeitig geregelt, dass die Arbeitnehmer 50 % der Kosten für die Gestellung der Arbeitskleidung zu tragen haben. Ein Arbeitnehmer wehrt sich gegen diese Kostenregelung.

Das BAG erkennt ein Mitbestimmungsrecht des Betriebsrats bei der Gestellung einer einheitlichen Arbeitskleidung an; es ist jedoch unzulässig, durch Betriebsvereinbarung den Arbeitnehmern einen Teil der Kosten der Arbeitskleidung aufzubürden.[173]

Die Festlegung einer **Kleiderordnung betrifft die Art und Weise der Verrichtung der Arbeit** und ist damit eine Maßnahme, die Fragen der **Ordnung des Betriebes** betrifft und deshalb gemäß § 87 Abs. 1 Nr. 1 BetrVG der Mitbestimmung des Betriebsrats unterliegt. Die Beklagte wollte mit der Einführung einheitlicher Arbeitskleidung das äußere Erscheinungsbild und Image der Firma verbessern. Die Kleiderordnung betrifft damit eine Frage der Ordnung des Betriebes, weil durch

---

[171] LAG Mecklenburg-Vorpommern 21.09.2021 – 2 TaBV 1/21, juris

[172] BAG 05.12.1975 – 1 AZR 94/74, juris

[173] BAG 01.12.1992 – 1 AZR 260/92, juris; ebenso für die Ausgestaltung einer Dienstkleidung BAG 17.01.2012 – 1 ABR 45/10, juris

sie bestimmt wird, in welcher Art und Weise die gewerblichen Arbeitnehmer bei der Beklagten die Arbeiten zu verrichten haben. Eine mitbestimmungsfreie unmittelbare Konkretisierung der Arbeitspflichten wurde dagegen nicht getroffen.

Die Beklagte und der Betriebsrat waren **jedoch nicht berechtigt,** in der Betriebsvereinbarung eine Beteiligung der Arbeitnehmer an den **Kosten** der von der Beklagten bereitgestellten einheitlichen Arbeitskleidung zu regeln. Aus § 87 Abs. 1 Nr. 1 BetrVG ergibt sich eine Kompetenz zur Regelung einer Kostenbeteiligung der Arbeitnehmer an der vom Arbeitgeber bereitgestellten Arbeitskleidung nicht. Die Betriebsparteien konnten **auch nicht im Rahmen einer freiwilligen Betriebsvereinbarung** eine Kostenbeteiligung der Arbeitnehmer an der zur Verfügung gestellten Arbeitskleidung regeln. Die Arbeitnehmer sind nach der Betriebsvereinbarung verpflichtet, die ihnen zur Verfügung gestellte Kleidung zu tragen. Diese Verpflichtung soll nach den Vorstellungen von Betriebsrat und Arbeitgeber auch nicht in erster Linie den Arbeitnehmern dienen, sondern vielmehr der Verbesserung des äußeren Erscheinungsbildes und des Images des Arbeitgebers. Aufgrund der aus der Betriebsvereinbarung folgenden unbedingten Verpflichtung zum Tragen der Arbeitskleidung und der zusätzlich bestehenden Kostenbelastung wird den Arbeitnehmern somit zwingend vorgeschrieben, wie sie einen Teil ihres Lohnes zu verwenden haben. …. Euro des Wochenlohns haben die Arbeitnehmer für Arbeitskleidung auszugeben, ob sie wollen oder nicht und obwohl sie individualrechtlich hierzu nicht verpflichtet sind. Die Betriebsvereinbarung führt damit im Ergebnis dazu, dass die dem Arbeitnehmer grundsätzlich zustehende Freiheit, über seinen Lohn nach freiem Belieben verfügen zu können, eingeschränkt wird. **Eine solche Lohnverwendungsbestimmung ist jedoch unzulässig.**

In einer weiteren Entscheidung hat das BAG[174] ausgeführt, dass der Spruch einer Einigungsstelle ermessensfehlerhaft ist, wenn die Arbeitnehmer eine Dienstkleidung zu tragen haben, die **aufgrund ihrer Farbgebung und ihres Zuschnitts besonders auffällig ist** und **nicht geregelt ist, wo sich die Arbeitnehmer umkleiden können.** Die unterbliebene Regelung der Umkleidemöglichkeiten ist ermessensfehlerhaft im Sinne des. § 76 Abs. 5 S 3 BetrVG. Die Beschäftigten können nicht darauf verwiesen werden, sich ggf. auf den Toiletten umzukleiden oder die Dienstkleidung zu Hause an- und auszuziehen.

Allerdings müssen die Betriebsparteien bei Regelungen über die Dienstkleidung in einer Betriebsvereinbarung den **Gleichbehandlungsgrundsatz** beachten.[175]

---

[174] BAG 17.01.2012 – 1 ABR 45/10, juris
[175] BAG 30.09.2014 – 1 ABR 1083/12, juris

Beispiel: Ordnet eine Betriebsvereinbarung an, dass das Flugpersonal während des Flugeinsatzes eine uniformähnliche Dienstkleidung zu tragen hat und ordnet sie weiterhin an, dass für männliche Cockpitmitglieder die Mütze zur Uniform gehört, für Pilotinnen die Mütze jedoch nicht und ihr Tragen freigestellt ist, so liegt ein nicht gerechtfertigter Verstoß gegen den Gleichbehandlungsgrundsatz vor, wenn es dem Arbeitgeber darum geht, dass Flugzeugführer in der Öffentlichkeit durch Tragen der Cockpit-Mütze als solche wahrgenommen werden. Die Zuordnung von Pilotinnen zu den Flugzeugführern des Arbeitgebers kann ohne das Anlegen einer repräsentativen Kopfbedeckung nicht erreicht werden.

Beachte aber:
Mitbestimmungsfrei ist die Anordnung bezüglich des Tragens von Kopfhauben bei der Verpackung und Kontrolle medizinischer Artikel.[176]

1.7 Pkw-Nutzung, Parkplatznutzung, Dienstreiseordnung

Beispiel: Der Arbeitgeber schreibt in einer Parkplatzordnung vor, wo die Mitarbeiter ihre Pkws zu parken haben. Er reserviert einen Teil der Parkplätze für leitende Angestellte. In einer Dienstreiseordnung regelt der Arbeitgeber einseitig die Erstattung von Dienstreisekosten und das Verfahren bei der Genehmigung und Abrechnung der Dienstreise.

Ein Mitbestimmungsrecht des Betriebsrats ist in der Regel in diesen Fällen zu verneinen.

Mitbestimmungsfrei ist die Frage, **ob vorhandener Raum** als Parkplatz der Belegschaft oder als Lagerplatz benutzt werden soll.[177]

Dieses heißt: Regelt die Parkplatzordnung nur, **wo die Belegschaft** auf dem Betriebsgelände ihre Fahrzeuge parken lassen kann, besteht **kein Mitbestimmungsrecht**. Wird dagegen obendrein bestimmt, **welche Mitarbeiter auf welchen Parkplätzen** zu parken haben, besteht wegen einer Regelung über die Ordnung des Betriebes **ein Mitbestimmungsrecht des Betriebsrats**.[178]

Mitbestimmungsfrei ist die Reservierung bestimmter Parkplätze für leitende Angestellte bei der Zurverfügungstellung von Parkraum für die Belegschaft.[179]

---
[176] LAG Baden-Württemberg 08.12.1983 – 4 TaBV 8/83.
[177] ArbG Wuppertal 07.01.1975 – 1 BV 33/73, juris
[178] BAG 07.02.2012 – 1 ABR 63/10, juris
[179] LAG Hamm 11.06.1986 – 12 TaBV 16/86, juris

Der Betriebsrat hat **kein Mitbestimmungsrecht,** wenn der Arbeitgeber eine **Dienstreiseordnung** erlässt, in der die Erstattung von Dienstreisekosten und das Verfahren bei der Genehmigung und Abrechnung der Dienstreise geregelt werden.[180]

Der Arbeitnehmer, der eine Dienstreise unternimmt, erfüllt damit seine Arbeitspflicht. Bestimmungen der Dienstreiseordnung, die im Einzelnen regeln, wann und unter welchen Voraussetzungen ein Arbeitnehmer eine Dienstreise machen kann oder zu machen verpflichtet ist, konkretisieren unmittelbar die Arbeitspflicht des Arbeitnehmers. Bestimmungen, die den Arbeitnehmer verpflichten, bei einer Dienstreise ein bestimmtes Antragsverfahren einzuhalten, während der Dienstreise Belege zu sammeln, diese aufzubewahren und vorzulegen, regeln das **Verhalten des Arbeitnehmers bei der Ausführung dieser seiner Arbeitsleistung „Dienstreise".** Gleiches gilt für Bestimmungen der Dienstreiseordnung, die unmittelbar oder mittelbar über Beschränkung des Reisekostenansatzes den Arbeitnehmer anhalten, die Dienstreise in einer bestimmten Art und Weise auszuführen, sei es, dass er ein bestimmtes Verkehrsmittel wählt oder nur in bestimmten Hotels übernachtet. Auch damit wird nur das Verhalten des Arbeitnehmers über seine Arbeitsleistung geregelt.

1.8 Maßnahmen bei Fehlzeiten

Beispiel: *Der Arbeitgeber, in dessen Betrieb 300 Arbeitnehmer beschäftigt sind, führte im Februar 1992 mit 30 Arbeitnehmern, die überwiegend in einer Abteilung beschäftigt waren, sogenannte Krankengespräche. Anlass war die Tatsache, dass der Krankenstand in dieser Abteilung deutlich über dem Durchschnitt lag. In diesen Gesprächen befragte er die Arbeitnehmer nach den Ursachen ihrer krankheitsbedingten Fehlzeiten in den letzten drei Jahren. Der Betriebsrat verlangte mitzubestimmen.*

Das BAG hat ein Mitbestimmungsrecht des Betriebsrats bejaht.[181]

Das BAG hat in dieser Entscheidung ausgeführt: „Die Mitbestimmungspflichtigkeit der hier zu beurteilenden Gespräche ergibt sich **unabhängig von den Fernzielen,** die die Arbeitgeberin verfolgen mag, jedenfalls aus der **Art ihrer Durchführung.** Umstrittener Regelungsgegenstand ist nicht das „Krankheitsverhalten", sondern das Verhalten der Arbeitnehmer bei der Führung der Gespräche selbst. Dies gehört aber nicht unmittelbar zur Erbringung der Arbeitsleistung.

---

[180] BAG 08.12.1981 – 1 ABR 91/79, juris
[181] BAG 08.11.1994 – 1 ABR 22/94, juris; LAG Nürnberg 02.03.2021 – 7 TABV 5/20, juris

Ziel der Arbeitgeberin war nach ihrer Darlegung die Aufklärung der Ursachen für die erhöhten Fehlzeiten im Werk. Die Maßnahme sei erforderlich gewesen, um eventuelle arbeitsplatzspezifische Einflüsse erkennen und abstellen zu können. Es geht also um eine **betriebliche Aufklärungsaktion**. Mit der Heranziehung zu den Krankengesprächen wurden die Arbeitnehmer aufgefordert, an der Aufklärung mitzuwirken. Bei einer solchen Mitwirkung erfüllen die Arbeitnehmer eine arbeitsvertragliche Nebenpflicht. Dieser Bereich ist dem Ordnungsverhalten zuzurechnen.

Werden die Gespräche in einer generalisierenden Art und Weise durchgeführt, wie sie die Arbeitgeberin hier praktiziert hat, handelt es sich ferner um einen kollektiven Tatbestand, der einer generellen Regelung zugänglich ist und die Mitbestimmung des Betriebsrats erforderlich macht. Eine mitbestimmungsfreie Individualmaßnahme läge nur dann vor, wenn sie allein durch Umstände veranlasst wäre, die in der Person einzelner Arbeitnehmer begründet wäre, ohne die übrige Belegschaft zu berühren." Dagegen besteht ein Mitbestimmungsrecht nicht, wenn der Arbeitgeber mit einzelnen Arbeitnehmen Fürsorgegespräche führt mit dem Ziel, Krankheitsursachen und damit zusammenhängende Arbeitsbedingungen zu klären und die Auswahl der Arbeitnehmer keinen abstrakten Kriterien folgt.[182]

Fazit: *Nicht jedes Krankengespräch ist mitbestimmungsfrei; es kommt darauf an, wie es von dem Arbeitgeber gestaltet wird und welche Zielrichtung er verfolgt.*

Das Gleiche hat das BAG entschieden, wenn der Arbeitgeber ein Formular einführt, auf dem die Arbeitnehmer die **Notwendigkeit eines Arztbesuches während der Arbeitszeit vom Arzt bescheinigen** lassen sollen. Denn damit trifft er eine Regelung der betrieblichen Ordnung, bei der der Betriebsrat mitzubestimmen hat.[183]

Auch hat das BAG ein Mitbestimmungsrecht bejaht, wenn der Arbeitgeber anordnet, dass die Arbeitnehmer **Zeiten der Arbeitsunfähigkeit unabhängig von deren Dauer generell durch eine vor Ablauf des dritten Kalendertages** nach Beginn der Arbeitsunfähigkeit vorzulegende Bescheinigung nachzuweisen haben.[184] Dagegen besteht kein Mitbestimmungsrecht, wenn der Arbeitgeber gegenüber einem einzelnen Arbeitnehmer eine Anordnung nach § 5 Abs. 1 S. 3 EFZG trifft, nach der der Arbeitnehmer die Arbeitsunfähigkeitsbescheinigung

---

[182] LAG Nürnberg 02.03.2021 – 7 TABV 5/20, juris
[183] BAG 21.01.1997 – 1 ABR 53/96, juris
[184] BAG 25.01.2000 – 1 ABR 3/99, juris; LAG Berlin-Brandenburg 03.12.2021 – 12 TaBV 74/21

bereits am ersten Tag der Arbeitsunfähigkeit vorzulegen hat. Es muss für das Mitbestimmungsrecht ein kollektiver Bezug der Maßnahme erkennbar sein.[185]

Auch die verbindliche Anordnung, gegenüber welchen betrieblichen Stellen die Erfüllung der Nachweispflicht zu erfolgen hat, unterliegt dem Mitbestimmungsrecht des Betriebsrats.[186]

Führt dagegen der Arbeitgeber Krankenkontrollbesuche durch, die sich in bloßen (Sicht-)Kontrollen erschöpfen und ohne Zuhilfenahme einer technischen Einrichtung i. S. d. § 87 Abs. 1 Nr. 6 BetrVG erfolgen, sind sie lediglich als eine Überprüfung des (Leistungs-)Verhaltens der Arbeitnehmer zu beachten und nicht als Kontrolle ihres Ordnungsverhaltens.[187]

Krankengespräche und Krankenrückkehrgespräche unterliegen auch dann der Mitbestimmung, wenn der Arbeitgeber die Gründe für die Fehlzeiten der Arbeitnehmer aufklären will[188] oder die sowohl zur Beseitigung arbeitsplatzspezifischer Einflüsse als auch zur Vorbereitung individualrechtlicher Maßnahmen bis zur Kündigung des Arbeitnehmers dienen. Diese Zielrichtungen indizieren eine Auswahl der Arbeitnehmer nach abstrakten Merkmalen.[189]

1.9 Betriebliches Eingliederungsmanagement

Beispiel: *Der Arbeitgeber muss nach § 167 Abs. 2 (früher 84 Abs. 2) SGB IX bei Erreichen bestimmten Zeiten der Arbeitsunfähigkeit ein betriebliches Eingliederungsmanagement (BEM) durchführen. Der Betriebsrat möchte mitbestimmen.*

Der Betriebsrat kann über sein Mitbestimmungsrecht nach § 87 Abs. 1 Nr. 1 und nach Nr. 7 BetrVG eine Verfahrensordnung zur Durchführung des betrieblichen Eingliederungsmanagement notfalls über die Einigungsstelle erzwingen. Zudem sollten ergänzende Regelungen in einer freiwilligen Betriebsvereinbarung aufgenommen werden. Für die Speicherung personenbezogener Daten besteht außerdem ein

---

[185] ArbG Hamburg 21.10.2008 – 19 BV 3/08, juris
[186] LAG Berlin-Brandenburg 03.12.2021 – 12 TaBV 74/21, juris: dagegen unterliegen eine Vorgabe zur Abstimmung zwischen Fachvorgesetztem und Personalleitung vor Erteilung einer Attestauflage oder die Androhung von arbeitsrechtlichen Maßnahmen für den Fall ihrer Missachtung nicht dem Mitbestimmungsrecht des Betriebsrats in Fragen der Ordnung des Betriebs.
[187] LAG Rheinland-Pfalz 29.06.2006 – 11 TaBV 43/05, juris
[188] LAG Rheinland-Pfalz 29.06.2006 – 11 TaBV 43/05, juris
[189] LAG München 13.02.2014 – 3 TaBV 84/13, juris

Mitbestimmungsrecht nach § 87 Abs. 1 Nr. 6 BetrVG und damit auch für Frage, wie die gespeicherten Daten aufbewahrt werden und bis wann sie zu löschen sind.[190]

Eine andere Frage ist, **welche Regelungen der Betriebsrat notfalls über die Einigungsstellen nach § 87 BetrVG erzwingen kann.** Das BAG[191] hat festgestellt:

- „Der Betriebsrat kann nicht über sein Mitbestimmungsrecht nach § 87 Abs. 1 Nr. 1 BetrVG, § 87 Abs. 1 Nr. 6 BetrVG und § 87 Abs. 1 Nr. 7 BetrVG den Arbeitgeber verpflichten, alle gegenwärtigen und zukünftigen Arbeitnehmerinnen und Arbeitnehmer über das BEM-Verfahren **zu unterrichten.** Denn ein Mitbestimmungsrecht nach § 87 Abs. 1 Nr. 7 BetrVG ist nach dem Anwendungsbereich der Rahmenvorschrift des § 164 Abs. 2 S. 1 SGB IX auf diejenigen Beschäftigten begrenzt, die innerhalb eines Jahres länger als sechs Wochen ununterbrochen oder wiederholt arbeitsunfähig sind. Zudem regelt die Information der Arbeitnehmerinnen und Arbeitnehmer weder das Verhalten der Arbeitnehmer im Betrieb noch soll sie dieses steuern, koordinieren oder beeinflussen wie es für das Mitbestimmungsrecht nach § 87 Abs. 1 Nr. 1 BetrVG notwendig ist.

- Die Beteiligung des Betriebsrats an dem Klärungsprozess nach § 164 Abs. 2 S. 1 SGB IX setzt das **Einverständnis des betroffenen Arbeitnehmers** voraus. Dieser ist im Rahmen der Unterrichtung nach § 164 Abs. 2 S. 3 SGB IX darauf hinzuweisen, dass von der Beteiligung des Betriebsrats abgesehen werden kann.

- Der Betriebsrat kann **nicht** die Bildung eines **Integrationsteams erzwingen.** Nach § 167 Abs. 2 SGB IX erfolgt die „Klärung von Möglichkeiten" durch den Arbeitgeber u.a. mit dem Betriebsrat. Dieser wird aber im Rahmen der gefassten Beschlüsse von dem Vorsitzenden vertreten, sodass eine Übertragung der Aufgaben auf ein Integrationsteam nur freiwillig möglich ist und zwar in gleicher Weise wie die Übertragung von Aufgaben zur selbständigen Entscheidung auf Mitglieder des Betriebsrats nach § 28 Abs. 2 BetrVG. Die Einigungsstelle kann dieses nicht verbindlich beschließen.

- Mit § 87 Abs. 1 Nr. 7 BetrVG i.V. m. § 167 Abs. 2 SGB IX steht es **nicht im Einklang,** wenn über einen Spruch der Einigungsstelle bestimmt würde, dass der Betriebsrat bei dem Erst- und dem Eingliederungsgespräch **an-**

---

[190] Näher *Beseler Betriebliches Eingliederungsmanagement*, Rieder Verlag, 11. Aufl. 2022
[191] BAG 22.03.2016 – 1 ABR 14/14, juris; in der Entscheidung des BAG wurde – selbstverständlich – noch von § 84 Abs. 2 SGB IX gesprochen.

wesend ist. Nach § 167 Abs. 2 S. 1 SGB IX erfordert der Klärungsprozess eine Unterrichtung des Betriebsrats durch den Arbeitgeber sowie – ggfs. unter Hinzuziehung der in § 167 Abs. 2 S. 2 SGB IX genannten Personen – eine Beratung der Betriebsparteien mit dem Ziel der Verständigung über die bestehenden „Möglichkeiten" für ein betriebliches Eingliederungsmanagement. Davon ist ein Anwesenheitsrecht des Betriebsrats oder eines von ihm benannten Vertreters bei den Gesprächen des Arbeitgebers mit dem betroffenen Arbeitnehmer nicht umfasst. Anders als für die in § 167 Abs. 2 S. 2 und S. 4 SGB IX genannten Personen und Stellen sieht § 167 Abs. 2 SGB IX nicht vor, dass der Arbeitnehmer am Klärungsprozess zwischen Arbeitgeber und Betriebsrat zu beteiligen ist.

- Das Mitbestimmungsrecht umfasst auch **nicht die Durchführung von im BEM-Verfahren beschlossenen Maßnahmen**, die Überprüfung ihrer Wirksamkeit und Qualität und die Begleitung der Beschäftigten bei einer stufenweisen Wiedereingliederung. Schließlich besteht keine Mitbestimmung bei der jährlichen BEM-Dokumentation. Denn bei diesen Maßnahmen geht es nicht mehr um die „Klärung von Möglichkeiten" i.S.d. § 4 Abs. 2 SGB IX. Zudem handelt es sich hierbei nicht um kollektive, sondern um individuelle Maßnahmen. Hat die Einigungsstelle trotzdem entsprechende Regelungen in ihren Spruch aufgenommen, sind sie unwirksam."

Das BPersVG wurde zum 15.6.2021 neu gefasst. Es wurde in § 80 Abs. 1 BPersVG die Bestimmung aufgenommen:

- Nr. 17. Grundsätze des behördlichen oder betrieblichen Gesundheits- und Eingliederungsmanagement.

    Damit gelten die Einschränkungen des BAG nicht (mehr) für den öffentlichen Dienst des Bundes.

1.10 Beschwerdestelle nach § 13 AGG

Beispiel: *Der Betriebsrat möchte bei der Einsetzung der Beschwerdestelle nach § 13 AGG über die Besetzung der Beschwerdestelle und das Beschwerdeverfahren mitbestimmen.*

Es besteht nur ein Mitbestimmungsrecht bei der Verfahrensregelung.[192]

Gemäß § 13 Abs. 1 S. 1 AGG haben die Beschäftigten das Recht, sich bei den zuständigen Stellen des Betriebs oder des Unternehmens zu beschweren, wenn sie sich aus einem der im AGG genannten Gründe – z. B. wegen ihres

---
[192] BAG 21.07.2009 – 1 ABR 42/08, juris

Geschlechts, ihrer Religion oder ihres Alters – benachteiligt fühlen. Nach § 12 Abs. 5 AGG muss der Arbeitgeber die hierfür zuständige Stelle im Betrieb bekannt machen. Die Beachtung eines bestimmten Verfahrens, um sich zu beschweren, ist nicht vorgeschrieben. Seine Einführung und Ausgestaltung unterfällt nach § 87 Abs. 1 Nr. 1 BetrVG der Mitbestimmung des Betriebsrats. Der Betriebsrat kann zu diesem Zweck selbst initiativ werden und ein Beschwerdeverfahren über die Einigungsstelle durchsetzen. Dagegen hat er **kein Mitbestimmungsrecht** bei der Frage, wo der Arbeitgeber die Beschwerdestelle errichtet und wie er diese personell besetzt.[193] Hierbei handelt es sich um **mitbestimmungsfreie organisatorische Entscheidungen**. Errichtet der Arbeitgeber eine überbetriebliche Beschwerdestelle, steht das Mitbestimmungsrecht beim Beschwerdeverfahren nicht dem örtlichen Betriebsrat, sondern dem Gesamtbetriebsrat zu.

1.11 Mitarbeiterjahresgespräche

Beispiel: *Der Arbeitgeber führt Mitarbeitergespräche nach einem formalisierten Beurteilungskatalog ein.*

Das LAG Hessen[194] hat zu Recht ein **Mitbestimmungsrecht des Betriebsrats nach § 87 Abs. 1 Nr. 1 BetrVG bejaht** Mitbestimmungsfrei nach § 87 Abs. 1 Nr. 1 BetrVG sind lediglich Maßnahmen, die das Arbeitsverhalten regeln sollen. Dieses ist dann berührt, wenn der Arbeitgeber kraft seiner Organisations- und Leitungsmacht näher bestimmt, welche Arbeiten auszuführen sind und in welcher Weise das geschehen soll. Danach unterliegen nur solche Anordnungen nicht der Mitbestimmung, mit denen die **Arbeitspflicht unmittelbar** konkretisiert wird. Anordnungen, die dazu dienen, das sonstige Verhalten der Arbeitnehmer zu koordinieren, betreffen die Ordnung des Betriebs. Über deren Einführung und über deren Inhalt hat der Betriebsrat mitzubestimmen Die Mitarbeiterjahresgespräche konkretisieren nicht unmittelbar die Arbeitspflicht. Vielmehr soll in diesen Gesprächen nach einem **vorgegebenen Beurteilungskatalog** wechselseitig vom Mitarbeiter beziehungsweise seinem Vorgesetzten dessen Leistung und Verhalten einschließlich des Führungsverhaltens in einem offenen Dialog bewertet werden. Damit ist das **Ordnungsverhalten der Arbeitnehmer** betroffen.

---

[193] Allerdings kann der Betriebsrat notfalls über das Gericht nach § 17 Abs. 2 AGG, § 23 Abs. 3 BetrVG Zwangsmaßnahmen ergreifen, wenn der Arbeitgeber eine Beschwerdestelle nicht einrichtet, vgl. *Beseler/Georgiou*, AGG S. 209, Rieder Verlag

[194] LAG Hessen 06.02.2012 – 16 Sa 1134/11, juris

2. Beginn und Ende der Arbeitszeit (§ 87 Abs. 1 Nr. 2 BetrVG)

2.1 Allgemeines

Beispiel: In einem nicht tarifgebundenen Betrieb will der Arbeitgeber die 38-Stunden-Woche einführen; die Arbeitszeit soll morgens um 7 Uhr beginnen. Der Betriebsrat will nicht nur bei der Lage der Arbeitszeit, sondern auch bei deren täglicher und wöchentlicher Dauer mitbestimmen.

Dem Betriebsrat steht nur ein Mitbestimmungsrecht – einschließlich eines Initiativrechts – **bei der Lage der Arbeitszeit sowie bei der Verteilung der wöchentlichen Arbeitszeit auf die einzelnen Wochentage, nicht dagegen bei der Wochenarbeitszeit** zu. Über die Wochenarbeitszeit muss sich der Arbeitgeber mit den Arbeitnehmern einigen oder sie steht in dem auf das Arbeitsverhältnis anzuwendenden Tarifvertrag.[195]

Der Betriebsrat hat mithin nach § 87 Abs. 1 Nr. 2 BetrVG **nicht mitzubestimmen über die Dauer der von den Arbeitnehmern geschuldeten Arbeitszeit.** Weder Arbeitgeber noch Betriebsrat können kraft Gesetzes einen Spruch der Einigungsstelle herbeiführen, der die Einigung zwischen Arbeitgeber und Betriebsrat ersetzt.[196]

Beispiel: Der Betriebsrat möchte in Köln erreichen, dass Rosenmontag frei ist. Er reklamiert für sich ein Mitbestimmungsrecht nach § 87 Abs. 1 Nr. 2 BetrVG.

Das LAG Köln[197] hat zu Recht entschieden, dass der Betriebsrat kein Mitbestimmungsrecht hat.

Denn die Frage, ob der Arbeitgeber den Rosenmontag generell als normalen Arbeitstag oder als zusätzlichen bezahlten „Feiertag" behandelt, unterliegt **nicht der Mitbestimmung des Betriebsrats nach § 87 Abs. 1 Nr. 2 und / oder Nr. 3 BetrVG.** Ein Mitbestimmungsrecht des Betriebsrats nach § 87 Abs. 1 Nr. 2 BetrVG könnte ggf. dann in Betracht kommen, wenn die Beteiligten sich im Ausgangspunkt darüber einig wären, dass es sich auch im Betrieb der Arbeitgeberin bei einem Rosenmontag um einen normalen Arbeitstag mit normaler Arbeitszeitverpflichtung handelt, jedoch geregelt werden sollte, wie

---

[195] BAG 18.08.1987 – 1 ABR 30/86, juris
[196] BAG 22.06.2003 – 1 ABR 28/02, juris; BAG 22.06.1993 – 1 ABR 62/92, juris
[197] LAG Köln 25.04.2013 – 7 TaBV 77/12, juris

karnevalsbeflissene Mitarbeiter, die am Rosenmontag ihr Brauchtum pflegen wollen, die dadurch ausfallende Normalarbeitszeit zu anderen Zeiten vor- oder nachholen können. Hierüber streiten die Beteiligten aber nicht. Der Umfang des – nach § 87 Abs. 1 Nr. 2 BetrVG zu verteilenden – Arbeitszeitvolumens als solcher bzw. die Dauer der wöchentlichen Arbeitszeit selbst unterliegt jedoch gerade nicht der Mitbestimmung nach § 87 Abs. 1 Nr. 2 BetrVG.

Der Zweck des Mitbestimmungsrechts nach § 87 Abs. 1 Nr. 2 BetrVG besteht darin, die Interessen der Arbeitnehmer an der Lage ihrer Arbeitszeit und damit zugleich ihrer freien und für die Gestaltung ihres Privatlebens nutzbaren Zeit zur Geltung zu bringen. Dementsprechend betrifft das **Mitbestimmungsrecht die Lage der Grenze zwischen Arbeitszeit und Freizeit.**[198].

Es muss sich bei dem Mitbestimmungstatbestand aber um **Arbeitszeit** handeln, bei deren Lage ein Mitbestimmungsrecht des Betriebsrats besteht.

Beispiel: *Die Arbeitnehmer müssen in ihrem Fahrzeug notwendige betriebliche Arbeitsmittel (Dokumente, Schlüssel, Werkzeug u.a.) auch auf der Fahrt von und nach Haus mitführen, um sie bei ihrem Arbeitseinsatz verwenden zu können. Der Betriebsrat hat ein Mitbestimmungsrecht nach § 87 Abs. 1 Nr. 2 BetrVG angenommen.*

Das BAG[199] *hat ein Mitbestimmungsrecht verneint.*

Arbeitszeit i.S. von § 87 Abs. 1 Nr. 2 BetrVG ist die Zeit, während derer der Arbeitnehmer die von ihm in einem konkreten zeitlichen Umfang geschuldete **Arbeitsleistung tatsächlich** zu erbringen hat. Es geht um die Festlegung des Zeitraums, während dessen der Arbeitgeber vom Arbeitnehmer die Erfüllung seiner vertraglichen Hauptleistungspflichten verlangen und dieser sie ihm ggf. mit der Folge des § 293 BGB anbieten kann. „Arbeit" ist eine Tätigkeit, die als solche der Befriedigung eines fremden Bedürfnisses dient. Durch das bloße Zurücklegen des Weges von der Wohnung (oder einem anderen, selbst gewählten Aufenthaltsort) zur Arbeitsstelle und zurück erbringt der Arbeitnehmer keine Arbeit. Diese Wegezeiten sind nicht Arbeitszeiten, sondern gehören dem außerdienstlichen Bereich privater Lebensführung an. Dass der Arbeitnehmer bei der Fahrt von und zu dem Betrieb oder Kunden Arbeitsmittel bei sich führt, ist für die **Bewertung der Wegezeiten ohne Belang.** Auf solche, die Arbeitnehmer belastenden – ggf. auch unwirksame Weisungen – seitens des Arbeitgebers erstreckt sich das Schutzkonzept des § 87 Abs. 1 Nr. 2 BetrVG nicht. Es ist rein zeitbezogen. Wegezeiten vermögen daher nur dann zur verteilungsfähigen

---

[198] BAG 25.02.2015 – 5 AZR 886/12, juris
[199] BAG 22.10.2019 – 1 ABR 11/1, juris

Arbeitszeit zu gehören, wenn sie als zeitliche Komponente vom Arbeitgeber vorgegeben werden.

Beispiel: *Der Arbeitgeber öffnet die Drehkreuze des Werkseingangs um 5.30 Uhr. Der Betriebsrat will das dem Arbeitgeber untersagen bis er die Mitbestimmung des Betriebsrats beachtet hat.*

Das LAG Frankfurt hat den Unterlassungsantrag zurückgewiesen.[200]

Die Praxis des Arbeitgebers, die Drehkreuze erst ab einer bestimmten Uhrzeit zu öffnen, betrifft nicht die Ordnung des Betriebs im Sinne von § 87 Abs. 1 Nr. 1 BetrVG. Die „Ordnung des Betriebs" i.S. vom. § 87 Abs. 1 Nr. 1 BetrVG ist nicht gleichbedeutend mit dessen Organisation. Diese unterfällt nicht der Mitbestimmung des Betriebsrats nach § 87 Abs. 1 Nr. 1 BetrVG. Mit der Festlegung eines bestimmten Zeitpunkts, zu dem die Drehkreuze geöffnet werden, wird lediglich der Zeitpunkt des Zugangs zum Betriebsgelände vor der eigentlichen Arbeitsaufnahme festgelegt. Die Berechtigung hierzu folgt unmittelbar aus dem Hausrecht des Arbeitgebers. Auch werden **Beginn und Ende der täglichen Arbeitszeit** (§ 87 Abs. 1 Nr. 2 BetrVG) hiervon **nicht** betroffen, denn es geht gerade darum, **wie lange** vor Beginn der Arbeitsaufnahme Mitarbeiter bereits den Betrieb **betreten dürfen**. Betriebsöffnungszeiten unterliegen nicht der Mitbestimmung des Betriebsrats. Auch § 87 Abs. 1 Nr. 7 BetrVG ist nicht erfüllt. Es geht allein darum, dass die Mitarbeiter erst ab einem bestimmten Zeitpunkt die Drehkreuze passieren können, um den Betrieb zu betreten. Der Arbeitgeber trifft insofern keine Regelung auf dem Gebiet des Gesundheitsschutzes, sondern bestimmt schlicht, ab welchem Zeitpunkt die Mitarbeiter frühestens die Drehkreuze durchschreiten können. Fragen des Gesundheitsschutzes stellen sich insoweit nicht.

Nach § 87 Abs. 1 Nr. 2 BetrVG hat der Betriebsrat im Hinblick auf den dort normierten Tatbestand „Verteilung der Arbeitszeit auf die einzelnen Wochentage" schon bei der **einmaligen Verlegung der Arbeit auf andere Tage mitzubestimmen.**[201]

Beachte:[202]

Eine Betriebsvereinbarung über die Verteilung der Arbeitszeit verstößt gegen § 77 Abs. 3 BetrVG, wenn sie zugleich Regelungen über die Dauer der wöchentlichen bzw. jährlichen Arbeitszeit enthält, die im Widerspruch zu einem für den Betrieb geltenden bzw. üblichen Tarifvertrag stehen.

---

[200] LAG Frankfurt 08.02.2021 – 16 TaBV 185/20, juris
[201] BAG 13.07.1977 – 1 AZR 336/75, juris
[202] BAG 22.06.1993 – 1 ABR 62/92, juris

Beispiel: *Der Arbeitgeber betreibt ein Kaufhaus. Im Rahmen des Weihnachtsgeschäfts setzt der Arbeitgeber auch Leiharbeitnehmer ein, für die er einseitig die Lage der Arbeitszeit in ein bestehendes Schichtsystem festgelegt hat. Der Betriebsrat möchte nicht nur beim Beginn und Ende der Arbeitszeit dieser Leiharbeitnehmer mitbestimmen, sondern abweichend vom Ladenschlussgesetz am verkaufsoffenen Samstag die Arbeitszeit verkürzen.*

In beiden Fällen steht dem Betriebsrat ein Mitbestimmungsrecht einschließlich eines Initiativrechts zu.[203]

Dem Betriebsrat des Entleiherbetriebes steht das Mitbestimmungsrecht des § 87 Abs. 1 Nr. 2 BetrVG **auch für Leiharbeitnehmer** zu und zwar auch bei der erstmaligen Zuordnung neu eingestellter (Leih-)Arbeitnehmer in ein bestehendes Schichtsystem.[204]

Da der Entleiher das Weisungsrecht bezüglich Beginn und Ende der Arbeitszeit für die überlassenen Arbeitnehmer hat, kann das Mitbestimmungsrecht für die Leiharbeitnehmer nur durch den **Betriebsrat des Entleiherbetriebes** wahrgenommen werden. Ein Bedürfnis nach Mitbestimmung besteht bei ihnen ebenso wie bei den Arbeitnehmern des Entleihers.[205]

Mitbestimmungsrechte des Betriebsrats stehen nicht unter dem allgemeinen Vorbehalt, dass durch sie nicht in die unternehmerische Entscheidungsfreiheit eingegriffen werden darf.[206]

In einem Kaufhaus wird deshalb vom Mitbestimmungsrecht des Betriebsrats auch eine Arbeitszeitregelung gedeckt, die die Ausschöpfung der gesetzlichen Ladenschlusszeit unmöglich macht.

Beispiel: *In einem Betrieb der A-GmbH ist der Beginn der betriebsüblichen Arbeitszeit in einer Betriebsvereinbarung auf 7.30 Uhr festgelegt worden. Der Arbeitnehmer B. und der Arbeitgeber vereinbaren, dass B. aus persönlichen Gründen erst um 8.00 Uhr seine Arbeit aufzunehmen hat. Der Betriebsrat reklamiert für sich auch insoweit ein Mitbestimmungsrecht.*

Ein Mitbestimmungsrecht des Betriebsrats ist zu verneinen.[207]

---

[203] BAG 15.12.1992 – 1 ABR 38/92, juris
[204] BAG 22.10.2019 – 1 ABR 17/18, juris
[205] Zur Mitbestimmung des Verleiher- oder des Entleiherbetriebsrats bei Überstunden S. 142
[206] BAG 31.08.1982 – 1 ABR 27/80, juris
[207] BAG 23.06.1992 – 1 AZR 57/92, juris

Der Arbeitnehmer, der aus **persönlichen Gründen** gleich welcher Art ein Interesse an einer bestimmten Lage seiner Arbeitszeit hat, muss mit dem Arbeitgeber vereinbaren, dass seine Arbeitszeit von der sonst üblichen Arbeitszeit unabhängig ist und nur in gegenseitigem Einverständnis geändert werden kann. In diesem Fall liegt ein **individueller und kein kollektiver Tastbestand** vor.[208]

Also: *Ein Mitbestimmungsrecht des Betriebsrats besteht nur bei der Festlegung des Beginns und des Endes im Rahmen einer kollektiven Regelung; ein individueller Tatbestand schließt das Mitbestimmungsrecht des Betriebsrats aus, wobei es nicht darauf ankommt, wie hoch der Anzahl der hiervon betroffenen Personen ist. So kann für die einzige im Betrieb beschäftigte Telefonistin in der Zentrale die kollektive Arbeitszeit anders liegen als in anderen Bereichen.*

Beispiel: *Der Arbeitgeber will im Rahmen eines Arbeitszeitkontos festlegen, wie und in welchem Zeitraum die regelmäßige durchschnittliche Arbeitszeit ausgeglichen wird. Dem Betriebsrat steht ein Mitbestimmungsrecht nach § 87 Abs. 1 Nr. 2 BetrVG zu.*[209]

Beispiel: *Der Arbeitgeber ordnet eine Dienstreise an. Der Betriebsrat möchte mitbestimmen.*

Das BAG[210] *hat ein Mitbestimmungsrecht verneint, falls der Arbeitnehmer keine Arbeitsleistung während der Dienstreise erbringt.*

Bei der Anordnung einer Dienstreise, während derer der Arbeitnehmer keine Arbeitsleistungen zu erbringen hat (außer, wenn er z.B. selbst das Fahrzeug führen oder im Zug oder Flugzeug Aktenstudium betreiben muss), steht dem Betriebsrat kein Mitbestimmungsrecht nach § 87 Abs. 1 Nr. 2 oder Nr. 3 BetrVG zu. Bei einer Dienstreise – einer Fahrt des Arbeitnehmers von seiner regulären Arbeitsstätte an einen oder mehrere auswärtige Orte, an denen ein Dienstgeschäft zu erledigen ist – erbringt der Arbeitnehmer durch das bloße Reisen keine Arbeitsleistung. Reisen gehört regelmäßig nicht zu den vertraglichen Hauptleistungspflichten, es sei denn, der betreffende Arbeitnehmer könnte – etwa als Außendienstmitarbeiter – mangels festen Arbeitsorts seine vertraglich geschuldete Tätigkeit ohne dauernde Reisetätigkeit gar nicht erfüllen.

Der Betriebsrat hat mitzubestimmen über die Lage der täglichen „Arbeitszeit". Arbeitszeit i. S. v. § 87 Abs. 1 Nr. 2 BetrVG ist die Zeit, während derer der Arbeitnehmer die von ihm in einem bestimmten zeitlichen Umfang vertraglich geschuldete Arbeitsleistung tatsächlich erbringen soll. Denn der Arbeitszeitbe-

---

[208] Vgl. S. 23
[209] BAG 26.09.2017 – 1 ABR 57/15, juris
[210] BAG 14.11.2006 – 1 ABR 5/06, juris

griff in § 87 Abs. 1 Nr. 2 BetrVG – und gleichermaßen der in § 87 Abs. 1 Nr. 3 BetrVG – ist nicht gänzlich deckungsgleich mit dem Begriff der vergütungspflichtigen Arbeitszeit und dem des Arbeitszeitgesetzes oder der EGRL 88/2003 über bestimmte Aspekte der Arbeitszeitgestaltung vom 4.11.2003. Er bestimmt sich vielmehr nach dem Zweck des Mitbestimmungsrechts. Die Beteiligung des Betriebsrats nach § 87 Abs. 1 Nr. 2 BetrVG dient dazu, die Interessen der Arbeitnehmer an der Lage ihrer Arbeitszeit und damit zugleich ihrer freien und für die Gestaltung ihres Privatlebens nutzbaren Zeit zur Geltung zu bringen.

Es kann deshalb eine vergütungspflichtige Tätigkeit vorliegen, obwohl bei deren zeitliche Lage kein Mitbestimmungsrecht des Betriebsrat besteht.

Beispiel: *Ein Außendienstmitarbeiter fliegt nach China, um dort mit Kunden zu verhandeln.*

Das BAG hat die Mitbestimmung des Betriebsrats verneint, ihm aber ein Anspruch auf Vergütung zugebilligt.

Muss der Arbeitnehmer während der Reise keine Arbeitsleistungen in Form von Aktenstudium erfüllen, ist die aufgewandte Zeit **keine Arbeitszeit i. S. des § 2 ArbZG und des § 87 Abs. 1 Nr. 2 BetrVG**. Hiervon ist die Frage zu unterscheiden, ob der Arbeitgeber diese Zeit bezahlen muss. Da der Arbeitnehmer aufgrund des Arbeitsvertrages dem Arbeitgeber seine Arbeitskraft zur Verfügung stellt und dieser ihn während der Arbeitszeit von A nach B entsendet, ist **vergütungsrechtlich** die aufgewandte Zeit als Arbeitszeit zu bezahlen. Denn die Qualifikation einer bestimmten Zeitspanne als Arbeitszeit führt nicht zwingend zu einer Vergütungspflicht, wie umgekehrt die Herausnahme bestimmter Zeiten aus der Arbeitszeit nicht die Vergütungspflicht ausschließen muss. Denn die gesetzliche Vergütungspflicht des Arbeitgebers knüpft nach § 611 BGB an die Leistung der versprochenen Dienste an. Dazu zählt nicht nur die eigentliche Tätigkeit, sondern jede vom Arbeitgeber im Synallagma verlangte sonstige Tätigkeit oder Maßnahme, die mit der eigentlichen Tätigkeit oder der Art und Weise von deren Erbringung unmittelbar zusammenhängt.[211]

Beispiel: *Der Arbeitgeber ordnet über die gesetzlichen Pausen hinaus weitere Pausen an. Der Betriebsrat möchte mitbestimmen.*

Das BAG ist der Auffassung des Betriebsrats gefolgt.

Das Mitbestimmungsrecht nach § 87 Abs. 1 Nr. 2 BetrVG umfasst neben der **Lage der gesetzlichen Pausen** auch die Festlegung von **zusätzlich unbezahlten Pausen**, die über das in § 4 ArbZG geregelte Mindestmaß hinausgehen. Pausen sind im Voraus feststehende Unterbrechungen der Arbeit, in denen der

---

[211] BAG 12.12.20212 – 5 AZR 355/12, juris

Arbeitnehmer weder Arbeit zu leisten noch sich dafür bereitzuhalten hat und frei über die Nutzung des Zeitraums bestimmen kann.[212] Das Mitbestimmungsrecht des Betriebsrats nach § 87 I Nr. 2 BetrVG bezieht sich nur auf die zeitliche Lage und Dauer der Pause, nicht jedoch auf die Interpretation des Merkmals „im Voraus" i. S. v. § 4 S. 1 ArbZG.[213]

Es versteht sich von selbst, dass die Mitbestimmung des Betriebsrats nach § 87 Abs. 1 Nr. 2 und 3 BetrVG und die arbeitszeitrechtlichen Vorgaben auch beim **Homeoffice** bestehen. Im Rahmen der Telearbeit kann es etwa sinnvoll sein, gewisse Kernzeiten für die Erbringung der Arbeitsleistung festzulegen, um dem Mitarbeiter zu seinem eigenen Schutz einen kontinuierlichen Arbeitszyklus vorzugeben. Auch die Regelung der Pausenzeiten kann zielführend sein. Die Einhaltung der gesetzlich vorgeschriebenen Ruhepausen wird von den Mitarbeitern selbst oftmals vergessen oder angesichts hoher Arbeitsbelastung bewusst nicht wahrgenommen.[214]

2.2 Schichtarbeit – Dienstpläne

Beispiel: Der Arbeitgeber will in seinem Betrieb abweichend vom bisherigen Ein-Schicht-Betrieb einen Zwei-Schicht-Betrieb einführen. Die Betriebspartner streiten nicht nur darüber, ob der Betriebsrat mitzubestimmen hat, sondern auch über das Mitbestimmungsrecht des Betriebsrats bei der Aufstellung von Schicht- oder Dienstplänen.

 Das BAG hat in beiden Fällen ein Mitbestimmungsrecht des Betriebsrats anerkannt.[215]

Nach § 87 Abs. 1 Nr. 2 BetrVG hat der Betriebsrat mitzubestimmen über Beginn und Ende der täglichen Arbeitszeit und die Verteilung der Arbeitszeit auf die einzelnen Wochentage. Diesem **Mitbestimmungsrecht** unterfällt nicht **nur die Frage, ob** im Betrieb überhaupt in mehreren Schichten gearbeitet werden soll und wann jeweils die Schichten beginnen und enden sollen. Es umfasst **auch den Schicht- oder Dienstplan** selbst.

Mitbestimmung des Betriebsrats bei der Aufstellung von Dienstplänen bedeutet, dass eben diese Angelegenheit zwischen Arbeitgeber und Betriebsrat zu regeln ist. Welchen Inhalt diese Regelung hat, bleibt der Vereinbarung der Betrieb-

---

[212] BAG 25.02.2015 – 5 AZR 886/12, juris
[213] LAG Köln 31.03.2013 – 7 Sa 261/12, juris
[214] *Schulz/Ratzesberger* ArbRAktuell 2016, 109, 111
[215] BAG 18.04.1989 – 1 ABR 2/88, juris

spartner und notfalls dem Spruch der Einigungsstelle überlassen. Soll in einem Betrieb überhaupt in Schichtarbeit gearbeitet werden, so muss der gesamte Komplex der Schichtarbeit mit dem Betriebsrat gemeinsam geregelt werden. Was die Aufstellung der einzelnen Schichtpläne betrifft, so sind die Betriebspartner auch frei in der Entscheidung, ob sie bestimmte Grundregeln festlegen, die der einzelne Schichtplan beachten muss, oder ob jeder einzelne Schichtplan in allen Einzelheiten zwischen ihnen vereinbart werden soll. Welche Lösung die jeweils geeignetste ist, wird dabei von den betrieblichen Gegebenheiten, insbesondere von der Größe des Betriebes abhängen. Vereinbaren sie bestimmte Grundsätze und Kriterien, denen die einzelnen Schichtpläne entsprechen müssen, können sie die Aufstellung der einzelnen Schichtpläne auch dem Arbeitgeber überlassen.

Beispiel: *Der Arbeitgeber will neu befristet eingestellte Leiharbeitnehmer bestimmten Schichten zuordnen. Der Betriebsrat will mitbestimmen.*

Das BAG[216] hat ein Mitbestimmungsrecht nach § 87 Abs. 1 Nr. 2 BetrVG bejaht.

Die Zuordnung der Leiharbeitnehmer zu festgelegten Schichten unterfällt als Festlegung der konkreten Lage und der Verteilung der Arbeitszeit sowie der Pausen dem Mitbestimmungsrecht des Betriebsrats nach § 87 Abs. 1 Nr. 2 BetrVG. Das bei einer - und sei es nur kurzzeitigen - Beschäftigung eines Leiharbeitnehmers in einem Entleiherbetrieb dem dortigen Betriebsrat zustehende Mitbestimmungsrecht nach § 87 Abs. 1 Nr. 2 BetrVG greift auch hinsichtlich neu eingestellter (Leih-)Arbeitnehmer.

Aus dem **Mitbestimmungsrecht** des Betriebsrats bei der Festlegung des Beginns und des Endes der täglichen Arbeitszeit einschließlich der Pausen ergibt sich, dass der Betriebsrat auch über die **Dauer der Tagesschichten** mitzubestimmen hat, da die Schichtdauer nichts anderes ist als die Addition von Beginn der täglichen Arbeitszeit bis zu deren Ende, eventuell unter Einschluss von Pausen.[217]

Beispiel: *In Rahmen eines Mehrschichtenmodells streiten die Betriebspartner darüber, ob der Betriebsrat auch über die Umsetzung von Arbeitnehmern von einer in eine andere Schicht und darüber mitzubestimmen hat, welche Zeit als Nachtarbeitszeit im Sinne des Tarifvertrages zuschlagspflichtig sein soll.*

Dem Betriebsrat steht auch insoweit ein Mitbestimmungsrecht zu.[218]

---

[216] BAG 28.07.2020 – 1 ABR 45/18, juris
[217] BAG 26.03.1991 – 1 ABR 43/90, juris
[218] BAG 29.09.2004 – 5 AZR 559/03, juris; LAG Berlin-Brandenburg 26.11.2019 – 11 TaBV 837/19, juris

Wird in einem Betrieb im Schichtbetrieb gearbeitet, so unterliegt auch die Regelung der Frage, **ob und unter welchen Voraussetzungen** Arbeitnehmer von einer Schicht in die andere **umgesetzt** werden sollen, dem **Mitbestimmungsrecht** des Betriebsrats nach § 87 Abs. 1 Nr. 2 BetrVG.

Dies gilt nicht, wenn zwei Arbeitnehmer aus **persönlichen** Gründen die Schicht wechseln, weil hier kein kollektiver Tatbestand vorliegt.

Beachte:

Bei Schichtarbeit ist zwischen der Betriebsnutzungszeit und einer damit verbundenen Aufteilung der Belegschaft in mehrere Schichten zu unterscheiden. Die Betriebsnutzungszeit betrifft den Umfang der Produktion und ist als solche mitbestimmungsfrei. Hat der Arbeitgeber diese Entscheidung getroffen und bedingt das die Aufteilung der Belegschaft in mehrere Schichten, so ist die Lage ihrer Arbeitszeit zu regeln, sodass die Einführung von Schichtarbeit mitbestimmungspflichtig ist. Mitbestimmungspflichtig sind auch die Modalitäten der Schichtarbeit. Das gilt auch für die Zuordnung der in Wechselschicht tätigen Arbeitnehmer zu den einzelnen Schichten und deren nachträgliche Veränderung.

Eine **tarifliche Regelung**, die einen Zuschlag für Nachtarbeit vorsieht, wobei die Festlegung der zuschlagspflichtigen Zeitspanne innerhalb eines vorgegebenen zeitlichen Rahmens zwischen Arbeitgeber und Betriebsrat zu vereinbaren ist, schließt ein gesetzliches Mitbestimmungsrecht des Betriebsrats nach § 87 Abs. 1 Nr. 2 BetrVG nicht aus. Dem Betriebsrat steht deshalb in diesem Fall bei der Regelung der Frage, **welche Zeit als Nachtarbeitszeit** zuschlagspflichtig sein soll, ein **Mitbestimmungsrecht** nach § 87 Abs. 1 Nr. 2 BetrVG zu.[219]

Beispiel: *Der Arbeitgeber betreibt eine Privatschule. Arbeitgeber und Betriebsrat streiten darüber, ob der Betriebsrat ein Mitbestimmungsrecht bei der Entscheidung über die Nachmittagsstunden, bei der Festlegung der Stundenpläne und der Anzahl der Vertretungsstunden hat.*

Das BAG hat vom Grundsatz ein Mitbestimmungsrecht des Betriebsrats bejaht.[220]

Die Frage, ob und ggf. innerhalb welcher Zeiten Lehrer auch am Nachmittag Unterrichts- und Betreuungsstunden geben müssen, betrifft die **zeitliche Lage ihrer vertraglich geschuldeten Arbeitszeit, die nach § 87 Abs. 1 Nr. 2 BetrVG** grundsätzlich der Mitbestimmung des Betriebsrats unterliegt. Dass es sich dabei nur um die zeitliche Festlegung eines Teils der von den Lehrern zu leistenden Arbeitszeit handelt, steht dem nicht entgegen.

---

[219] BAG 21.09.1993 – 1 ABR 16/93, juris
[220] BAG 23.06.1992 – 1 ABR 53/91, juris

Durch die Festlegung von Unterrichts- und Betreuungsstunden wird für Lehrer gleichzeitig bestimmt, welche **Zeiten dem Lehrer für seine Freizeit oder für seine Vorbereitung oder Nachbearbeitung der Unterrichtsstunden** zur Verfügung stehen. Damit berührt die zeitliche Lage von Unterrichtsstunden gerade auch diejenigen Interessen der Lehrer, zu deren Wahrnehmung dem Betriebsrat das Mitbestimmungsrecht nach § 87 Abs. 1 Nr. 2 BetrVG eingeräumt ist. Die Entscheidung, dass die Lehrer auch nachmittags in der Schule selbst ihre Arbeit in Unterrichts- oder Betreuungsstunden erbringen müssen, ist daher ein Mitbestimmungstatbestand i. S. v. § 87 Abs. 1 Nr. 2 BetrVG.

Das Mitbestimmungsrecht des Betriebsrats bezieht sich auch auf die **Erstellung der Stundenpläne** der angestellten Lehrer. Das Mitbestimmungsrecht erstreckt sich sowohl auf die Festlegung des Beginns und des Endes der täglichen Arbeitszeit, also der Stundenblöcke, als auch auf die Verteilung dieser Unterrichtszeiten auf die einzelnen Lehrer.

Der Betriebsrat hat in einer Privatschule nach § 87 Abs. 1 Nr. 3 BetrVG bei der Festlegung der Höchstgrenzen für Vertretungsstunden gegenüber vollbeschäftigten Lehrern mitzubestimmen.[221]

Beachte:
Eine Privatschule ist ein Tendenzunternehmen i. S. d. § 118 Abs. 1 BetrVG. Die Entscheidung des Schulträgers, im Rahmen des Ganztagsschulbetriebs Lehrer an den Nachmittagen zu Unterrichts- und Betreuungsstunden heranzuziehen, ist eine tendenzbezogene Entscheidung, die nicht der Mitbestimmung des Betriebsrats unterliegt.[222]

Beispiel: *Der Arbeitgeber ordnet für die Mitarbeiter Samstagsarbeit an, die sich freiwillig melden. Der Betriebsrat möchte mitbestimmen.*

Das LAG Hamm hat zu Recht ein Mitbestimmungsrecht bejaht.[223]

Selbst wenn der Arbeitgeber individualrechtlich kraft Direktionsrechts berechtigt wäre, Samstagsarbeit anzuordnen oder zu dulden, enthebt ihn dies nicht von der Verpflichtung, kollektive Mitbestimmungsrechte des Betriebsrats zu beachten. Auch wenn sich Mitarbeiter freiwillig bereit erklären, am Samstag zu arbeiten, beseitigt das Einverständnis nicht das Mitbestimmungsrecht des Betriebsrats. Auch die Duldung von freiwillig geleisteten Arbeitsstunden durch den Arbeitgeber unterliegt dem Mitbestimmungsrecht.

---

[221] BAG 13.06.1989 – 1 ABR 15/88, juris
[222] BAG 13.01.1987 – 1 ABR 49/85, juris
[223] LAG Hamm 20.11.2007 – 10 TaBVGA 19/07, juris

2.3 Roulierendes System

Beispiel: Der Arbeitgeber betreibt ein Kaufhaus. Die Arbeitnehmer werden in einem roulierenden System in der Weise beschäftigt, dass sie einen Tag in der Woche freihaben. Der Arbeitgeber bestreitet, dass der Betriebsrat nicht nur bei der Festlegung des roulierenden Systems, sondern auch bei den freien Tagen, wenn sie auf einen Wochenfeiertag fallen, ein Mitbestimmungsrecht hat.

Das BAG hat in beiden Fällen ein Mitbestimmungsrecht des Betriebsrats anerkannt.[224]

Der Betriebsrat hat ein Mitbestimmungsrecht bei der Ausgestaltung der 5-Tage-Woche in einem Betrieb, der an allen sechs Tagen geöffnet ist.

Dieses Mitbestimmungsrecht beschränkt sich nicht auf die Entscheidung, ob die Arbeitnehmer den freien Tag stets an einem gleichen Wochentag oder nach einem roulierenden System erhalten. Dem Mitbestimmungsrecht unterliegt vielmehr **auch die Ausgestaltung des roulierenden Systems**. Von dem Mitbestimmungsrecht ist auch ein Verlangen des Betriebsrats gedeckt, bestimmte Tage aus dem roulierenden System herauszunehmen.

Der Mitbestimmung des Betriebsrats bei der Ausgestaltung von roulierenden Freizeitsystemen unterliegt auch die Frage, ob Freizeittage, die auf einen Wochenfeiertag fallen würden, auf einen anderen Tag gelegt werden sollen. Zur Ausgestaltung eines roulierenden Freizeitsystems im Einzelfall gehört auch die Festlegung der Jahres-Soll- und der Jahres-Ist-Arbeitstage. Urlaubstage sind Teil der effektiven Jahresarbeitszeit (Jahres-Ist-Arbeitszeit).[225]

2.4 Teilzeitarbeit

Beispiel: Der Arbeitgeber betreibt ein Kaufhaus. Er beschäftigt auch Teilzeitarbeitskräfte. Der Betriebsrat möchte sowohl bei der Dauer der wöchentlichen Arbeitszeit, bei der Dauer der an den einzelnen Wochenarbeitstagen zu leistenden Arbeit, als auch bei den Überstunden der Teilzeitkräfte mitbestimmen.

Nur bei der Dauer der wöchentlichen Arbeitszeit besteht kein Mitbestimmungsrecht des Betriebsrats; im Übrigen hat er mitzubestimmen, sofern ein kollektiver Tatbestand vorliegt.[226]

---

[224] BAG 31.01.1989 – 1 ABR 69/87, juris
[225] BAG 25.07.1989 – 1 ABR 46/88, juris
[226] BAG 13.10.1987 – 1 ABR 10/86, juris

Der Betriebsrat hat mitzubestimmen bei der Regelung der Arbeitszeit teilzeitbeschäftigter Arbeitnehmer. Sein **Mitbestimmungsrecht besteht in demselben Umfang wie bei der Regelung der Arbeitszeit vollzeitbeschäftigter Arbeitnehmer.**

Der Betriebsrat hat **nicht mitzubestimmen über die Dauer der von den teilzeitbeschäftigten Arbeitnehmern geschuldeten wöchentlichen Arbeitszeit.**

Der Betriebsrat hat mitzubestimmen bei der Festlegung der Mindestdauer der täglichen Arbeitszeit, bei der Festlegung der Höchstzahl von Tagen in der Woche, an denen teilzeitbeschäftigte Arbeitnehmer beschäftigt werden sollen, bei der Festlegung der Mindestzahl arbeitsfreier Samstage, bei der Regelung der Frage, ob die tägliche Arbeitszeit in einer oder mehreren Schichten geleistet werden soll und bei der Festlegung der Dauer der Pausen für teilzeitbeschäftigte Arbeitnehmer. Diese Regelungen betreffen die Lage der zuvor – mitbestimmungsfrei – vereinbarten wöchentlichen Arbeitszeit.

Der Betriebsrat hat auch darüber mitzubestimmen, ob und in welchem Umfang sich die Arbeitszeit der teilzeitbeschäftigten Arbeitnehmer mit den Ladenöffnungszeiten decken soll oder nicht.

Die dem Betriebsrat zustehenden Mitbestimmungsrechte entfallen nicht deshalb, weil Arbeitnehmer in vielen Fällen individuelle Arbeitszeiten wünschen. Anders wäre die Rechtslage, wenn der Arbeitnehmer aus persönlichen Gründen eine Abweichung von der kollektivrechtlich geltenden Arbeitszeit für Teilzeitkräfte mit dem Arbeitgeber vereinbart.

Der Betriebsrat hat nach § 87 Abs. 1 Nr. 2 BetrVG auch über die Frage **mitzubestimmen, ob Teilzeitkräfte zu festen Zeiten oder nach Bedarf beschäftigt werden sollen.**[227]

Beispiel: *Eine Arbeitnehmerin will nach § 8 TzBfG ihre Arbeitszeit reduzieren und nur noch an bestimmten Tagen in Teilzeitarbeit leisten.*

Der Betriebsrat will mitbestimmen. Ein solches Mitbestimmungsrecht ist wegen des individuellen Tatbestandes zu verneinen.

Nach Auffassung des BAG kann dem Wunsch der Arbeitnehmerin jedoch eine Betriebsvereinbarung oder Regelungsabrede entgegenstehen.[228]

Hat die Arbeitszeitverteilung eines einzelnen Arbeitnehmers Auswirkungen auf das kollektive System der Verteilung der Arbeitszeit, kann eine **Betriebs-**

---

[227] Beachte: BAG 28.09.1988 – 1 ABR 41/87, juris
[228] BAG 16.12.2008 – 9 AZR 893/07, juris; BAG 18.08.2009 – 9 AZR 517/08, juris

vereinbarung oder Regelungsabrede dem Verlangen des Arbeitnehmers auf Neuverteilung seiner Arbeitszeit nach § 8 Abs. 2 bis 5 TzBfG entgegenstehen.

Der Betriebsrat hat bei der Ausübung seines Mitbestimmungsrechts aus § 87 Abs. 1 Nr. 2 BetrVG darauf zu achten, dass die Vereinbarkeit von Familie und Erwerbstätigkeit gefördert wird. Diese allgemeine Aufgabe des Betriebsrats aus § 80 Abs. 1 Nr. 2 b) BetrVG führt nicht notwendig zum Vorrang der Interessen des einzelnen Arbeitnehmers, der Familienpflichten zu erfüllen hat. Den Betriebsparteien steht bei der Abwägung der Einzel- und Kollektivinteressen ein Beurteilungsspielraum zu.

2.5 Gleitzeit

Beispiel: Der Arbeitgeber hat für seinen Betrieb mit dem Betriebsrat in einer Betriebsvereinbarung eine Gleitzeitregelung (Kernzeit und Gleitzeit) vereinbart. Der Arbeitgeber hat, ohne die Zustimmung des Betriebsrats einzuholen, Schulungs- und Informationsveranstaltungen außerhalb der „regulären" Arbeitszeit und innerhalb der „Bandbreite" der Gleitzeit durchgeführt. Der Betriebsrat reklamiert ein Mitbestimmungsrecht.

Das BAG hat ein Mitbestimmungsrecht des Betriebsrats anerkannt.[229]

Der Arbeitgeber darf nicht einseitig Schulungs- und Informationsveranstaltungen für Kundenberater außerhalb der „regulären" Arbeitszeit und innerhalb der „Bandbreite" der Gleitzeit i. S. d. Betriebsvereinbarung anordnen, für die ein dienstliches Interesse besteht. Mit der Betriebsvereinbarung haben Arbeitgeber und Betriebsrat die gleitende Arbeitszeit eingeführt und geregelt, wie sie durchgeführt werden soll. Diese Betriebsvereinbarung ist in Ausübung des Mitbestimmungsrechts des Betriebsrats nach § 87 Abs. 1 Nr. 2 BetrVG geschlossen worden, wonach der Mitbestimmung unterliegt, wann die tägliche Arbeitszeit beginnt und endet. Bei der Durchführung der gleitenden Arbeitszeit kann der Betriebsrat von seinem Mitbestimmungsrecht nach § 87 Abs. 1 Nr. 2 BetrVG in der Weise Gebrauch machen, dass er die Festlegung der Arbeitszeit im Einzelfall dem zu schützenden Arbeitnehmer selbst überlässt. **„Nach Nr. 1 der Rahmenvereinbarung hat die Einführung der gleitenden Arbeitszeit den Zweck, innerhalb der in dieser Vereinbarung festgelegten Zeiten dem einzelnen Arbeitnehmer die Bestimmung der von ihm zu leistenden Arbeitszeit entsprechend seinen persönlichen Bedürfnissen zu ermöglichen.**

---

[229] BAG 18.04.1989 – 1 ABR 3/88, juris

Ordnet der Arbeitgeber Schulungs- und Informationsveranstaltungen während der Gleitspannen für die betroffenen Mitarbeiter an, besteht für diese die aufgrund der Betriebsvereinbarung eröffnete Möglichkeit der freien Entscheidung, entsprechend ihren persönlichen Bedürfnissen zu gleiten oder zu arbeiten, nicht. Mit der „Anordnung" von Informations- und Schulungsveranstaltungen für Kundenberater aus betrieblichem Anlass werden kollektive Interessen der Belegschaft des Betriebes berührt. Der Arbeitgeber verstößt damit gegen die Betriebsvereinbarung.[230]

Beachte:

Die Anordnung von Schulungs- und Informationsveranstaltungen ist mitbestimmungsfrei, da mit ihr der Arbeitgeber die Arbeitsleistung anweist. Hierum ging es aber nicht. Vielmehr hatten die Betriebsparteien vereinbart, dass der Arbeitnehmer während der Gleitzeit nach eigenem Belieben arbeiten kann. Dagegen hat der Arbeitgeber mit seiner Anweisung verstoßen. Will ein Arbeitgeber die Berücksichtigung der betrieblichen Belange im erforderlichen Umfang auch während der Gleitzeit sichern, ist ihm zu raten, in einer Gleitzeitregelung eine Klausel aufzunehmen, wonach bei betrieblichem Bedürfnis auch zu bestimmten Zeiten in der Gleitzeit die Arbeitsleistung abgefordert werden kann.

Beispiel: *In einem Betrieb gibt es ein System der gleitenden Arbeitszeit, in dessen Rahmen die Arbeitnehmer freie Tage ansparen können. An den so angesparten Tagen nehmen die Arbeitnehmer an einem Betriebsausflug teil.*

Der Betriebsrat möchte sowohl hinsichtlich der Verwendung der Vor- und Nacharbeit als auch am Betriebsausflug mitbestimmen, was vom BAG in beiden Fällen abgelehnt wurde.[231]

Es besteht kein Mitbestimmungsrecht nach § 87 Abs. 1 Nr. 2 oder 3 BetrVG hinsichtlich des durch die Teilnahme an einem Betriebsausflug bedingten und möglicherweise durch Vor- oder Nacharbeit auszugleichenden Arbeitsausfalls. Denn **ein Mitbestimmungsrecht des Betriebsrats nach § 87 BetrVG setzt immer eine mögliche Entscheidung des Arbeitgebers voraus, an welcher der Betriebsrat teilhaben kann.** Da im Betrieb ein System der gleitenden Arbeitszeit bestand, stellte sich die Frage, wann das Gleitzeitkonto aufgefüllt wurde, nicht als kollektives Regelungsproblem, sondern als individuelle Anwendung der bestehenden Regelung. Jeder Arbeitnehmer entschied dabei nur für sich.

Ein Betriebsausflug ist keine Sozialeinrichtung im Sinne des § 87 Abs. 1 Nr. 8 BetrVG.

---
[230] So das BAG vom 18.04.1980 – 1 ABR 3/88, juris
[231] BAG 27.01.1998 – 1 ABR 35/97, juris

2.6 Rufbereitschaft und Bereitschaftsdienst

Beispiel: Der Arbeitgeber betreibt ein Krankenhaus. Er hat mit dem ärztlichen Personal arbeitsvertraglich Rufbereitschaft (Arbeitnehmer kann sich an beliebigem Ort aufhalten, muss aber erreichbar sein) oder Bereitschaftsdienst (Aufenthaltsbeschränkung mit der Verpflichtung, bei Bedarf sofort tätig zu werden) vereinbart. Besteht trotzdem ein Mitbestimmungsrecht des Betriebsrats?

Das BAG hat ein Mitbestimmungsrecht anerkannt.[232]

Zeiten einer **Rufbereitschaft sind Arbeitszeiten i. S. d. § 87 Abs. 1 Nr. 2 BetrVG.** Der Betriebsrat hat daher bei der Aufstellung eines Rufbereitschaftsplanes ein Mitbestimmungsrecht.

Das **Mitbestimmungsrecht** des Betriebsrats **entfällt nicht deswegen,** weil einem Regelungsbedürfnis mit kollektivem Bezug durch **einzelvertragliche Vereinbarungen** mit einem oder mehreren Arbeitnehmern bereits Rechnung getragen worden ist.

Eine mitbestimmungsfreie einzelvertragliche Regelung liegt dann nicht vor, wenn mit dieser – wenn auch auf Wunsch des Arbeitnehmers – nicht individuellen Besonderheiten, sondern einem betrieblichen Regelungsbedürfnis Rechnung getragen werden soll.

In gleicher Weise hat das BAG[233] ein Mitbestimmungsrecht des Betriebsrats bei der Einführung eines **Bereitschaftsdienstes** anerkannt.

2.7 Umkleidezeit als Arbeitszeit

Beispiel: Eine Arbeitnehmer muss sich, bevor er die Arbeit aufnehmen will, umziehen. Der Betriebsrat möchte erreichen, dass die Umkleidezeit als Arbeitszeit i. S. d. § 87 Abs. 1 Nr. 2 gewertet und der Mitbestimmung unterliegt.

Ob ein Mitbestimmungsrecht des Betriebsrats besteht, entscheidet sich danach, ob das Umkleiden einem fremden Bedürfnis dient.[234]

---

[232] BAG 21.12.1982 – 1 ABR 14/81, juris

[233] BAG 29.01.2000 – 1 ABR 15/99, juris

[234] BAG 10.11.2009 – 1 ABR 54/08, juris; LAG Köln 25.06.2021 – 9 TaBV 7/21, juris

Umkleidezeiten für das **An- und Ablegen** der Dienstkleidung im Betrieb und den **Wegezeiten** vom Umkleideraum[235] zur Arbeitsstelle und zurück gehören zur vertraglich geschuldeten Arbeitsleistung, **wenn das Umkleiden einem fremden Bedürfnis dient** und **nicht zugleich ein eigenes Bedürfnis** erfüllt. Das Ankleiden mit vorgeschriebener Dienstkleidung im Betrieb ist nicht lediglich fremdnützig und damit nicht Arbeitszeit i. S. d. § 87 Abs. 1 Nr. 2 BetrVG, wenn sie zu Hause angelegt und – ohne besonders auffällig zu sein – auch auf dem Weg zur Arbeitsstätte getragen werden kann. Die besondere Auffälligkeit einer Firmenkleidung im öffentlichen Raum ist objektiv zu bestimmen und nicht von dem Verhalten eines Teils der Belegschaft abhängig.

So ist z. B. die Umkleidezeit mit einer Firmenkleidung, die einerseits Ausdruck einer bestimmten Firmenkultur der Arbeitgeberin und einer darauf gerichteten Identifikation der Beschäftigten ist und andererseits dem Zweck dient, den Kunden ihrer Einrichtungshäuser das Auffinden und Ansprechen ihrer Mitarbeiter in den weitläufigen Verkaufsräumen und Selbstbedienungslagern zu erleichtern (hier IKEA), fremdnützig und damit Arbeitszeit i. S. d. § 87 Abs. 1 Nr. 2 BetrVG.

Eine auffällige Dienstkleidung liegt auch vor, wenn der Arbeitnehmer aufgrund ihrer Ausgestaltung in der Öffentlichkeit einem bestimmten Berufszweig, einer bestimmten Branche oder ohne Weiteres als Angehöriger seines Arbeitgebers zugeordnet werden kann.[236] Die Möglichkeit einer Zuordnung zu einem bestimmten Arbeitgeber besteht auch bei einer unauffälligen Farbgestaltung der Dienstkleidung, wenn auf dieser ein Emblem oder Schriftzüge angebracht sind, die aufgrund ihrer Bekanntheit in der Öffentlichkeit mit einem bestimmten Rechtsträger oder einer Unternehmensgruppe in Verbindung gebracht werden Hierfür kommt es - unabhängig von der Größe der Schriftzüge oder Logos - nur auf deren Erkennbarkeit an.[237]

Der Betriebsrat hat jedoch **kein Mitbestimmungsrecht über die Dauer der Umkleidezeit,** da die Dauer – im Gegensatz zur Lage – der Arbeitszeit nicht der Mitbestimmung unterliegt. Hier wäre nur eine freiwillige Betriebsvereinbarung möglich, die allerdings nicht gegen eine (auch nur übliche) Tarifregelung verstoßen dürfte. Klagt der einzelne Arbeitnehmer und steht fest (§ 286 ZPO), dass Umkleide- und Wegezeiten auf Veranlassung des Arbeitgebers entstanden sind, kann aber der Arbeitnehmer seiner Darlegungs- oder Beweislast für den zeitlichen Umfang, in dem diese erforderlich waren, nicht in jeder Hinsicht

---

[235] BAG 06.09.2017 – 5 AZR 382/16, juris

[236] BAG 06.09.2017 – 5 AZR 382/16, juris; BAG 17.11.2015 – 1 ABR 73/13, juris

[237] BAG 17.11.2015 – 1 ABR 76/13, juris

genügen, darf das Gericht die erforderlichen Umkleide- und damit verbundenen Wegezeiten nach § 287 Abs. 2 i.V.m. Abs. 1 S. 1 und S. 2 ZPO schätzen.[238]

Beispiel: Das Fahrpersonal einer Bahngesellschaft erhält von dem Arbeitgeber Mobiltelefone. Der Betriebsrat möchte bei der Zeit für die Aushändigung, Abgabe und der Herstellung der Funktionsfähigkeit der Mobiltelefone mitbestimmen.

Das BAG[239] hat ein Mitbestimmungsrecht des Betriebsrats vom Grundsatz her bejaht.

Die Zeiten für die **Aushändigung und Abgabe sowie für die Herstellung der Funktionsfähigkeit** eines solchen Geräts gehören zur Arbeitszeit im Sinne des § 87 Abs. 1 Nr. 2 BetrVG, weil die Zugehörigkeit des Mobiltelefons zu den notwendigen Arbeitsmitteln aus der erforderlichen durchgängigen Erreichbarkeit des Fahrpersonals während ihres Dienstes gehört.. Kann das Mobiltelefon dagegen mit einer zweiten SIM-Karte auch privat genutzt werden, liegt seine Verwendung auch im eigenen Interesse der Arbeitnehmer, was vorliegend die Fremdnützigkeit und damit die Zuordnung dieser Zeiten zur Arbeitszeit ausschließt.

Allerdings hat der Betriebsrat bei der Zeit der Aushändigung, Abgabe und Herstellung der Funktionsfähigkeit der Mobiltelefone **kein Mitbestimmungsrecht bei der Dauer dieser Zeiten.** Denn insoweit fehlt es an einem Mitbestimmungsrecht.

---

[238] BAG 26.10.2016 – 5 AZR 168/16, juris; bei Wachpolizisten im zentralen Objektschutz sind die Umkleide- und Rüstzeiten vor Dienstbeginn und nach Dienstende einschließlich der Zeiten für das An- und Ablegen sowie Laden und Entladen der Dienstwaffe vergütungspflichtige Arbeitszeit, LAG Berlin-Brandenburg 02.10.2020 – 13 Sa 1593/19, juris.

[239] BAG 12.11.2013 – 1 ABR 59/12, juris – auch für die Dienstkleidung

3. Vorübergehende Veränderung der betriebsüblichen Arbeitszeit (§ 87 Abs. 1 Nr. 3 BetrVG)

3.1 Betriebsübliche Arbeitszeit

Beispiel: *In einem Kaufhaus werden ohne Mitbestimmung des Betriebsrats Teilzeitkräfte als Urlaubs- und Krankheitsvertretungen oder zur Bewältigung zusätzlichen Arbeitsanfalls eingestellt. Dabei werden der Beginn und das Ende der Arbeitszeit in den einzelnen Abteilungen unterschiedlich je nach den betrieblichen Bedürfnissen geregelt. Aus betrieblichen Gründen wurde die Arbeitszeit der Teilzeitkräfte verlängert. Der Arbeitgeber bestreitet ein Mitbestimmungsrecht des Betriebsrats bei der Verlängerung der Arbeitszeit mit dem Argument, es gebe keine betriebsübliche Arbeitszeit, die verlängert worden sei. Das BAG ist der Auffassung des Arbeitgebers nicht gefolgt.*[240]

Es handelt sich um typische Regelungsfragen, die die kollektiven Interessen der Arbeitnehmer berühren, weil aus betrieblichen Gründen ein zusätzlicher Arbeitsbedarf entsteht, der in den betriebsüblichen Arbeitszeiten mit vorhandenen Arbeitnehmern nicht bewältigt werden kann.[241]

Unter der **betriebsüblichen Arbeitszeit** ist nach dem Wortsinne die regelmäßige betriebliche Arbeitszeit zu verstehen. Der Begriff der Betriebsüblichkeit ist aber nicht so zu verstehen, dass damit die im Betrieb häufigste Arbeitszeit gemeint ist. Vielmehr ist auf die im Betrieb **für bestimmte Arbeitsplätze und Arbeitnehmergruppen geltenden Arbeitszeiten** abzustellen. Damit kann es in ein und demselben Betrieb **mehrere betriebsübliche Arbeitszeiten** der teilzeitbeschäftigten Arbeitnehmer geben, sodass auch die vorübergehende Verlängerung der betriebsüblichen Arbeitszeit der teilzeitbeschäftigten Arbeitnehmer grundsätzlich mitbestimmungspflichtig ist. Einer betriebsüblichen Arbeitszeit der teilzeitbeschäftigten Arbeitnehmer steht nicht entgegen, dass im Betrieb des Arbeitgebers nicht alle Teilzeitkräfte mit einer einheitlichen Wochenstundenzahl arbeiten, sondern der Arbeitgeber unterschiedlich lange Wochenarbeitszeiten mit ihnen vereinbart.

Betriebsübliche Arbeitszeiten sind alle Arbeitszeiten, die die Arbeitnehmer, ein Teil von ihnen oder auch ein **einzelner Arbeitnehmer jeweils individualrechtlich** – sei es aufgrund arbeitsvertraglicher Vereinbarung oder kraft tariflicher Regelung – dem Arbeitgeber **schulden**. § 87 Abs. 1 Nr. 3 BetrVG will

---

[240] BAG 16.07.1991 – 1 ABR 69/90, juris; auch BAG 24.04.2007 – 1 ABR 47/07, juris
[241] BAG 23.07.1996 – 1 ABR 13/96, juris; BAG 16.07.1991 – 1 ABR 69/90, juris

dem Betriebsrat gerade ein Mitbestimmungsrecht bei der vorübergehenden Veränderung der nicht mitbestimmungspflichtigen Festlegung der Dauer der Arbeitszeit einräumen.

Es muss sich nach § 87 Abs. 1 Nr. 3 BetrVG um eine **vorübergehende** Verkürzung oder Verlängerung der Arbeitszeit handeln; für einen überschaubaren Zeitraum muss von dem **allgemein geltenden Zeitraum abgewichen** werden, um anschließend zur betriebsüblichen Arbeitszeit zurückzukehren.

Beispiel: *Der Arbeitgeber vereinbart mit seinen Mitarbeitern für einen Zeitraum von 30 Monaten die durchgehende Reduzierung der Arbeitszeit um 2,5 Stunden. Der Betriebsrat hat kein Mitbestimmungsrecht nach § 87 Abs. 1 Nr. 3 BetrVG, weil die Arbeitszeit nicht vorübergehend reduziert wurde. In diesem Fall handelt es sich nach Auffassung des LAG Berlin-Brandenburg um die prägende übliche Arbeitszeit.[242] Eine andere Kammer des LAG Berlin-Brandenburg[243] hat es anders gesehen und ausgeführt, vorübergehend liege nur dann nicht vor, wenn der Arbeitgeber eine Rückkehr zur vorherigen Dauer nicht beabsichtige.*

3.2 Überstunden

Beispiel: *In der Verkaufsabteilung der A-GmbH war der Arbeitnehmer B beschäftigt. Da er wegen einer während der Dienstzeit mit Zustimmung des Arbeitgebers erledigten Privatangelegenheit die vorgesehenen Arbeiten nicht schaffte, wurde er gebeten, noch 2 Überstunden zu leisten, was er auch tat. Der Betriebsrat meinte, er habe ein Mitbestimmungsrecht gehabt. Zu Recht? Und wie wäre die Rechtslage, wenn B wegen des großen Arbeitsanfalls die Überstunden geleistet hätte? Kann sich der Arbeitgeber gegenüber dem Betriebsrat mit Erfolg darauf berufen, der Arbeitnehmer sei einverstanden gewesen und deshalb bestehe kein Mitbestimmungsrecht?*

Im ersten Fall wird ein Mitbestimmungsrecht zu verneinen sein; in der Fallvariante besteht ein Mitbestimmungsrecht. Das Einverständnis des Arbeitnehmers beseitigt nicht das Mitbestimmungsrecht des Betriebsrats.[244]

---

[242] LAG Berlin-Brandenburg 09.08.2019 – 9 Sa 1874/18, juris
[243] LAG Berlin-Brandenburg 25.07.2019 – 10 Sa 82/19, juris
[244] BAG 16.07.1991 – 1 ABR 69/90, juris

Das **Mitbestimmungsrecht** des Betriebsrats bei der Anordnung von Überstunden setzt einen **kollektiven Tatbestand** voraus. Es greift nicht bei individuellen Maßnahmen ohne kollektiven Bezug. Dabei liegt ein kollektiver Tatbestand immer dann vor, wenn sich eine Regelungsfrage stellt, die **kollektive Interessen der Arbeitnehmer** berührt. So ist bei einem zusätzlichen Arbeitsbedarf immer die Frage zu regeln, ob und in welchem Umfang zur Abdeckung dieses Arbeitsbedarfs Überstunden geleistet werden sollen oder ob die Neueinstellung eines Arbeitnehmers zweckmäßig wäre. Weiter ist zu entscheiden, wann und von wem die Überstunden geleistet werden sollen. Diese Regelungsprobleme bestehen unabhängig von der Person des Arbeitnehmers und den individuellen Wünschen eines einzelnen Arbeitnehmers. Auf die Zahl der Arbeitnehmer, für die Mehrarbeit oder Überstunden angeordnet werden, kommt es deshalb nicht an. Die Zahl der betroffenen Arbeitnehmer ist allenfalls ein Indiz dafür, dass ein kollektiver Tatbestand vorliegt.

Beachte: [245]

Der Betriebsrat hat nach § 87 Abs. 1 Nr. 3 BetrVG mitzubestimmen, wenn der Arbeitgeber Überstunden anordnet, die notwendig werden, weil die im Betrieb oder in einzelnen Abteilungen anfallende Arbeit nicht mit den vorhandenen Arbeitskräften erledigt werden kann.

Dieses **Mitbestimmungsrecht** des Betriebsrats besteht auch dann, wenn der Arbeitgeber **nur für einen Arbeitnehmer Überstunden** anordnen will.

Das **Mitbestimmungsrecht des Betriebsrats entfällt nicht deshalb, weil ein Arbeitnehmer auf Wunsch des Arbeitgebers freiwillig Überstunden leistet.**

Bei der Überlassung von Leiharbeitnehmern an **Entleiher** kann dem **Verleiherbetriebsrat** das Mitbestimmungsrecht zustehen und zwar dann, wenn der Verleiher aufgrund seiner Entsendeentscheidung die für Leiharbeitnehmer auch im Betrieb des Verleihers betriebsübliche Arbeitszeit vorübergehend verlängert. Denn die Entsendung von Leiharbeitnehmern in Betriebe, deren betriebsübliche Arbeitszeit die vom Leiharbeitnehmer vertraglich geschuldete Arbeitszeit übersteigt, ist nach § 87 Abs. 1 Nr. 3 BetrVG mitbestimmungspflichtig, **sofern die Entsendung für eine entsprechend verlängerte Arbeitszeit erfolgt.** Das Mitbestimmungsrecht steht dann dem beim Verleiher gebildeten Betriebsrat zu.

Mitbestimmungsrechte in sozialen Angelegenheiten bestehen dann nicht, wenn sich die beabsichtigte Maßnahme des Arbeitgebers ausschließlich auf leitende Angestellte i. S. d. § 5 Abs. 3 BetrVG beschränkt.

---

[245] BAG 10.06.1986 – 1 ABR 61/84, juris

Das Mitbestimmungsrecht nach § 87 Abs. 1 Nr. 3 BetrVG dient dem Schutz der Interessen der Arbeitnehmer an einer sinnvollen Arbeitszeit- und Freizeiteinteilung. Dieses Interesse bezieht sich nicht nur auf die Verlängerung der betriebsüblichen Arbeitszeit, sondern auch auf die gerechte Verteilung der mit dem Ableisten von Überstunden verbundenen Belastungen und Vorteile.[246]

Das Mitbestimmungsrecht des Betriebsrats **entfällt nicht deswegen**, weil einem Regelungsbedürfnis mit kollektivem Bezug durch **einzelvertragliche Vereinbarungen** mit einem oder mehreren Arbeitnehmern bereits Rechnung getragen worden ist.[247]

Beispiel: Im Betrieb der A-GmbH ist der Arbeitnehmer B beschäftigt. Weil er im Betrieb weiterkommen will und besonders ehrgeizig ist, arbeitet er außerhalb der durch Betriebsvereinbarung geregelten betriebsüblichen Arbeitszeit abends nach Dienst die noch liegengebliebene Post auf. Der Arbeitgeber duldet diese Überstunden und bezahlt sie. Der Betriebsrat reklamiert für sich ein Mitbestimmungsrecht.

Ein Mitbestimmungsrecht scheitert nicht daran, dass der Arbeitgeber diese Überstunden nur duldet. Hier liegt ein kollektiver Tatbestand vor, da der zusätzliche Arbeitsbedarf regelmäßig auftritt und vorhersehbar ist.[248] Zudem kann er verlangen, dass die einschlägige Betriebsvereinbarung eingehalten wird.[249]

Nicht nur die Anordnung, sondern **auch die Duldung von Überstunden** (Entgegennahme und Bezahlung) lösen das Mitbestimmungsrecht nach § 87 Abs. 1 Nr. 3 BetrVG aus, **wenn ein kollektiver Tatbestand** vorliegt.

Der **Arbeitgeber ist verpflichtet**, eine **Betriebsvereinbarung** über die regelmäßige Arbeitszeit so durchzuführen, dass er sicherstellt, dass die **Arbeitszeiten eingehalten** werden. Es besteht nicht nur ein – möglicherweise verzichtbares – Interesse des Arbeitgebers daran, dass sich nicht unkontrolliert mehr Arbeitnehmer länger im Betrieb aufhalten und arbeiten, als betrieblich vorgesehen ist, sondern auch ein kollektives Interesse der Arbeitnehmer an der Einhaltung einer solchen Betriebsvereinbarung. Ließe man es zu, dass sich Arbeitnehmer im Hinblick auf spätere Beförderungen Vorteile durch freiwillige Mehrarbeit verschaffen, gerieten alle Arbeitnehmer unter den Druck, sich ebenso zu verhalten, wenn sie im Betrieb weiterkommen wollten.[250]

---

[246] BAG 13.03.2001 – 1 ABR 33/00, juris
[247] BAG 21.12.1982 – 1 ABR 14/81, juris
[248] BAG 02.03.1982 – 1 ABR 74/79, juris
[249] BAG 27.11.1990 – 1 ABR 77/89, juris
[250] LAG Hessen 24.01.1989 – 5 TaBV 123/88, juris

Das BAG[251] führt zur Duldung von Überstunden aus:

„Ebenso wie die Anordnung von Überstunden ist deren Duldung ein tatsächliches Verhalten des Arbeitgebers. Es ist durch Unterlassen von gebotenem Gegenhandeln gekennzeichnet. Es muss hinreichende Anhaltspunkte für das Fehlen gebotener Gegenmaßnahmen durch den Arbeitgeber geben, um dessen Untätigkeit als ein Hinnehmen werten zu können. Hiervon kann regelmäßig ausgegangen werden, wenn der Arbeitgeber in Kenntnis der Überstundenleistungen durch Arbeitnehmer untätig bleibt und diese über einen längeren Zeitraum hinnimmt. Entsprechend ist der Duldungstatbestand beispielsweise erfüllt, wenn Monat für Monat eine Vielzahl von Arbeitnehmern immer wieder in erheblichem Maße Überarbeit leistet und der Arbeitgeber diese Stunden „entgegennimmt und bezahlt" oder es die betrieblich-organisatorischen Gründe bedingen, dass Arbeitnehmer häufig über das mitbestimmt festgelegte Schichtende hinaus arbeiten und diese Mehrarbeit „angenommen und vergütet" wird.

In aller Regel ist der Duldung von Überstunden ein zeitlicher Moment immanent. Einzelnen oder besonderen einmaligen Umständen geschuldete Überschreitungen der betriebsüblichen Arbeitszeit sprechen für sich gesehen nicht dafür, dass der Arbeitgeber diese hinnimmt. Die positive Kenntnis des Arbeitgebers von Überstundenleistungen durch Arbeitnehmer ohne Ergreifen von Gegenmaßnahmen deutet regelmäßig auf deren Duldung hin. Andererseits ist sie – ebenso wie die Vergütung der Überstunden – keine zwingende Voraussetzung für die Annahme einer Duldung von Überstunden im betriebsverfassungsrechtlichen Sinn. Auch Überschreitungen der betriebsüblichen Arbeitszeit, die **nicht vergütet werden** oder die der Arbeitgeber **nicht billigt oder ignoriert** oder – trotz entsprechender Möglichkeit – nicht zur Kenntnis nimmt, unterfallen dem **Mitbestimmungsrecht des § 87 Abs. 1 Nr. 3 BetrVG**. Insgesamt lässt sich auf eine Duldung von Überstunden nur unter Berücksichtigung aller Umstände des Einzelfalls schließen. In den Fällen der Unterlassung einer Duldung umfasst die Unterlassungsverpflichtung die Pflicht zur Vornahme von Handlungen zur Beseitigung des Duldungszustands, weil dem Unterlassungsgebot allein dadurch entsprochen werden kann."

Beispiel: *Der Arbeitgeber führt eine Mitarbeiterversammlung außerhalb der betriebsüblichen Arbeitszeit durch. Der Betriebsrat möchte mitbestimmen.*

Dem Betriebsrat steht ein Mitbestimmungsrecht zu, wenn der Arbeitgeber kraft seines Direktionsrechts die Teilnahme anordnen kann oder wenn eine anderweitige Verpflichtung der Arbeitnehmer gegenüber dem Arbeitgeber zur Teilnahme besteht.[252]

---

[251] BAG 28.07.2020 – 1 ABR 18/19, juris
[252] BAG 13.03.2001 – 1 ABR 33/00, juris

Das Mitbestimmungsrecht knüpft an die betriebsübliche Arbeitszeit und deren vorübergehende Verlängerung an. Damit betrifft es solche Zeiten, in denen der Arbeitnehmer dem Direktionsrecht des Arbeitgebers unterliegt und eine Arbeitsleistung erbringt oder sich hierfür bereithalten muss und deshalb in seiner privaten Lebensgestaltung beschränkt wird. Die Teilnahme von Arbeitnehmern an Mitarbeiterversammlungen des Arbeitgebers ist danach mitbestimmungsrechtlich Arbeitszeit, wenn sie hierzu vom Arbeitgeber kraft seines Direktionsrechts verpflichtet werden können, oder wenn sie sich dem Arbeitgeber gegenüber im Einzelfall zur Teilnahme verpflichtet haben. **Verlängert sich dadurch vorübergehend** die betriebsübliche Arbeitszeit, ist ein Mitbestimmungsrecht nach § 87 Abs. 1 Nr. 3 BetrVG unabhängig davon gegeben, ob der Arbeitgeber die Teilnahme an solchen Mitarbeiterversammlungen freistellt. Müssen die Arbeitnehmer an diesen Veranstaltungen nicht teilnehmen, weil es sich um Angelegenheiten tarifpolitischer Art i. S. d. § 45 BetrVG handelt, bei denen der Arbeitgeber die Koalitionsfreiheit der Arbeitnehmer zu beachten hat und sie nicht anweisen kann, ob und wie sie sich über solche Angelegenheiten informieren, besteht kein Mitbestimmungsrecht.

Beispiel: *Der Arbeitgeber sagt vom Betriebsrat zugestimmte Wochenendarbeit ab. Muss der Betriebsrat zustimmen?*

Das LAG Köln[253] hat dieses zu Recht verneint.

Das Gericht führt zur Begründung aus, dass die Absage der Überstunden grundsätzlich **keine Änderung der betriebsüblichen Arbeitszeit** im Sinne des § 87 Abs. 1 Nr. 3 BetrVG darstellt, sondern lediglich die Aufhebung einer außerordentlichen Regelung zugunsten des Normalzustands. Der endgültige generelle Fortfall von Überstunden stellt ein Zurückgehen auf die regelmäßige betriebsübliche Arbeitszeit dar. Im Hinblick auf den Schutzzweck der Sicherung der gerechten Verteilung von Belastungen und Vorteile angeordneter Überstunden kann das Mitbestimmungsrecht bei einem teilweisen Wegfall angeordneter Überstunden berührt sein. Dies ist aber nicht der Fall, wenn die Mehrarbeit ersatzlos ohne Verteilungsspielraum abgesagt wird.

Beispiel: *Der Arbeitgeber legt einseitig fest, wie geleistete Überstunden ausgeglichen werden ob durch Freizeitausgleich oder durch Vergütung. Der Betriebsrat möchte mitbestimmen.*

Das BAG[254] hat ein Mitbestimmungsrecht verneint.

---

[253] LAG Köln 17.01.2012 – 11 TaBV 80/10, juris
[254] BAG 22.08.2017 – 1 ABR 24/16, juris

Das BAG begründet seine Rechtsauffassung damit, dass sich mit einer solchen Regelung weder der reguläre Beginn oder das Ende der täglichen Arbeitszeit einschließlich der Verteilung auf die einzelnen Wochentage i.S.d. § 87 Abs. 1 Nr. 2 BetrVG verändert, noch eine vorübergehende Verkürzung oder Verlängerung der betriebsüblichen Arbeitszeit gemäß § 87 Abs 1 Nr 3 BetrVG vorliegt. Dieser Ausgleich von Überstunden kann und sollte in den freiwilligen Teil einer Betriebsvereinbarung im Rahmen einer mitbestimmten Regelung der Arbeitszeit nach § 87 Abs. 1 Nr. 2 und 3 BetrVG aufgenommen werden.

Besondere Rechtsprobleme der Mitbestimmung bestehen – wie dargestellt[255] - bei Überstunden, die im Rahmen eines **Arbeitskampfes** angeordnet werden.

Beispiel: Der Arbeitgeber ordnet im Rahmen eines von der Gewerkschaft ausgerufenen Streiks für arbeitswillige Arbeitnehmer Überstunden hat. Oder er ordnet Überstunden in Vorbereitung oder nach Beendigung des Arbeitskampfes an. Der Betriebsrat möchte in allen diesen Fällen nach § 87 Abs. 1 Nr. 3 BetrVG mitbestimmen.

Der Betriebsrat hat **kein Mitbestimmungsrecht** bei Überstunden, **die während eines Streiks** angeordnet werden. Zwar ist das Betriebsverfassungsgesetz selbst während eines Arbeitskampfs grundsätzlich anzuwenden ist; mögliche Einschränkungen bedürfen einer arbeitskampfrechtlichen Rechtfertigung.[256] Danach sind einzelne Mitbestimmungsrechte des Betriebsrats während eines Arbeitskampfs eingeschränkt, wenn bei deren vollständiger Aufrechterhaltung die ernsthafte Gefahr besteht, dass der Betriebsrat eine dem Arbeitgeber sonst mögliche Arbeitskampfmaßnahme verhindert und dadurch zwangsläufig zu dessen Nachteil in das Kampfgeschehen eingreift. Die durch Art. 9 Abs. 3 GG geschützte Tarifautonomie und der aus ihr abzuleitende Grundsatz der Chancengleichheit (Kampfparität) verlangen in diesen Fällen eine arbeitskampfkonforme Auslegung und damit Einschränkung der Mitbestimmungsrechte. Diese haben aber nur insoweit zurückzustehen, wie deren Ausübung die Kampffähigkeit des Arbeitgebers ernsthaft gefährdet.[257] Eine weitergehende als eine durch Art. 9 Abs. 3 GG vorgegebene Beschränkung ist nicht geboten. Würde ein Mitbestimmungsrecht des Betriebsrats während des Streiks anerkannt, könnte er dadurch zum Nachteil des Arbeitgebers in den Streik eingreifen, so dass ein Mitbestimmungsrecht in diesem Fall zu verneinen ist.

Ordnet der Arbeitgeber **dagegen** Mehrarbeit gegenüber allen dienstplanmäßig eingeteilten Arbeitnehmern zur **Aufarbeitung streikbedingter Arbeitsrückstän-**

---

[255] Vgl. auch S. 66
[256] BAG 13. 12.2011 – 1 ABR 2/10, juris
[257] BAG 20.03.2018 – 1 ABR 70/16, juris

de nach Beendigung der Arbeitsniederlegung an oder soll mit der angeordneten Mehrarbeit in einer von Warnstreiks begleiteten Verhandlungsphase der Tarifvertragsparteien **dem Streikdruck vorgebeugt** werden und macht der Arbeitgeber nicht deutlich, dass er die Maßnahme auf arbeitswillige, einem gewerkschaftlichen Streikaufruf nicht Folge leistende Arbeitnehmer beschränkt, **besteht ein Mitbestimmungsrecht** des Betriebsrats nach § 87 Abs. 1 Nr. 3 BetrVG.[258]

3.3 Kurzarbeit

Auch die Anordnung von Kurzarbeit unterliegt nach § 87 Abs. 1 Nr. 3 BetrVG der Mitbestimmung, so dass die betroffenen Arbeitnehmer entgegen ihrem Arbeitsvertrag auf Grund der mitbestimmt vereinbarten Kurzarbeit nur noch im vereinbarten Umfang verkürzt arbeiten. Im Übrigen ist das der große Vorteil, wenn im Betrieb ein Betriebsrat gewählt wurde; gibt es ihm nicht, ist es für den Arbeitgeber sehr schwer, individualrechtlich Kurzarbeit durchzusetzen, wenn die Arbeitnehmer dazu nicht bereit sind.

Doch wie steht mit dem vorzeitigen Abbruch der Kurzarbeit?

Beispiel: *Der Arbeitgeber hat mit Zustimmung des Betriebsrats Kurzarbeit eingeführt. Vor Ablauf der vereinbarten Kurzarbeitszeit bricht der Arbeitgeber die Kurzarbeit ab und kehrt zur betriebsüblichen Arbeitszeit zurück. Der Betriebsrat will mitbestimmen.*

Das BAG war anderer Auffassung.[259]

Kann infolge der veränderten Auftragslage die mit dem Betriebsrat vereinbarte (oder durch den Spruch der Einigungsstelle bestimmte) vorübergehende Kurzarbeitszeit früher als vorgesehen aufgehoben werden, so unterliegt der Abbau der Kurzarbeit in Rückführung auf die betriebsübliche Arbeitszeit als solcher nicht dem Mitbestimmungsrecht des Betriebsrats nach § 87 Abs. 1 Nr. 3 BetrVG. **Durch den Abbau der Kurzarbeit wird nicht die „betriebsübliche Arbeitszeit", sondern die vorübergehend festgelegte „Ausnahme-Arbeitszeit" verändert.**

Doch was muss in einer Betriebsvereinbarung zur Kurzarbeit geregelt sein?

Hierzu das BAG[260]: „Eine Betriebsvereinbarung zur Einführung von Kurzarbeit muss die sich daraus ergebenden Rechte und Pflichten so deutlich regeln, dass diese für die Arbeitnehmer zuverlässig zu erkennen sind. Erforderlich sind min-

---

[258] BAG 20.03.2018 – 1 ABR 70/16, juris
[259] BAG 21.11.1978 – 1 ABR 67/76, juris
[260] BAG 18.11.2015 – 5 AZR 491/14, juris

destens die Bestimmung von Beginn und Dauer der Kurzarbeit, die Regelung der Lage und Verteilung der Arbeitszeit sowie die Auswahl der betroffenen Arbeitnehmer."

Beispiel: *Der Betrieb der A-GmbH wird teilweise bestreikt, so dass der Arbeitgeber für die arbeitswilligen Mitarbeiter Kurzarbeit einführen will. Der Betriebsrat will mitbestimmen. Wie ist die Rechtslage, wenn ein Zulieferunternehmen bestreikt wird und deshalb die A-GmbH Kurzarbeit einführen will?*

Die Mitbestimmungsrechte des Betriebsrats sind – wie bei den Ausführungen zu Überstunden aufgezeigt – beim Streik eingeschränkt, wobei zwischen den Mitbestimmungsrechten im bestreikten Betrieb und bei einem streikbedingt mittelbar betroffenen Betrieb zu unterscheiden ist.[261]

Das Mitbestimmungsrecht des Betriebsrats bei einer etwaigen Arbeitszeitverkürzung gemäß § 87 Abs. 1 Nr. 3 BetrVG **entfällt** wegen der Neutralitätspflicht (§ 74 Abs. 2 BetrVG) dann, wenn Teile der von dem Betriebsrat vertretenen Belegschaft **selbst streiken oder ausgesperrt werden.**

Diese Rechtsprechung beruht auf der Überlegung, dass in Betrieben, die durch einen Teilstreik betroffen sind, eine unmittelbare Konfrontation zwischen der Belegschaft und dem Arbeitgeber besteht. Bei einer solchen Konfliktsituation ergibt sich – wie dargelegt[262] – mindestens im Allgemeinen die Gefahr, dass der Betriebsrat eine sonst mögliche „Abwehrmaßnahme" vereitelt und dadurch zum Nachteil des Arbeitgebers in das Kampfgeschehen eingreift.

Führt ein Arbeitskampf **mittelbar zu Störungen** in Betrieben, die weder von Streiks noch von Aussperrungen unmittelbar betroffen sind, so richtet sich die Lohnzahlungspflicht nach den Grundsätzen des Arbeitskampfrisikos. Die Grundsätze des Arbeitskampfrisikos lassen normalerweise einen nicht unerheblichen **Regelungsspielraum** in Bezug auf die **Modalitäten einer etwaigen Arbeitszeitverkürzung.** Insoweit besteht ein Mitbestimmungsrecht des Betriebsrats gemäß § 87 Abs. 1 Nr. 3 BetrVG. Hingegen sind die **Voraussetzungen** und der **Umfang der Arbeitszeitverkürzung** durch das Recht **vorgegeben** und nicht von der Zustimmung des Betriebsrats abhängig.[263]

---

[261] BAG 22.12.1980 – 1 ABR 76/79, juris
[262] S. 66, 147 f
[263] BAG 22.12.1980 – 1 ABR 2/79, juris,

4. Auszahlung der Arbeitsentgelte (§ 87 Abs. 1 Nr. 4 BetrVG)

Beispiel: *Der Betriebsrat möchte eine Betriebsvereinbarung abschließen, wonach der Arbeitgeber die zusätzliche Urlaubsvergütung einheitlich am 15.6. eines jeden Jahres bargeldlos zahlt. Obendrein soll der Arbeitgeber verpflichtet werden, eine Kontoführungsgebühr von 3 Euro monatlich zu zahlen.*

Der Betriebsrat hat nicht nur ein Mitbestimmungsrecht, sondern auch ein Initiativrecht.[264]

Nach § 87 Abs. 1 Nr. 4 BetrVG hat der Betriebsrat über **Zeit, Ort** und **Art** der Auszahlung des Arbeitsentgelts mitzubestimmen. Die **Frage, ob die zusätzliche Urlaubsvergütung einheitlich zu einem bestimmten Fälligkeitstermin ausgezahlt** werden soll, ist eine Frage der **Zeit der Auszahlung des Arbeitsentgelts** im Sinne dieser Bestimmung.

Das gesetzliche Mitbestimmungsrecht des Betriebsrats nach § 87 Abs. 1 Nr. 4 BetrVG beinhaltet auch das Recht des Betriebsrats, von sich aus eine Regelung über die Zeit der Auszahlung der zusätzlichen Urlaubsvergütung anzustreben und zu diesem Zweck auch die Einigungsstelle anzurufen. Der **Betriebsrat** hat auch insoweit ein **Initiativrecht**.

Beispiel: *Der Betriebsrat möchte mitbestimmen, wann das Urlaubsgeld und das Weihnachtsgeld gezahlt wird. Hat der Betriebsrat ein Initiativrecht?*

Das LAG Berlin Brandenburg[265] hat zutreffend entschieden, dass es sich dabei um Fälligkeitsbestimmungen handelt, die unter das Mitbestimmungsrecht nach § 87 Abs. 1 Nr. 4 BetrVG fallen. Das Mitbestimmungsrecht nach § 87 Abs. 1 Nr. 4 BetrVG erfasst die Regelung des Zeitpunkts, zu dem die Arbeitsvergütung zu zahlen ist.

Beachte: Kontoführungsgebühr[266]

Das Gesetz spricht direkt nur die Frage an, in welcher Art die Auszahlung der Arbeitsentgelte erfolgen soll, also insbesondere, ob die Auszahlung wie früher üblich in bar zu erfolgen hat oder durch Überweisung auf ein schon bestehendes oder unter Umständen erst einzurichtendes Konto des Arbeitnehmers. Es ist aber nicht zu verkennen, dass ein ganz enger Zusammenhang zwischen der

---

[264] BAG 25.04.1989 – 1 ABR 91/87, juris
[265] LAG Berlin Brandenburg 29.3.2022 – 7 TaBV 970/21, juris
[266] BAG 08.03.1977 – 1 ABR 33/75, juris

Frage der Art der Auszahlung des Arbeitsentgelts und den dann ggf. anfallenden Gebühren besteht. Dann muss sich das Mitbestimmungsrecht des Betriebsrats auch auf die **Kostentragung für die bargeldlose Lohnzahlung** als so genannte „**Annexregelung**" erstrecken.

Der Betriebsrat braucht einer Regelung über die Art der Auszahlung der Arbeitsentgelte nicht zuzustimmen, ohne dass gleichzeitig diese Frage geklärt wird. Das Mitbestimmungsrecht nach § 87 BetrVG erstreckt sich aber nur insoweit auf die **Gebühren**, als diese zwangsläufig und für den Arbeitnehmer **unvermeidlich** gerade durch die Überweisung des Arbeitsentgelts anfallen. Denn bei bargeldloser Lohn- und Gehaltszahlung entstehen den Arbeitnehmern für die Errichtung und Führung eines Gehalts- oder Lohnkontos Kosten. Diese können sein: Kontoführungsgebühren, Buchungsgebühren, Auszugsgebühren, Abschlussgebühren. Soweit diese Kosten mit der Auszahlung des Arbeitsentgelts anfallen, erstreckt sich das **Mitbestimmungsrecht des Betriebsrats auch auf die Frage, wer diese Kosten zu tragen hat.**[267]

Beachte aber:

Beispiel: Die Einigungsstelle beschließt, dass alle Arbeitnehmer monatlich eine Stunde von der Arbeit freizustellen sind zum Ausgleich des Aufwands, der mit der bargeldlosen Auszahlung des Arbeitsentgelts verbunden ist. Der Arbeitgeber hält diesen Einigungsstellenspruch für unwirksam.

Ein solcher Spruch wird heute bei den vorhandenen Geldautomaten unwirksam sein. Natürlich kann dieses in einer freiwilligen Betriebsvereinbarung geregelt werden.[268]

Der Spruch einer Einigungsstelle, der den Arbeitgeber verpflichtet, alle Arbeitnehmer monatlich eine Stunde von der Arbeit freizustellen zum Ausgleich des Aufwands, der mit der bargeldlosen Auszahlung des Arbeitsentgelts verbunden ist, überschreitet die Grenzen billigen Ermessens, **wenn die bargeldlose Auszahlung des Entgelts nicht notwendigerweise zur Inanspruchnahme von Freizeit führt.**

---

[267] BAG 24.11.1987 – 1 ABR 25/86, juris
[268] BAG 10.08.1993 – 1 ABR 21/93, juris

5. Urlaubsgrundsätze (§ 87 Abs. 1 Nr. 5 BetrVG)

Beispiel: *Der Arbeitgeber will Betriebsferien einführen; der Betriebsrat ist dagegen. Hat er ein Mitbestimmungsrecht?*

Ein Mitbestimmungsrecht ist zu bejahen.[269]

Der Betriebsrat hat ein **Initiativrecht und ein Mitbestimmungsrecht auf Einführung oder Verlängerung der Betriebsferien.** Der Betriebsrat kann deshalb im Mitbestimmungsverfahren erzwingen oder verhindern, dass Betriebsferien eingeführt werden.

Beispiel: *Der Arbeitgeber widerruft den dem Arbeitnehmer A bereits erteilten Urlaub mit der Begründung, aus dringenden betrieblichen Gründen könne der Arbeitnehmer nicht wie geplant in Urlaub fahren. Der Arbeitnehmer, der sich gegen den Widerruf wendet, meint, der Betriebsrat hätte beteiligt werden müssen.*

Der Widerruf ist unwirksam, weil dem Betriebsrat auch beim Widerruf des Urlaubs ein Mitbestimmungsrecht zusteht.[270]

Das Mitbestimmungsrecht gemäß § 87 Abs. 1 Nr. 5 BetrVG besteht auch dann, wenn der bereits erteilte Urlaub widerrufen werden soll und hierüber kein Einvernehmen erzielt wird. **Der Urlaubswiderruf ist dann unwirksam, wenn der Betriebsrat nicht beteiligt wird.**

Beachte:

Bei einem Streit zwischen Arbeitgeber und Arbeitnehmer über die zeitliche Lage des Urlaubs und den Widerruf eines bereits erteilten Urlaubs besteht ein Mitbestimmungsrecht des Betriebsrats, obwohl hier zunächst individuelle Interessen des Arbeitnehmers betroffen sind. Denn hiermit ist die **kollektivrechtliche Seite** angesprochen. Die Gewährung von Urlaub hat regelmäßig auch dann, wenn es um die Bewilligung für ein konkretes Belegschaftsmitglied geht, Auswirkungen nicht nur bezogen auf den konkreten Einzelfall, sondern auch auf sonstige Belegschaftsmitglieder.[271] Zu beachten ist aber, dass es individualrechtlich einen Anspruch des Arbeitgebers gegen den Arbeitnehmer, seinen Urlaub abzubrechen oder zu unterbrechen, nach dem BUrlG nicht gibt.[272] Nur bei unvorhersehbaren und „zwingenden Notwendigkeiten", welche einen

---

[269] LAG Niedersachsen 26.02.1985 – 6 TaBV 2/84, juris
[270] LAG München 23.03.1988 – 8 Sa 1060/88, juris
[271] LAG Berlin-Brandenburg 24.6.2021 – 26 TaBV 785/21, juris
[272] BAG 20.06.2000 – 9 AZR 405/99, juris

anderen Ausweg nicht zulassen,[273] besteht ein solcher Anspruch und die Urlaubsgewährung kann in diesen extremen Fällen widerrufen werden. Sollte ein solcher Notfall bestehen, besteht kein Mitbestimmungsrecht des Betriebsrats.[274]

Beispiel: *Der Arbeitgeber verhängt wegen des erhöhten Arbeitsanfalls eine Urlaubssperre oder der legt eine Urlaubsquote fest. Hat der Betriebsrat mitzubestimmen?*

Das LAG Niedersachsen[275] hat bei der Festlegung der Urlaubsquote das Mitbestimmungsrecht des Betriebsrats bejaht.

Die Bestimmung einer maximalen Anzahl von Arbeitnehmern, die in einem identischen Zeitraum Urlaub beantragen und/oder bewilligt erhalten können, erfüllen des Tatbestand des § 87 Abs. 1 Nr. 5 BetrVG. Eine solche Urlaubsquote berührt die kollektiven Interessen der Arbeitnehmer des Betriebes. Bei sich überschneidenden bzw. deckungsgleichen Urlaubswünschen mehrerer Arbeitnehmer ist die Frage zu regeln, wie vielen und welchen Arbeitnehmern der beantragte Urlaub in welchem Umfang bewilligt werden kann, ohne die ordnungsgemäße Fortführung des Betriebes zu beeinträchtigen. Dieses Problem stellt sich unabhängig von der Person und den individuellen Wünschen des einzelnen Arbeitnehmers. Es handelt sich um einen kollektiven Tatbestand.

Das Gleiche gilt für die Urlaubssperre.[276]

Beispiel: *Arbeitnehmer der Firma A haben nach den einschlägigen Bildungsgesetzen Anspruch auf Bildungsurlaub. Der Betriebsrat möchte bei der Festlegung allgemeiner Grundsätze mitbestimmen.*

Das BAG hat ein Mitbestimmungsrecht bejaht.[277]

Das Mitbestimmungsrecht des Betriebsrats nach § 87 Abs. 1 Nr. 5 BetrVG erstreckt sich auch auf die Gewährung von sog. **Bildungsurlaub** nach den Weiterbildungsgesetzen der Länder. Es betrifft im Rahmen eines **kollektiven Tatbestandes** lediglich die Aufstellung allgemeiner Freistellungsgrundsätze und eines Freistellungsplans und ggf. die Festsetzung der zeitlichen Lage der Arbeitsfreistellung im Einzelfall.

---

[273] BAG 19.12.1991 – 2 AZR 367/91, juris
[274] BAG 13.07.1977 – 1 AZR 336/75, juris, das diese Rechtsfrage allerdings nicht abschließend zu entscheiden hatte.
[275] LAG Niedersachsen 30.11.2017 – 6 TaBV 44/17, juris
[276] *Däubler* § 87 Rn. 144; a.A. für den öffentlichen Dienst: zur Mindestbesetzung OVG Sachsen-Anhalt 28.01.2020 – 6 L 2/18, juris, zur Urlaubssperre wegen Gewährleistung des Dienstbetriebes OVG Münster 17.02.2000 – 1 A 697/98.PVL, juris
[277] BAG 28.05.2002 – 1 ABR 37/01, juris

Aber beachte:

Das Mitbestimmungsrecht des Betriebsrats bezieht sich nicht auf die Dauer des Urlaubs. Der Anspruch auf Urlaub und dessen Dauer bemessen sich vielmehr nach dem Gesetz (etwa § 3 BUrlG), den Vorschriften der Tarifverträge und nach günstigeren Individualvereinbarungen der Arbeitsvertragsparteien. Mitbestimmungsfrei ist – z.B. bei einem roullierenden betrieblichen Freizeitsystem – auch die konkrete Berechnung der Urlaubsdauer.[278]

---

[278] LAG Hamm 12.12.2011 – 10 TaBV 87/11, juris

6. Technische Kontrolleinrichtungen (§ 87 Abs. 1 Nr. 6 BetrVG)

6.1 Sinn des Mitbestimmungsrechts

Es wurde bereits dargelegt[279], **dass der Sinn des Mitbestimmungsrechts** des Betriebsrats nach § 87 Abs. 1 Nr. 6 BetrVG bei der Einführung und Anwendung von technischen Einrichtungen, die dazu bestimmt sind, das Verhalten oder die Leistung der Arbeitnehmer zu überwachen, darin liegt, **Eingriffe in den Persönlichkeitsbereich** der Arbeitnehmer durch Verwendung anonymer technischer Kontrolleinrichtungen nur bei gleichberechtigter Mitbestimmung des Betriebsrats zuzulassen. Das Mitbestimmungsrecht des Betriebsrats nach § 87 Abs. 1 Nr. 1 BetrVG hinsichtlich der Gestaltung der betrieblichen Ordnung erstreckt sich nicht auf die Einführung technischer Kontrolleinrichtungen. Das Mitbestimmungsrecht ist in § 87 Abs. 1 Nr. 6 BetrVG abschließend geregelt.

Unter die Einführung einer technischen Einrichtung i.S.d. § 87 Abs. 1 Nr. 6 BetrVG fallen auch Vorbereitungsmaßnahmen für die Installation der Überwachungseinrichtung wie z.B. die Änderung des Arbeitsablaufs, von Arbeitsplätzen oder die Einweisung der betroffenen Arbeitnehmer.[280]

6.2 Technische Einrichtung

Beispiel: *Der Arbeitgeber installiert in seinen Dienst-Pkw Fahrtenschreiber, um damit die Einhaltung der Straßenverkehrsvorschriften feststellen zu können. Der Betriebsrat will nach § 87 Abs. 1 Nr. 6 BetrVG mitbestimmen.*

Der Betriebsrat hat ein Mitbestimmungsrecht.[281]

Der Fahrtenschreiber ist eine technische Einrichtung i. S. d. § 87 Abs. 1 Nr. 6 BetrVG.

Ist die Anbringung und/oder Verwendung von Fahrtenschreibern vorgeschrieben, besteht nach § 87 Abs. 1 Einleitungssatz BetrVG kein Mitbestimmungsrecht des Betriebsrats. Dagegen besteht dieses **Recht nach § 87 Abs. 1 Nr. 6 BetrVG**, wenn der Arbeitgeber Fahrtenschreiber in solchen (leichteren) Fahrzeugen anbringen möchte, für die die Verwendung dieser **Geräte nicht vom Gesetzgeber vorgeschrieben** ist.

---

[279] S. 13
[280] *Bachner* BetrVG für den Betriebsrat, 3. Aufl. § 87 BetrVG Rn. 138
[281] BAG 10.07.1979 – 1 ABR 50/78 , juris

Eine technische Einrichtung ist auch dann unmittelbar geeignet, das Verhalten oder die Leistung des Arbeitnehmers zu überwachen, wenn die Aufzeichnung und die Auswertung (des Kontrollergebnisses) nur zeitlich versetzt – nicht in einem Arbeitsvorgang – erfolgen können.

> Beispiel: *Der Arbeitgeber baut in seine Fahrzeuge GPS-Geräte ein. Der Betriebsrat will mitbestimmen.*
>
> *Es besteht ein Mitbestimmungsrecht des Betriebsrats.*[282]

Nach der ständigen Rechtsprechung des Bundesarbeitsgerichts ist eine technische Einrichtung im Sinne des § 87 Abs. 1 Nr. 6 BetrVG dann dazu bestimmt, das Verhalten oder die Leistung der Arbeitnehmer zu überwachen, wenn die Einrichtung zur Überwachung objektiv und unmittelbar geeignet ist, ohne Rücksicht darauf, ob der Arbeitgeber dieses Ziel verfolgt und die durch die Überwachung gewonnenen Daten auch auswertet. Es kommt deshalb entgegen der Auffassung des Arbeitgebers im vorliegenden Fall nicht darauf an, ob das Ortungssystem, das in ein Fahrzeug bereits eingebaut wurde und in weitere Fahrzeuge eingebaut werden soll, der Überwachung des Personals dient, sondern lediglich darauf, ob es auch dazu genutzt werden kann, das Verhalten oder die Leistung der Arbeitnehmer zu überwachen.

Dass das streitige Ortungssystem grundsätzlich objektiv geeignet ist, auch das Verhalten der Fahrer der jeweiligen Transportfahrzeuge zu überwachen, steht nach den von dem Arbeitgeber selbst beschriebenen Möglichkeiten des Systems außer Frage.

> Beispiel: *Der Arbeitgeber will an den Arbeitsplätzen seiner Mitarbeiter Filmkameras installieren, mit denen kurzfristig Filmaufnahmen der einzelnen Arbeitsplätze von jeweils 4–12 Minuten gemacht werden sollen. Die Filmaufnahmen sollen im Rahmen der im Betrieb eingeführten REFA-Methode der Analysierung und der Erfassung der Zeiten der einzelnen Arbeitsvorgänge dienen. Der Betriebsrat will mitbestimmen.*
>
> *Das BAG hat ein Mitbestimmungsrecht des Betriebsrats anerkannt.*[283]

§ 87 Abs. 1 Nr. 6 BetrVG enthält eine Konkretisierung des in § 75 Abs. 2 BetrVG normierten Grundsatzes, dass Arbeitgeber und Betriebsrat die freie Entfaltung der Persönlichkeit der im Betrieb beschäftigten Arbeitnehmer zu schützen und zu fördern haben und **dient damit dem Persönlichkeitsschutz der Arbeitnehmer. Weil anonyme technische Kontrolleinrichtungen in den persönlichen Bereich der Arbeitnehmer eingreifen, sollen sie nur bei gleichberechtigter Beteili-**

---

[282] ArbG Kaiserlauten 27.082008 – 1 BVGa 5/08, juris
[283] BAG 10.07.1979 – 1 ABR 97/77, juris

gung des Betriebsrats zulässig sein. Durch das Festhalten jeder einzelnen Phase des Arbeitsverhaltens eines Arbeitnehmers im Film und die jederzeitige Auswertungsmöglichkeit des Films wird im besonderen Maße in die persönliche Sphäre des betreffenden Arbeitnehmers eingegriffen, auch wenn es sich nur um einen Film von wenigen Minuten handelt. Der Schutzgedanke des § 87 Abs. 1 Nr. 6 BetrVG verlangt auch in solchen Fällen die gleichberechtigte Beteiligung des Betriebsrats.

Schließlich ist es für das Mitbestimmungsrecht des Betriebsrats nach § 87 Abs. 1 Nr. 6 BetrVG unerheblich, ob der Arbeitgeber mit der technischen Einrichtung die Überwachung des Verhaltens oder der Leistung seiner Arbeitnehmer beabsichtigt oder ob er damit andere Ziele verfolgt. **Entscheidend ist allein, ob die technische Einrichtung zur Überwachung objektiv und unmittelbar geeignet ist.** Das ist hier der Fall.

Beispiel: Der Arbeitgeber unterhält bei **Facebook** eine Seite zur einheitlichen Präsentation des Unternehmens. Deren Gestaltung erfolgt mittels einer internetbasierten Software, die von Facebook zur Verfügung gestellt wird. Sie ermöglicht es registrierten Nutzern, „Besucher-Beiträge" einzustellen (posten); diese können von allen Besuchern der Seite eingesehen und kommentiert werden. Dazu gehört auch die Kennzeichnung mit einem „Gefällt mir", einem sog. „Like".

Der Betriebsrat möchte erreichen, dass der Arbeitgeber verpflichtet wird, es zu unterlassen, den Nutzern der Internetplattform facebook die Seite www.facebook.com/d zur Übermittlung (Posting) von Informationen zur Verfügung zu stellen, hilfsweise festzustellen, dass der Arbeitgeber bei der Anmeldung der Internetplattform facebook bei der Eröffnung der Seite www.facebook.com/d ein Mitbestimmungsrecht des Konzernbetriebsrats nach § 87 Abs. 1 Ziffer 6 BetrVG verletzt hat.

Während noch das LAG Düsseldorf[284] ein Mitbestimmungsrecht des Betriebsrats verneinte, hat das BAG[285] dem Hilfsantrag stattgegeben.

Das BAG führt u. a. aus: „Nach § 87 Abs. 1 Nr. 6 BetrVG hat der Betriebsrat u. a. mitzubestimmen bei der Anwendung von technischen Einrichtungen, die dazu bestimmt sind, das Verhalten oder die Leistung der Arbeitnehmer zu überwachen. Das Mitbestimmungsrecht ist darauf gerichtet, Arbeitnehmer vor Beeinträchtigungen ihres Persönlichkeitsrechts durch den Einsatz technischer Überwachungseinrichtungen zu bewahren, die nicht durch schutzwerte Be-

---

[284] LAG Düsseldorf 12.01.2015 – 9 TaBV 51/14, juris
[285] BAG 13.12.2016 – 1 ABR 7/15, juris

lange des Arbeitgebers gerechtfertigt und unverhältnismäßig sind. Die auf technischem Wege erfolgende Ermittlung und Aufzeichnung von Informationen über Arbeitnehmer bei der Erbringung ihrer Arbeitsleistung bergen die Gefahr in sich, dass sie zum Objekt einer Überwachungstechnik gemacht werden, die anonym personen- oder leistungsbezogene Informationen erhebt, speichert, verknüpft und sichtbar macht. Den davon ausgehenden Gefährdungen des Persönlichkeitsrechts von Arbeitnehmern soll das Mitbestimmungsrecht entgegenwirken. „Überwachung" im Sinne des Mitbestimmungsrechts ist ein Vorgang, durch den Informationen über das Verhalten oder die Leistung von Arbeitnehmern erhoben und - jedenfalls in der Regel - aufgezeichnet werden, um sie auch späterer Wahrnehmung zugänglich zu machen. Die Informationen müssen auf technische Weise ermittelt und dokumentiert werden, so dass sie zumindest für eine gewisse Dauer verfügbar bleiben und vom Arbeitgeber herangezogen werden können. Die Überwachung muss durch die technische Einrichtung selbst bewirkt werden. Dazu muss diese aufgrund ihrer technischen Natur unmittelbar die Überwachung vornehmen. Das setzt voraus, dass die technische Einrichtung selbst und automatisch die Daten über bestimmte Vorgänge erhebt, speichert und/oder verarbeitet. Ausreichend ist, wenn lediglich ein Teil des Überwachungsvorgangs mittels einer technischen Einrichtung erfolgt. Zur Überwachung „bestimmt" sind technische Einrichtungen, wenn sie objektiv geeignet sind, Verhaltens- oder Leistungsinformationen über den Arbeitnehmer zu erheben und aufzuzeichnen; auf die subjektive Überwachungsabsicht des Arbeitgebers kommt es nicht an. Auch reicht es aus, wenn die leistungs- oder verhaltensbezogenen Daten nicht auf technischem Weg durch die Einrichtung selbst gewonnen werden, sondern manuell eingegeben und von der technischen Einrichtung weiter verwertet werden.

Danach ist eine Facebookseite mit ihren vorgegebenen Funktionen keine technische Einrichtung, die aufgrund ihrer derzeitigen Auswertungsmöglichkeiten dazu bestimmt ist, das Verhalten und die Leistung von Arbeitnehmern zu überwachen. Es ist nicht erkennbar, dass die von Facebook bereitgestellten Funktionen – „Auswertung von Ergebnissen" – geeignet sein sollen, das Verhalten und die Leistung einzelner im Konzern beschäftigter Arbeitnehmer im Rahmen ihres Arbeitsverhältnisses zu überwachen. Die Funktion „Seitenstatistiken" mit den Bereichen „Beiträge", „Besuche", „'Gefällt mir'-Angaben", „Reichweite" gestattet keine individualisierbaren Auswertungen. Gleiches gilt für die Auswertungsfunktionen „Werbeanzeigenberichte" und „Offline-Conversions".

Das BAG hat aber den **Hilfsantrag** stattgegeben, weil die von der Arbeitgeberin eingerichtete Funktion „Besucher-Beiträge" eine Überwachung des Verhaltens und der Leistung der in ihrem Konzern beschäftigten Arbeitnehmer i. S. d. § 87

Abs. 1 Nr. 6 BetrVG ermöglicht. Denn eine vom Arbeitgeber betriebene Facebookseite, die es den Nutzern von Facebook ermöglicht, über die Funktion „Besucher-Beiträge" Postings zum Verhalten und zur Leistung der beschäftigten Arbeitnehmer einzustellen, ist eine technische Einrichtung, die zur Überwachung der Arbeitnehmer i. S. d. § 87 Abs. 1 Nr. 6 BetrVG bestimmt ist. Die Bereitstellung der Funktion „Besucher-Beiträge" unterliegt der Mitbestimmung des Betriebsrats. Nicht erforderlich für eine Überwachung i.S.d. § 87 Abs. 1 Nr. 6 BetrVG ist es, dass die Daten über das Verhalten oder die Leistung des einzelnen Arbeitnehmers durch die technische Einrichtung zunächst selbst und „automatisch" erhoben werden. Es genügt, wenn die Informationen durch die Nutzer der Facebookseite aufgrund der dort vorhandenen Funktion „Besucher-Beiträge" eingegeben und mittels der von Facebook eingesetzten Software einer dauerhaften Speicherung und zeitlich unbegrenzter Zugriffsmöglichkeit zugeführt werden.

Demgegenüber hat das OVG Berlin-Brandenburg[286] für den öffentlichen Dienst nach der dem § 87 Abs. 1 Nr. 6 BetrVG vergleichbaren Regelung des BPersVG ein Mitbestimmungsrecht des Personalrats verneint, weil „die technischen Einrichtungen nicht zur Überwachung des Verhaltens oder der Leistung der Beschäftigten in der Dienststelle bestimmt" sind. In gleicher Weise hat das HmbOVG[287] entschieden. Zur Begründung führt dieses Gericht aus, die Postings der Besucher würden seitens der technischen Einrichtung in keiner Weise ausgewertet. Es stehe auch kein Programm zur Verfügung, das die Dienststelle für die Auswertung der Daten nutzen könnte. Eine Auswertung könne allenfalls wiederum nur händisch erfolgen, etwa wenn Menschen die Kommentare lesen und im Hinblick auf bestimmte Informationen auswerten würden. Dabei könne offenbleiben, inwieweit es möglich sei, mithilfe eines Suchprogramms wie Google durch Eingabe etwa des Namens einer Mitarbeiterin oder eines Mitarbeiters diese bzw. diesen betreffende Kommentare herauszufiltern. „Selbst wenn dies möglich sein sollte, erbrächte die Facebook-Seite als technische Einrichtung immer noch keine eigene Leistung, vielmehr würde dann zur Auswertung der Kommentare ein externes, nicht durch Facebook zur Verfügung gestelltes Hilfsmittel hinzugezogen."

---

[286] OVG Berlin-Brandenburg 04.08.2021 – OVG 62 PV 5/20, juris
[287] HambOVG Beschluss vom 31.01.2022 – 14 Bf 201/20.PVL,BeckRS 2022, 3867

Das LAG Hamburg[288] hat das Mitbestimmungsrecht des Betriebsrats nach § 87 Abs. 1 Nr. 6 BetrVG bejaht, wenn der Arbeitgeber einen **Twitter-Account** unterhält; zumindest aufgrund der Funktionalität „Antwort" besteht ein Mitbestimmungsrecht. Das LAG führt aus, dass beim Twitteraccount die Funktion „Antwort" anders als die Funktion „Besucher-Beiträge" bei Facebook von den Nutzern nicht deaktiviert werden kann. Die Funktion „Antwort" ermöglicht den Twitter-Nutzern, auf die Tweets der Arbeitgeberin Antworten zum Verhalten und zur Leistung der Arbeitnehmer auf Twitter einzustellen. Diese Antworten sind sowohl für die Arbeitgeberin als auch für registrierte Twitter-Nutzer sichtbar. Selbst wenn die Antworten auf die Tweets der Arbeitgeberin nur für registrierte Nutzer und nur nach Betätigen des Links des Antwortenden (@Antwortenden) einsehbar wären, wäre eine Mitbestimmungspflicht nach den vorstehenden Grundsätzen gegeben. Je nach dem Inhalt der Antwort kann die Arbeitgeberin diese namentlich oder situationsbedingt einem bestimmten Arbeitnehmer zuordnen und zur Verhaltens- und Leistungskontrolle verwenden, sofern die Nachricht entsprechende Aussagen beinhaltet. Denn damit wird der Anwendungsbereich des § 87 Abs. 1 Nr. 6 BetrVG zum Schutz des Persönlichkeitsrechts vor einem Überwachungsdruck der Netzöffentlichkeit ausgeweitet.

Beispiel: *Der Arbeitgeber will Microsoft Office 365 einführen. Der Betriebsrat möchte nach § 87 Abs. 1 Nr. 6 mitbestimmen.*

Das BAG[289] hat das Mitbestimmungsrecht anerkannt.

Die Einführung von Microsoft Office 365 unterliegt der Mitbestimmung nach § 87 Abs. 1 Nr. 6 BetrVG, da es sich um eine technische Einrichtung handelt, die dazu geeignet ist, das Verhalten oder die Leistung der Arbeitnehmer zu überwachen. Bei der Verwendung der verschiedenen Module von Microsoft Office 365 wird das Nutzungsverhalten wie etwa die Nutzungszeit erfasst es werden Nutzungsanalysen erstellt. Zuständig für die Ausübung der Mitbestimmung ist der Gesamtbetriebsrat, wenn es sich um die unternehmensweite Einführung dieser Software geht und damit die Möglichkeit einer zentralen Kontrolle von Verhalten und Leistung der Arbeitnehmer besteht.

Beispiel: *Der Arbeitgeber setzt im Rahmen der Überprüfung einer Reisekostenabrechnung den Routenplaner von „Google Maps" ein, um die Entfernung zwischen der Wohnanschrift des Arbeitnehmers und dem*

---

[288] LAG Hamburg 13.09.2018 – 2 TaBV 5/18, juris; diese Entscheidung wurde vom BAG 25.02.2020 – 1 ABR 40/18, juris aufgehoben, weil der antragstellende GBR nicht wirksam errichtet wurde und damit kein Träger betriebsverfassungsrechtlicher Rechte war. Das BAG machte inhaltlich keine Aussage.

[289] BAG 08.03.2022 – 1 ABR 20/21, juris

Ort der Betriebsversammlung zu berechnen. Der Betriebsrat reklamiert für sich ein Mitbestimmungsrecht.

Das BAG[290] hat ein Mitbestimmungsrecht des Betriebsrats verneint.

Die Überprüfung der in den Reisekostenanträgen enthaltenen Entfernungsangaben wird **nicht durch den Routenplaner, sondern ausschließlich durch menschliches Handeln in Gang gesetzt.** Der mit der Prüfung der Fahrtkostenabrechnung betraute Bearbeiter entscheidet eigenständig über den Einsatz des Routenplaners und die Verwendung der mit seiner Hilfe erzielten Informationen. Die Reaktion auf Unstimmigkeit bei der Angabe der Wegstrecke wird nicht durch die dabei gewonnenen Ergebnisse bestimmt, sondern hängt davon ab, ob der jeweilige Bearbeiter weitere Schritte zur Aufklärung der Angaben aus der Fahrtkostenabrechnung für notwendig hält. Anders als bei einer automatisierten Verhaltens- und Leistungskontrolle sind der Einsatz des Routenplaners und die Reaktion auf die durch seine Verwendung gewonnenen Erkenntnisse vom Tätigwerden einer kontrollierenden Person abhängig.

Beispiel: *Der Arbeitgeber verarbeitet in seinem Personalabrechnungs- und Informationssystem „Paisy" auf einzelne Arbeitnehmer bezogene Aussagen über krankheitsbedingte Fehlzeiten, attestfreie Krankheitszeiten und unentschuldigte Fehlzeiten. Der Arbeitgeber bestreitet ein Mitbestimmungsrecht des Betriebsrats, weil er mit Hilfe dieses Systems lediglich auf andere Weise erhobene Daten verarbeitet. Der Betriebsrat reklamiert trotzdem ein Mitbestimmungsrecht.*

Der Betriebsrat hat recht.[291]

Eine **Daten verarbeitende Anlage kann** auch dann eine zur Überwachung von Leistung oder Verhalten der Arbeitnehmer bestimmte **technische Einrichtung i. S. d. § 87 Abs. 1 Nr. 6 BetrVG** sein, **wenn** die leistungs- oder verhaltensbezogenen **Daten** nicht auf technischem Wege durch die Einrichtung selbst gewonnen werden, sondern dem System zum Zwecke der Speicherung und Verarbeitung **eingegeben werden müssen.**

Handelt es sich um eine Anlage, die die zu bearbeitenden Informationen und Daten nicht selbst gewinnt, werden diese Daten vielmehr den von dem Arbeitnehmer ausgefüllten Arbeitsbögen entnommen und in das System eingegeben, so bedeutet der Umstand, dass die Prüfbelege selbst maschinenlesbar ausgefüllt und anschließend maschinell gelesen werden, zwar nicht, dass das System die Daten selbst erhebt.

---

[290] BAG 10.12.2013 – 1 ABR 43/12, juris
[291] BAG 23.04.1985 – 1 ABR 39/81, juris

In diesem Fall ist die Daten verarbeitende Anlage aber auch zur Überwachung von Verhalten oder Leistung der Arbeitnehmer bestimmt. Eine solche Bestimmung zur Überwachung ist nämlich auch dann anzunehmen, **wenn die Verhaltens- und Leistungsdaten programmgemäß**, d. h. nach dem konkret zur Anwendung kommenden Programm, zu Aussagen über Verhalten und Leistung einzelner Arbeitnehmer **verarbeitet** werden.

Der Betriebsrat hat mitzubestimmen, wenn in einem Personalinformationssystem (hier: Paisy) auf einzelne Arbeitnehmer bezogene Aussagen über krankheitsbedingte Fehlzeiten, attestfreie Krankheitszeiten und unentschuldigte Fehlzeiten erarbeitet werden. Denn speichert die Anlage leistungs- und verhaltensrelevante Daten, bestimmt der Betriebsrat auch bei der Festlegung des Verwendungszwecks mit.[292]

Vorschriften des Datenschutzrechts stehen solchen Datenläufen nicht entgegen.[293]

Beispiel: *Der Arbeitgeber stellt seinen Mitarbeitern Computer zur Verfügung. Aufgrund eines entsprechenden Programms wird gespeichert, wann der einzelne Mitarbeiter wie lange den Computer benutzt hat. Der Arbeitgeber will so den Auslastungsgrad der Anlagen feststellen. Der Betriebsrat möchte nach § 87 Abs. 1 Nr. 6 BetrVG mitbestimmen.*

Der Betriebsrat hat zu Recht ein Mitbestimmungsrecht geltend gemacht.[294]

Computer sind dann zur Überwachung von Verhalten und Leistung der Arbeitnehmer bestimmt i. S. d. § 87 Abs. 1 Nr. 6 BetrVG, wenn **aufgrund vorhandener Programme Verhaltens- und Leistungsdaten** ermittelt und aufgezeichnet werden, die **bestimmten Arbeitnehmern zugeordnet** werden können, unabhängig davon, zu welchem Zweck diese Daten erfasst werden.[295]

Beispiel: *Der Arbeitgeber möchte aus Anlass von Vorwürfen gegen die Geschäftsführung im Rahmen einer internen Untersuchung die E-Mail-Korrespondenz von nicht leitenden Arbeitnehmer überprüfen. Der Betriebsrat verlangt mitzubestimmen.*

Zu Recht, so das LAG Köln.[296]

---

[292] BAG 11.3.1986 – 1 ABR 12/84, juris
[293] BAG 11.03.1986 – 1 ABR 12/84 (Fall Paisy), juris
[294] BAG 06.12.1983 – 1 ABR 43/81, juris
[295] zur Unwirksamkeit einer Betriebsvereinbarung über eine „Belastungsstatistik" BAG 25.04.2017 – 1 ABR 46/15, juris
[296] LAG Köln 19.07.2019 – 9 TaBV 125/18, juris

Die Überprüfung, wann ein Arbeitnehmer eine E-Mail geschrieben und welche Informationen er wann Dritten gegenüber mitgeteilt hat, ist stets ein Erheben, Erfassen, Ordnen, Speichern oder Auslesen von Daten i.S.v. Art. 4 Nr. 2 DSGVO und damit eine **Datenverarbeitung**. Die Verarbeitung personenbezogener Daten der Arbeitnehmer kann Aufgaben zur Mitregelung der Datenverarbeitung nach § 87 Abs. 1 Nr. 6 BetrVG auslösen. Es ist nicht erforderlich, dass die Daten über das Verhalten oder die Leistung des einzelnen Arbeitnehmers durch die technische Einrichtung zunächst selbst und „automatisch" erhoben werden. Vielmehr genügt es zur Auslösung des Mitbestimmungstatbestands, dass **die E-Mails**, wie hier, **einer Speicherung und Zugriffsmöglichkeit zugeführt worden waren** und die Arbeitgeberin auf sie zugreifen will.

Beispiel: *Der Arbeitgeber benutzt eine Uhr, um den Zeitverbrauch für einen Arbeitsvorgang festzustellen. Der Betriebsrat möchte dieses verhindern. Dem Betriebsrat steht ein Mitbestimmungsrecht nicht zu.*[297]

Die Anordnung und Durchführung von Multimomentaufnahmen durch Arbeitnehmer der Arbeitsvorbereitung mit Hilfe von Uhr, Bleistift und Papier ist mitbestimmungsfrei, da die **Leistungskontrolle nicht unmittelbar von einem technischen Gerät** bewirkt wird, sondern entscheidend durch die Tätigkeit des Arbeitnehmers.

Auch im Rahmen von **Homeoffice** ist (natürlich) vom Arbeitgeber die Mitbestimmung des Betriebsrats beim Einsatz von PCs zu beachten. Denn im Rahmen eines Telearbeitsverhältnisses verwenden die Mitarbeiter regelmäßig moderne Datenverarbeitungs- und Kommunikationstechnologien, die potentiell zur Leistungs- und Verhaltenskontrolle genutzt werden können. Aufgabe des Betriebsrats ist es, zu verhindern, dass die Menge an Daten, z. B. Einschaltzeit des mobilen Endgerätes sowie die Zeit und Dauer des Zugriffs auf betriebliche EDV-Systeme, zu Lasten des Mitarbeiters verwendet werden.[298]

Beispiel: *Auf der Grundlage der sog. Anti-Terror-Verordnung der EU kann im Wege der elektronischen Datenverarbeitung automatisch ein Abgleich von Vor- und Zunamen der bei einem Arbeitgeber beschäftigten Arbeitnehmer erfolgen. Der Betriebsrat möchte bei diesem Namensabgleich mitbestimmen.*

Das BAG[299] *hat ein Mitbestimmungsrecht verneint.*

Das BAG hat seine Entscheidung damit begründet, dass das Mitbestimmungsrecht aus § 87 Abs. 1 Nr. 6 BetrVG darauf gerichtet ist, Arbeitnehmer vor

---

[297] LAG Schleswig-Holstein 04.07.1985 – 5 TaBV 15/85, juris
[298] *Schulz/Ratzesberger* ArbRAktuell 2016, 109,111
[299] BAG 19.01.2017 – 1 ABR 32/16, juris

Beeinträchtigungen ihres Persönlichkeitsrechts durch den Einsatz technischer Überwachungseinrichtungen zu bewahren, die nicht durch schutzwerte Belange des Arbeitgebers gerechtfertigt und unverhältnismäßig sind. Der automatisierte bloße Namensabgleich ist nach Art und Inhalt nicht dazu bestimmt, i. S. v. § 87 Abs. 1 Nr. 6 BetrVG Leistung oder Verhalten eines Arbeitnehmers zu überwachen.

> Beispiel: *Der Arbeitgeber führt einen Outlook-Gruppenkalender ein, in den die Arbeitnehmer geschäftliche Termine in einzutragen haben. Ein Arbeitnehmer weigerte sich, seine Termine einzutragen, woraufhin er abgemahnt wurde. Der Kläger sieht sich zu Unrecht abgemahnt und klagt gegen die Abmahnung.*
>
> *Der Klage wurde stattgegeben,[300] weil der Outlook-Gruppenkalenders ohne Zustimmung des Betriebsrat eingeführt wurde.*

Der Gruppenkalender ermöglicht es dem Arbeitgeber, eine Auswertung der Leistungen des Klägers im Hinblick auf die Koordination seiner Termine oder der Termindichte vorzunehmen. Diese Regelung bedarf der Zustimmung des Betriebsrats nach § 87 Abs. 1 Nr. 6 BetrVG. Nach der **Theorie der Wirksamkeitsvoraussetzung** führt die Verletzung von Mitbestimmungsrechten des Betriebsrats im Verhältnis zwischen Arbeitgeber und Arbeitnehmer jedenfalls zur Unwirksamkeit von Maßnahmen oder Rechtsgeschäften, die den Arbeitnehmer belasten. Das soll verhindern, dass der Arbeitgeber dem Einigungszwang mit dem Betriebsrat durch Rückgriff auf arbeitsvertragliche Gestaltungsmöglichkeiten ausweicht. Dem Arbeitgeber darf aus einer betriebsverfassungsrechtlichen Pflichtwidrigkeit auch im Rahmen des Arbeitsverhältnisses kein Vorteil erwachsen.[301]

Beispiele für technische Überwachungseinrichtungen:[302]

- Videoüberwachungsanlagen
- automatische Zeiterfassungsgeräte
- Fahrtenschreiben, soweit nicht abschließend gesetzlich vorgeschrieben
- Systeme zur Überwachung von Fehlzeiten
- CAD/CAM-Systeme
- E-Learning-Systeme
- biometrische Zugangskontrollen

---

[300] LAG Nürnberg 21.02.2017 – 7 Sa 441/16, juris
[301] BAG 23.02.2016 – 1 AZR 73/14, juris
[302] *Bachner* BetrVG für den Betriebsrat § 87 BetrVG Rn. 155

- digitale Betriebsausweise
- Fleet-Boards
- Telekommunikationssysteme
- Smartphone und Tablets
- Facebook (die Funktion „Besucher"-Beiträge)
- Twitter (die Funktion „Besucher"-Beiträge)
- Outlook-Gruppenkalender
- Firmenkreditkarten
- Betriebskantinenausweise

6.3 Telefondatenerfassungsanlage

Beispiel: *Um die Abrechnung privat geführter Telefongespräche zu ermöglichen, möchte der Arbeitgeber die Zielnummern der Dienstgespräche und der Privatgespräche in einer entsprechenden Anlage erfassen. Zu diesen Daten gehören auch die vom Betriebsrat geführten Dienstgespräche. Der Betriebsrat möchte mitbestimmen. Er wehrt sich auch dagegen, dass die Zielnummern seiner Dienstgespräche gespeichert werden.*

Der Betriebsrat hat hinsichtlich der Zielnummererfassung der Arbeitnehmer Recht. Soweit die Zielnummern seiner Gespräche gespeichert werden, darf der Arbeitgeber nur die Zielnummern der Ferngespräche speichern.[303]

Die Erfassung von Daten über die von Arbeitnehmern geführten Telefongespräche unterliegt der Mitbestimmung des Betriebsrats nach § 87 Abs. 1 Nr. 6 BetrVG. Inhalt dieses Mitbestimmungsrechts ist der Schutz vor den Gefahren der technischen Datenerhebung und Datenverarbeitung anlässlich einer Überwachung der Arbeitnehmer, nicht aber der Schutz vor Überwachung schlechthin. **Gegenstand einer mitbestimmten Regelung** bei der technischen Überwachung müssen daher Vorkehrungen dafür sein, dass die **notwendige Erhebung und Verarbeitung von Verhaltens- und Leistungsdaten nicht zu einem unpersönlichen Überwachungssystem ausartet** und für eine Entfaltung der

---

[303] BAG 27.05.1986 – 1 ABR 48/84, juris; auch bei der Nutzung von Einzelverbindungsnachweisen der von den Arbeitnehmern benutzten Mobiltelefone besteht ein Mitbestimmungsrecht nach § 87 Abs. 1 Nr. 6 BetrVG – so ArbG Kaiserlauten 07.03.2007 – 8 BV 3/07, juris

Persönlichkeit des Arbeitnehmers und für persönliche Beziehungen zwischen Arbeitnehmer und Arbeitgeber kein Raum mehr bleibt. Gegen eine Betriebsvereinbarung, die die Erfassung der vollen Zielnummer bei Dienstgesprächen und Privatgesprächen aus dienstlichem Anlass erlaubt, bestehen jedenfalls dann keine Bedenken, wenn daneben Privatgespräche geführt werden dürfen, bei denen die Zielnummer nicht erfasst wird.

Der **Arbeitgeber** hat nach § 40 BetrVG die Kosten der **Betriebsratstätigkeit,** also auch dessen Telefonkosten zu tragen, soweit es sich um erforderliche Kosten handelt. Er hat daher ein **legitimes Interesse daran, nähere Umstände der Telefongespräche** zu erfahren, die ihm eine Prüfung der Frage ermöglichen, ob Telefonkosten erforderlich waren. Der Umstand, dass er die Erforderlichkeit einzelner Telefongespräche oder deren Dauer bestreitet und so den Betriebsrat zwingt, die Erforderlichkeit nachzuweisen, stellt keine unzulässige Behinderung der Betriebsratstätigkeit dar.

Die Rufnummern von Gesprächsteilnehmern der **Betriebsvertretung** dürfen von der Dienststelle (Arbeitgeber) bei **Fern-, nicht aber bei Haus-, Orts- und Nahgesprächen** aufgezeichnet, gespeichert oder sonst wie erfasst werden.[304]

Denn im Hinblick auf das Sparsamkeitsgebot ist der Dienststelle (Arbeitgeber) jedenfalls bei vom Telefonapparat der Betriebsvertretung aus geführten Ferngesprächen, die im Regelfall erheblichere Kosten als Gespräche im Orts- oder Nahbereich verursachen, die Möglichkeit zuzugestehen zu prüfen, ob derartige Ferngespräche in Wahrnehmung der Aufgaben nach dem BPersVG (BetrVG) nur im erforderlichen Umfang geführt werden oder ob der Umfang des Erforderlichen überschritten oder der Aufgabenbereich des Bundespersonalvertretungsgesetzes (BetrVG) gar verlassen wird.

Da der Arbeitgeber im Regelfall für seine Telefonkosten in Innerdeutschland eine Flatrate gebucht hat, wird der Arbeitgeber heute in den meisten Fällen nur die Zielnummern von Betriebsratsgesprächen ins Ausland speichern dürfen.

Beachte[305]

Der in einer Beratungsstelle für Erwachsene, Kinder und Jugendliche eines Landkreises tätige **Psychologe** mit staatlich anerkannter wissenschaftlicher Abschlussprüfung ist dem Landkreis als Arbeitgeber gegenüber **nicht berechtigt und verpflichtet, Auskunft** darüber zu geben, **mit welchen ihm zu betreuenden Personen er ein Telefongespräch geführt hat.**

---

[304] BAG 01.08.1990 – 7 ABR 99/88, juris
[305] BAG 13.01.1987 – 1 AZR 267/85, juris

Der **Arbeitgeber** darf sich diese Kenntnis **nicht** dadurch verschaffen, dass er bei der automatischen Erfassung der vom Psychologen geführten dienstlichen Telefongespräche mit zu betreuenden Personen die **Zielnummer dieses Telefongesprächs** erfasst. Durch die Erfassung der Zielnummer ist in der Regel der Anschlussinhaber entweder als unmittelbarer Gesprächspartner oder doch als eine Person bestimmbar, die zu dem Gesprächspartner in einem nahen Verhältnis steht.

Die Tatsache, dass der Anschlussinhaber Gesprächspartner eines Gesprächs mit einem Psychologen war oder dass eine zu ihm in naher Beziehung stehende dritte Person dieser Gesprächspartner war, ist ein vom Psychologen zu wahrendes Geheimnis des Anschlussinhabers, von dem sich auch der Arbeitgeber durch die Erfassung der Zielnummer keine Kenntnis verschaffen darf.

6.4 Überwachung der Leistungen einer Gruppe von Arbeitnehmern

Unter einer Überwachung i.S.d. § 87 Abs. 1 Nr. 6 BetrVG versteht man einen Vorgang, durch die Informationen über das Verhalten oder die Leistung der Arbeitnehmer erhoben werden können. Diese Informationen werden in der Regel aufgezeichnet und zu einem späteren Zeitpunkt verarbeitet. Sie wird aufgeteilt in eine Ermittlungs- und Erhebungsphase, eine Auswertungsphase und eine Beurteilungs- und Bewertungsphase. Jeder dieser Phasen unterliegt der Mitbestimmung des Betriebsrats.[306] Die Überwachung durch technische Einrichtungen muss sich auf Leistung oder Verhalten der Arbeitnehmer beziehen. Die gewonnenen Daten über Leistung und Verhalten müssen sich auf einzelne Arbeitnehmer beziehen.

Beispiel: *In einem Betrieb, der Küchenmöbel produziert, besteht eine selbstständige Arbeitsgruppe, die Arbeitsplatten versandfertig herstellt. Ihr gehören sechs Arbeitnehmer an, die im Zeitlohn beschäftigt werden. Der Arbeitgeber hat für diese Gruppe ein spezielles Datenverarbeitungssystem eingeführt. Das System besteht aus einer besonderen EDV-Software, mit deren Hilfe durch Gegenüberstellung von Zeitaufwand und Produktionsleistung der jeweils aktuelle Produktivitätsgrad ermittelt wird. Dieser wird mit der bisherigen Produktivität verglichen und auf diese Weise ein „Produktivitätstrend" festgestellt. Der Betriebsrat meint, ihm stehe ein Mitbestimmungsrecht zu.*

Das BAG ist der Auffassung des Betriebsrats gefolgt.[307]

---

[306] *Bachner* BetrVG für den Betriebsrat § 87 BetrVG Rn. 146 f
[307] BAG 26.07.1994 – 1 ABR 6/94, juris

Nach der Rechtsprechung des BAG stellt die technische Auswertung von Leistungsdaten zwar im Grundsatz nur dann ein Überwachen durch eine **technische Einrichtung i. S. d. § 87 Abs. 1 Nr. 6 BetrVG dar**, wenn die Leistungsdaten einzelnen Arbeitnehmer zugeordnet werden können, die betreffenden **Arbeitnehmer also identifizierbar** sind. Das **Auswerten der Leistung einer ganzen Abteilung oder Gruppe reicht nicht aus**, um das Mitbestimmungsrecht nach § 87 Abs. 1 Nr. 6 BetrVG zu begründen. Eine **Ausnahme** von diesem Grundsatz ist jedoch dann zu machen, wenn der von der technischen Einrichtung auf die Gruppe ausgehende Überwachungsdruck auf die einzelnen **Gruppenmitglieder durchschlägt**. Das hat das BAG für den Fall angenommen, dass die Arbeitnehmer in einer überschaubaren Gruppe – im konkreten Fall 6 bis 8 Arbeitnehmer – im Gruppenakkord arbeiten.

Das BAG hat diese Differenzierung aus den Erwägungen abgeleitet, auf denen die Mitbestimmungspflichtigkeit technischer Überwachungseinrichtungen beruht. Danach birgt die Auswertung von Informationen über die Leistung der Arbeitnehmer durch technische Einrichtungen die **Gefahr des Eindringens in Persönlichkeitsbereiche**, die einer nichttechnischen Überwachung nicht zugänglich sind. Auch wird der Arbeitnehmer Objekt einer Überwachungstechnik, der er sich nicht entziehen kann. Das Wissen um diese Überwachung erzeugt einen **Anpassungsdruck**, der zu erhöhter Abhängigkeit des Arbeitnehmers führen und damit die freie Entfaltung seiner Persönlichkeit beschränken kann. Dies stellt sich als möglicher Eingriff in sein Persönlichkeitsrecht dar.

Dafür, dass der Überwachungsdruck auf den einzelnen Arbeitnehmer weitergeleitet wird, kann es nicht entscheidend darauf ankommen, auf welche Weise dies bewirkt wird. Maßgeblich ist nur, ob der Druck für das einzelne Gruppenmitglied spürbar ist. Das ist aber nicht nur dann der Fall, wenn die Höhe des Arbeitsentgelts von der gemeinsamen Arbeitsleistung der Gruppe abhängt. Auch bei leistungsunabhängigem Entgelt kann der **soziale Druck**, der sich in der gegenseitigen Kontrolle der Gruppenmitglieder äußert, für den Einzelnen durchaus spürbar sein. Voraussetzung hierfür ist allerdings, dass die **Gruppe in ihrer Gesamtheit für ihr Arbeitsergebnis verantwortlich** gemacht wird und daher ein gemeinsames Interesse an einem möglichst guten Ergebnis hat. Diese Ergebnisverantwortung erfordert keine Haftung im Rechtssinn. Es ist allgemein bekannt, dass auch das Streben nach Anerkennung durch den Arbeitgeber oder Kollegen sowie das Bemühen, Kritik wegen Leistungsschwäche zu vermeiden, das Verhalten des Arbeitnehmers beeinflussen. Hierfür ist allerdings zunächst erforderlich, dass die Gruppe mit einem bestimmten Arbeitsergebnis identifiziert wird. Es muss hinzukommen, dass sie nach Größe, Organisation und Art ihrer Tätigkeit so beschaffen ist, dass schlechte Leistungen Einzelner für die übrigen Gruppenmitglieder bestimmbar bleiben.

Das im Streit befindliche Informationssystem beruht darauf, dass schon die tägliche Konfrontation der Gruppe mit ihren Arbeitsleistungen in Form von Soll-/Ist-Vergleichen und Produktivitätstrends dazu führen soll, dass die Arbeitnehmer im Wege „**aktiver Selbstkontrolle**" ihre Leistungen steigern.

Das Mitbestimmungsrecht ergibt sich bei der Arbeitsplattenabteilung daraus, dass es sich um eine kleine und überschaubare Gruppe handelt. Bei größeren Gruppen hat dagegen der Betriebsrat kein Mitbestimmungsrecht. In solchen Gruppen ist nur die Gesamtleistung der Gruppe Gegenstand der Erfassungs- oder Auswertungstätigkeit einer technischen Überwachungseinrichtung, ohne dass der hiervon ausgehende Überwachungsdruck auf die einzelnen Gruppenmitglieder durchschlagen würde.

6.5. Einführung eines Zeiterfassungsgeräts

Es ist bereits dargestellt worden,[308] dass nach Auffassung des BAG aus dem Jahr 1989 der Betriebsrat nicht die Einführung einer technischen Kontrolleinrichtigung verlangen kann, da er sonst in das Persönlichkeitsrecht der Arbeitnehmer eingreifen würde: der Betriebsrat müsse aber gerade dieses Persönlichkeitsrecht schützen. Das LAG Hamm[309] hat sich explizit gegen die Auffassung des BAG entschieden und eine Initiativrecht des Betriebsrats nach § 87 Abs. 1 Nr. 6 BetrVG anerkannt. Zur Begründung hat es ausgeführt, § 87 BetrVG unterscheide nicht zwischen einem Mitbestimmungsrecht mit und ohne Initiativrecht. Nur § 87 Abs. 1 Nr. 8 BetrVG billige ausdrücklich dem Betriebsrat kein Initiativrecht zu. Für die Annahme eines Initiativrechts zur Einführung der elektronischen Zeiterfassung gemäß § 87 Abs. 1 Nr. 6 BetrVG komme es daher nicht auf die vom Betriebsrat vorgetragene Auffassung an, wonach durch den Wandel der Technik und des Verständnisses von technischen Kontrolleinrichtungen nicht (mehr) von einem reinen Abwehrrecht zum Schutze der Persönlichkeit der Arbeitnehmer im Mitbestimmungsrecht des § 87 Abs. 1 Nr. 6 BetrVG auszugehen ist. Das BAG hat diesen Beschluss des LAG Hamm aufgehoben[310] und zur Begründung ausgeführt:

> *Der Betriebsrat hat nach § 87 Abs. 1 Eingangssatz BetrVG in sozialen Angelegenheiten nur mitzubestimmen, soweit eine gesetzliche oder tarifliche Regelung nicht besteht. Bei unionsrechtskonformer Auslegung von § 3 Abs. 2 Nr. 1 ArbSchG ist der Arbeitgeber gesetzlich verpflichtet, ein System zur Erfassung der von ihren Arbeitnehmern geleisteteten täglichen Arbeitszeit einzuführen, das Beginn und*

---
[308] S. 20
[309] LAG Hamm 27.7.2021 – 7 Ta BV 79/20, juris
[310] BAG 13. 9.2022 – 1 ABR 21/22, juris

Ende und damit die Dauer der Arbeitszeit einschließlich der Überstunden umfasst. Dies schließt ein – ggfs. mithilfe der Einigungsstelle durchsetzbares – Initiativrecht des Betriebsrats zur Einführung eines Systems der Arbeitszeiterfassung aus.

Das BAG hat damit erkannt, dass der Betriebsrat auf Grund der gesetzlichen Vorgaben nicht über das „Ob" der Aufzeichnungspflicht zu entscheiden hat; diese ist gesetzlich vorgegeben. Das BAG hat in den Entscheidungsgründen ausgeführt, dass der Betriebsrat über § 87 Abs. 1 Nr. 7 BetrVG bei der Ausgestaltung der Aufzeichnungspflicht – das „Wie" – (ob elektronisch, händisch, per Exel) ein Mitbestimmungsrecht hat. Hat der aber darüber mitzubestimmen, könnte er über § 87 Abs. 1 Nr. 7 BetrVG auch darüber entscheiden, ob nicht die Arbeitszeiten mit einem Zeiterfassungsgerät (Zeitstempler) statt händisch erfasst werden. Das BAG führt schließlich aus, dass – wie vom LAG Hamm noch entschieden wurde – die Einigungsstelle nicht bloß über eine elektronische Zeiterfassung entscheiden müsste, sondern auch über andere Formen der Aufzeichnung. Sie müsste einen breiteren Entscheidungsspielraum haben.

6.6 Überwachung mittels Videokamera

Verstärkt setzen Arbeitgeber Videokameras ein, um das Verhalten und die Leistung der Arbeitnehmer zu überwachen. Dabei werden Daten der Mitarbeiter aufgenommen und ausgewertet, die den Bestimmungen des BDSG und der EU-DSGVO unterliegen. Damit stellt sich die Frage, ob der Arbeitgeber die gewonnenen Erkenntnisse auch dann verwerten darf, wenn der Betriebsrat der Maßnahme nicht nach § 87 Abs. 1 Nr. 6 BetrVG zugestimmt hat.

Beispiel: *Der Arbeitgeber will in seinem Betrieb eine Videokamera aufstellen, um sich vor Diebstahl zu schützen.*
Der Betriebsrat hat ein Mitbestimmungsrecht.[311]

Die Einführung einer Videoüberwachung am Arbeitsplatz unterfällt dem Mitbestimmungsrecht des Betriebsrats nach § 87 Abs. 1 Nr. 6 BetrVG. Die Betriebsparteien haben dabei gemäß § 75 Abs. 2 S. 1 BetrVG das grundrechtlich geschützte **allgemeine Persönlichkeitsrecht** der Arbeitnehmer zu beachten. Für die erforderliche Verhältnismäßigkeitsprüfung sind die Gesamtumstände maßgeblich. Mitentscheidend ist insbesondere die Intensität des Eingriffs.

Wird in öffentlich zugänglichen Räumen eine Videoüberwachung durchgeführt, ist der in § 6 b Abs. 5 BDSG (jetzt § 17 EU-DSGVO) ausdrücklich normierte, den

---
[311] BAG 29.06.2004 – 1 ABR 21/03, juris

Verhältnismäßigkeitsgrundsatz[312] konkretisierende allgemeine Rechtsgedanke zu beachten, wonach die im Wege der Videoüberwachung gewonnenen **Daten „unverzüglich" gelöscht** werden müssen, wenn sie zur Erreichung des Zwecks nicht mehr erforderlich sind.[313]

6.7 Einsatz einer (Standort)-Software

Im betrieblichen Alltag kommt es tagtäglich vor, dass der Arbeitgeber im Rahmen der Personalverwaltung eine neue Standardsoftware benutzt.

Beispiel: Der Arbeitgeber setzt das das Datenverarbeitungssystem SAP ERP oder das Tabellenkalkulationssystem Microsoft Exel ein. Der Betriebsrat möchte nach § 87 Abs. 1 Nr. 6 BetrVG mitbestimmen.

Das BAG[314] hat ein Mitbestimmungsrecht bejaht.

Das BAG begründet seine Rechtsauffassung damit, dass eine datenverarbeitendes System zur Überwachung von Verhalten oder Leistung der Arbeitnehmer bestimmt ist, wenn es individualisierte oder individualisierbare Verhaltens- oder Leistungsdaten selbst erhebt und aufzeichnet, unabhängig davon, ob der Arbeitgeber die erfassten und festgehaltenen Verhaltens- oder Leistungsdaten auch auswerten oder zu Reaktionen auf festgestellte Verhaltens- oder Leistungsweisen verwenden will. Überwachung in diesem Sinn ist sowohl das Sammeln von Informationen als auch das Auswerten bereits vorliegender Informationen. In diesem Zusammenhang sei geklärt, dass etwa die Nutzung und der Einsatz des Datenverarbeitungssystems SAP ERP zur Personalverwaltung der Mitbestimmung nach § 87 Abs. 1 Nr. 6 BetrVG unterliegt. „Es ist offenkundig, dass für andere softwarebasierte Personalverwaltungssysteme nichts Abweichendes gilt, mag diesen auch „alltägliche Standardsoftware" (hier das Tabellenkalkulationsprogramm Microsoft Excel als Bestandteil des Office-Pakets) zugrunde liegen (zumal es sich bei einem SAP-Programm ebenso um ein Standardsoftwareprodukt handelt)."

Das Mitbestimmungsrecht ist darauf gerichtet, Arbeitnehmer vor Beeinträchtigungen ihres Persönlichkeitsrechts durch den Einsatz technischer Überwachungseinrichtungen zu bewahren, die nicht durch schutzwerte Belange des Arbeitgebers gerechtfertigt und unverhältnismäßig sind. Die auf technischem

---

[312] LAG Schleswig-Holstein 29.08.2013 – 5 TaBV 6/13, juris

[313] BAG 26.08.2008 – 1 ABR 16/07, juris; zum Verwertungsverbot bei nach allgemeinen Grundsätzen erlaubte Verwertung von Daten ohne Zustimmung des Betriebsrats nach § 87 Abs. 1 Nr. 6 BetrVG S. 60

[314] BAG 23.10.2018 – 1 ABN 36/18, juris

Wege erfolgende **Ermittlung und Aufzeichnung von Informationen über Arbeitnehmer** bei der Erbringung ihrer Arbeitsleistung bergen die Gefahr in sich, dass sie zum Objekt einer Überwachungstechnik gemacht werden, die anonym **personen- oder leistungsbezogene Informationen erhebt, speichert, verknüpft und sichtbar macht.** Den davon ausgehenden Gefährdungen des Persönlichkeitsrechts von Arbeitnehmern soll das Mitbestimmungsrecht entgegenwirken." Die Einführung eines einfachen und von anderen Systemen nicht abweichenden EDV-Programms dürfte dagegen nicht mitbestimmungspflichtig sein.[315]

Beispiel: *Der Arbeitgeber will das elektronische Bewerbermanagementsystems „SAP E-Recruiting" einführen. Dieses soll den Auswahlprozess bei Stellenausschreibungen standardisieren und verschlanken, die Übernahme von Daten bei Einstellungen vereinfachen und internen und externen Bewerbern ein zeitgemäßes Bewerbungsmedium bieten. Über eine Benutzeroberfläche wird ihnen ermöglicht, Stellenausschreibungen zu sichten, sich zu registrieren und ihr Profil zu hinterlegen, um sich auf eine ausgeschriebene Stelle zu bewerben und bei künftig zu besetzenden Stellen berücksichtigt zu werden. Die abtrennbare Komponente „Kandidatenprofil" enthält dabei Registerkarten, mit denen zahlreiche personenbezogene Angaben über Ausbildungen, Berufserfahrungen, Qualifikationen und Präferenzen abgefragt werden, wobei die Nutzer des Systems selbst bestimmen, welche dieser Fragen sie beantworten. Auch die Nutzung an sich ist freigestellt. Bewerbungen, die auf anderem Wege eingehen, werden vom Geschäftsbereich Personal in das System eingepflegt. Schreibende Zugriffe werden protokolliert.*

Das BVerwG[316] hat ein Mitbestimmungsrecht des Personalrats bejaht; es ist auch für den Betriebsrat die Mitbestimmung anzuerkennen.

Die Entscheidung des Beteiligten, das System „SAP E-Recruiting" im Dauerbetrieb zu nutzen, unterliegt als Einführung einer technischen Einrichtung im Sinne des § 88 Abs. 1 Nr. 32 HmbPersVG der Mitbestimmung des Personalrats. Unter Einführung ist jedenfalls eine Neueinführung der technischen Einrichtung zu verstehen, wobei der Begriff nicht auf deren erstmalige Installation beschränkt ist. So liegt es hier. Mit seiner nach der Probephase getroffenen Entscheidung hat der Beteiligte erstmals für das gesamte Klinikum den fortwährenden Einsatz des Systems „SAP E-Recruiting" zumindest konkludent angeordnet.

---

[315] VG Arnsbach 25.2.2021 – AN 7 P 19.01334, juris zu § 75 Abs. 3 Nr. 17 BPersVG
[316] BVerwG 29.07.2021 – 5 P 2/20, juris

7. Arbeits- und Gesundheitsschutz (§ 87 Abs. 1 Nr. 7 BetrVG)

Beispiel: Im Rahmen eines Einigungsstellenverfahrens „zur Erstellung einer Betriebsvereinbarung Gesundheitsschutz im Rahmen des Arbeitsschutzgesetzes und der Bildschirmverordnung" wollten Arbeitgeber und Betriebsrat in einem Beschlussverfahren umfassend gerichtlich klären lassen, für welche Fragestellungen die Einigungsstelle zuständig ist.

Das BAG hat die Anträge überwiegend mangels Rechtsschutzinteresses abgewiesen. Gleichzeitig hat es jedoch das Mitbestimmungsrecht des § 87 Abs. 1 Nr. 7 BetrVG näher erläutert.[317]

Das Mitbestimmungsrecht nach § 87 Abs. 1 Nr. 7 BetrVG **setzt eine Handlungspflicht des Arbeitgebers** voraus, die aus **Vorschriften des Arbeits- und Gesundheitsschutzes folgt** und die wegen **Fehlens einer zwingenden Vorgabe einer konkreten betrieblichen Regelung bedarf.**

Das BAG bemerkte bereits mit Beschluss vom 6.12.1983:[318]

„Im Rahmen der gesetzlichen Vorschriften oder der Unfallverhütungsvorschriften (§ 87 Abs. 1 Nr. 7 BetrVG) bedeutet, dass das Mitbestimmungsrecht des Betriebsrats **hinsichtlich solcher Regelungen** gegeben ist, die der **Arbeitgeber aufgrund bestehender arbeitsschutzrechtlicher Vorschriften zu treffen** hat. Das Mitbestimmungsrecht des Betriebsrats beschränkt sich damit auf die Ausfüllung vorgegebener Normen und zwar solcher Normen, die dem **Arbeitgeber einen Entscheidungsspielraum**, einen Ermessensspielraum belassen. Nur soweit der Arbeitgeber noch entscheiden kann, auf welche Weise er Anforderungen des öffentlich-rechtlichen Arbeits- und Gesundheitsschutzes genügen will, setzt das Mitbestimmungsrecht des Betriebsrats ein. Für dieses ist daher Voraussetzung das Vorhandensein ausfüllungsbedürftiger Rahmenvorschriften des öffentlich-rechtlichen Gesundheitsschutzes."

Und in einer späteren Entscheidung[319] heißt es: „Ein Mitbestimmungsrecht des Betriebsrats nach § 87 Abs. 1 Nr. 7 BetrVG i.V.m. § 3 Abs. 1 S. 1 ArbSchG kann erst eingreifen, wenn eine **konkrete Gefährdung** nach Art und Umfang entweder feststeht oder im Rahmen einer nach § 5 ArbSchG vom Arbeitgeber durchgeführten Beurteilung der Arbeitsbedingungen festgestellt wurde." Es muss keine konkrete Gesundheitsgefahr vorliegen.[320]

---

[317] BAG 15.01.2002 – 1 ABR 13/01, juris
[318] BAG 06.12.1983 – 1 ABR 43/81, juris
[319] BAG 07.12.2021 – 1 ABR 25/20, juris; BAG 19.11.2019 – 1 ABR 22/18, juris
[320] BAG 28.03.2017 – 1 ABR 25/15, juris

7.1 Schutzkleidung

Beispiel: *Ein Arbeitgeber muss nach § 3 Abs. 1 ArbSchG i.V. mit § 2 Abs. 1 und 2 PSA-BV seinen Arbeitnehmer notwendige Schutzausrüstung wie z.B. Sicherheitsschuhe, Ohr- und Mundschutz und Schutzkleidung zur Verfügung stellen. Der Betriebsrat reklamiert ein Mitbestimmungsrecht bei der Auswahl.*

Das BAG [321] hat dies Mitbestimmungsrecht anerkannt.

Das BAG führt aus: „Regelungen über die Eignung und den Umfang von Schutzkleidung, die der Arbeitgeber nach § 3 Abs. 1 ArbSchG i. V. m. § 2 Abs. 1 und Abs. 2 PSA-BV bereitzustellen hat, unterliegen grundsätzlich der Mitbestimmung des Betriebsrats nach § 87 Abs. 1 Nr. 7 BetrVG. Danach hat der Betriebsrat bei Regelungen über den Gesundheitsschutz mitzubestimmen, wenn der Arbeitgeber diese aufgrund einer öffentlich-rechtlichen Rahmenvorschrift zu treffen hat und ihm bei der Gestaltung Handlungsspielräume verbleiben. Bei der Verpflichtung des Arbeitgebers über die Auswahl und Bereitstellung von persönlichen Schutzausrüstungen nach § 3 Abs. 1 ArbSchG i.V. m. § 2 Abs. 1 und Abs. 2 PSA-BV handelt es sich um eine gesetzliche Regelung i. S. d. § 87 Abs. 1 Nr. 7 BetrVG. Sie belässt dem Arbeitgeber einen Handlungsspielraum über die nähere Bestimmung einer geeigneten und passenden Schutzkleidung."

Dies bedeutet, dass der Betriebsrat bei der Auswahl einer gesetzlich vorgeschriebenen Schutzkleidung mitbestimmen kann. Dagegen entscheidet bei einem Streit zwischen dem Betriebsrat und dem Arbeitgeber, **ob** den Arbeitnehmern Schutzkleidung zur Verfügung zu stellen ist, die staatliche Aufsichtsbehörde (Gewerbeaufsicht, Amt für Arbeitsschutz). Allerdings hat der Betriebsrat eines Verleiherbetriebs regelmäßig kein Mitbestimmungsrecht nach § 87 Abs. 1 Nr. 7 BetrVG für Regelungen über die Anforderungen an eine Schutzkleidung, die der **Entleiher** bei ihm tätigen Leiharbeitnehmern aufgrund öffentlich-rechtlicher Arbeitsschutzbestimmungen bereitzustellen hat.

7.2 Gefährdungsbeurteilung, Dokumentation und Unterweisung der Arbeitnehmer

Beispiel: *Der Betriebsrat möchte bei der Gefährdungsbeurteilung nach § 5 ArbSchG, bei der Dokumentation nach § 6 ArbSchG und bei der Unterweisung nach § 12 ArbSchG mitbestimmen.*

Das BAG hat ein Mitbestimmungsrecht bejaht.

---
[321] Statt aller BAG 07.06.2016 – 1 ABR 25/14, juris

§ 5 ArbSchG ist eine **ausfüllungsbedürftige Rahmenvorschrift**. Sie enthält keine zwingenden Vorgaben, **wie** die Gefährdungsbeurteilung durchzuführen ist. Vielmehr lässt sie dem Arbeitgeber Handlungsspielräume bei der Umsetzung. Die **Gefährdungsbeurteilung** ist ein zentrales Element des Gesundheitsschutzes und notwendige Voraussetzung für die betriebliche Umsetzung der Arbeitsschutzpflichten des Arbeitgebers.[322] Sofern das Vorliegen einer konkreten Gefährdung der Arbeitnehmer zwischen den Betriebsparteien nicht außer Streit steht, ist daher **zunächst eine Beurteilung der Arbeitsbedingungen** nach § 5 ArbSchG durchzuführen. Ergibt diese, dass Schutzmaßnahmen erforderlich sind, hat sie der Arbeitgeber nach § 3 Abs. 1 S. 1 ArbSchG zu treffen. Kann einer Gefährdung mittels unterschiedlicher Schutzmaßnahmen begegnet werden, besteht im Rahmen dieser Norm ein **Mitbestimmungsrecht des Betriebsrats nach § 87 Abs. 1 Nr. 7 BetrVG bei der Entscheidung, welche der möglichen Maßnahmen umgesetzt werden soll.**[323]

Ob eine Gefährdungsbeurteilung durchzuführen ist, entscheidet dies staatliche Aufsichtsbehörde (Gewerbeaufsicht, Amt für Arbeitsschutz). Auch bei der **Dokumentation der Gefährdungsbeurteilung** nach § 6 ArbSchG steht dem Betriebsrat dieses Mitbestimmungsrecht. Denn die Art und Weise, wie die in § 6 ArbSchG angeordnete Dokumentation vorzunehmen ist, kann sich auf die arbeitsschutzrechtliche Lage der Beschäftigten auswirken.[324]

Der Betriebsrat hat ebenfalls bei **Unterweisungen nach § 12 ArbSchG** ein Mitbestimmungsrecht nach § 87 Abs. 1 Nr. 7 BetrVG. Auch § 12 ArbSchG ist eine **gesetzliche Rahmenregelung** über den Gesundheitsschutz. Die durch § 12 Abs. 1 ArbSchG dem Arbeitgeber auferlegte Verpflichtung, die Beschäftigten über Sicherheit und Gesundheitsschutz bei der Arbeit während ihrer Arbeitszeit ausreichend und angemessen zu unterweisen, dient zumindest mittelbar dem Gesundheitsschutz. § 12 ArbSchG ist auch eine Rahmenvorschrift, bei deren Umsetzung dem Arbeitgeber Handlungsspielräume verbleiben. Insbesondere müssen Art, Umfang und konkrete Inhalte der Unterweisung festgelegt werden. Hierbei hat der Betriebsrat mitzubestimmen.[325]

Beispiel: Hierzu gehören z. B. Regelungen darüber, ob die Unterweisung generell durch Externe oder durch sachkundige Arbeitnehmer des Unternehmens durchgeführt wird, welche Qualifikation und Kenntnisse die mit der Durchführung der Gefährdungsbeurteilungen und der Unter-

---

[322] BAG 11.02.2014 – 1 ABR 72/12, juris
[323] BAG 19.11.2019 – 1 ABR 22/18, juris
[324] BAG 19.11.2019 – 1 ABR 6/18, juris
[325] BAG 11.01.2011 – 1 ABR 104/09, juris

> weisungen befassten Personen haben müssen, wie diese Qualifikation festgestellt wird und wie die Unterweisung erfolgt. Allerdings besteht kein Mitbestimmungsrecht, wenn der Arbeitgeber im Einzelfall interne Mitarbeiter oder externe Personen oder Stellen mit der Durchführung von Gefährdungsbeurteilungen oder Unterweisungen beauftragt.[326]

Eine andere Frage ist, ob der Betriebsrat Maßnahmen verhindern kann, bevor der Arbeitgeber eine notwendige Gefährdungsbeurteilung durchführt.

> Beispiel: Der Arbeitgeber will mit seiner Betriebsstätte an einen anderen Ort umziehen. Der Betriebsrat möchte den Umzug verhindern, bevor nicht der Arbeitgeber die Gefährdungsbeurteilung nach § 3 Abs. 3 ArbStättVO durchführt. Nach dieser Bestimmung hat der Arbeitgeber die nach § 3 Abs. 1 ArbStättVO durchzuführende Gefährdungsbeurteilung „vor Aufnahme der Tätigkeit zu dokumentieren". Der Betriebsrat beantragt den Erlass einer einstweiligen Verfügung, um den Umzug zu verhindern.
>
> Das LAG Schleswig-Holstein[327] hat die einstweilige Verfügung abgelehnt.

Mitzubestimmen hat der Betriebsrat nur bei der **Festlegung der Regelungen**, nach denen die Gefährdungsbeurteilung erfolgen soll. Der **Zeitpunkt**, an dem die Gefährdungsbeurteilung durchzuführen ist, **unterliegt nicht der Mitbestimmung des Betriebsrats**, sondern ist als ordnungsrechtliche Vorschrift gesetzlich vorgegeben. Auch die Durchführung der Gefährdungsbeurteilung als tatsächliche Handlung erfolgt ohne Beteiligung des Betriebsrats.

7.3 Ausgleich von Nachtarbeit

> Beispiel: Der Betriebsrat möchte bei der Gestaltung des Ausgleichs von Nachtarbeit mitbestimmen.
>
> Das BAG hat ein solches Recht bejaht.

Der Betriebsrat hat bei der Ausgestaltung des vom Arbeitgeber gemäß § 6 Abs. 5 ArbZG geschuldeten Ausgleichs für Nachtarbeit nach § 87 Abs. 1 Nr. 7 BetrVG mitzubestimmen. Der in § 6 Abs. 5 ArbZG vorgesehene Ausgleichsanspruch dient zumindest mittelbar dem Gesundheitsschutz, weil er die Nachtarbeit mit Zusatzkosten belastet und so für den Arbeitgeber weniger attraktiv macht

---

[326] BAG 18.08.2009 – 1 ABR 43/08, juris
[327] LAG Schleswig-Holstein 12.01.2021 – 1 TaBVGa 4/20, juris

Dieses Mitbestimmungsrecht entfällt nur dann, wenn der Tarifvertrag eine abschließende Ausgleichsregelung i. S. v. § 6 Abs. 5 ArbZG enthält.[328]

7.4 Ausgestaltung eines Großraumbüros

Beispiel: *Der Arbeitgeber verteilt nach bestimmten Gesichtspunkten die Arbeitsplätze in seinem Großraumbüro. Der Betriebsrat möchte mitbestimmen.*

Ein Mitbestimmungsrecht wird zu verneinen sein. Allerdings werden Arbeitgeber und Betriebsrat § 75 BetrVG zu beachten haben.

Für die Verteilung der Arbeitsplätze in einem Großraumbüro besteht **kein Mitbestimmungsrecht des Betriebsrats nach § 87 Abs. 1 Nr. 7 BetrVG**, es kommt allerdings in Sonderfällen ein Mitbestimmungsrecht nach § 91 BetrVG in Betracht.[329]

7.5 Sicherheitsanweisungen

Beispiel: *Der Arbeitgeber regelt in einem Handbuch verbindliche Arbeits- und Sicherheitsanweisungen, ohne den Betriebsrat beteiligt zu haben. Der Betriebsrat verlangt, dass die Anweisungen aus dem Handbuch genommen werden.*

Das BAG hat dem Betriebsrat Recht gegeben.[330]

Der Betriebsrat hat gemäß § 87 Abs. 1 Nr. 7 BetrVG mitzubestimmen, wenn der Arbeitgeber verbindliche Arbeits- und Sicherheitsanweisungen erlässt, um Unfallverhütungsvorschriften zu konkretisieren. Als ausfüllungsfähige und –bedürftige Rahmenvorschrift kommt auch § 2 Abs. 1 DGUV Vorschrift 1[331] (Unfallverhütungsvorschrift Grundsätze der Prävention) in Betracht.

Hat der Arbeitgeber unter Verletzung des Mitbestimmungsrechts die umstrittenen Anweisungen bereits bekannt gegeben (hier durch Aufnahme in ein Handbuch), kann der Betriebsrat die Beseitigung des betriebsverfassungsrechtlichen Zustandes verlangen (hier durch Herausnahme aus dem Handbuch).

---

[328] BAG 17.01.2012 – 1 ABR 62/10, juris
[329] LAG München 16.04.1987 – 8 (9) TaBV 56/88, juris
[330] BAG 16.06.1998 – 1 ABR 68/97, juris; vgl. auch S. 51 f.
[331] Früher: BGV 1, davor VBG 1

7.6 Mitarbeiterbefragung im Rahmen des Gesundheitsschutzes

Beispiel: Der Betriebsrat will im Rahmen des Gesundheitsschutzes eine anonyme Mitarbeiterbefragung durchführen. Steht ihm ein solches Recht zu?

In Abweichung vom LAG Hamburg[332] hat das BAG[333] ein Mitbestimmungsrecht verneint.

Zur Begründung führt das BAG aus: „In der Mitarbeiterbefragung liegt keine mitbestimmungspflichtige Gefährdungsbeurteilung. Gegenstand der Mitbestimmung ist, wie der Arbeitgeber die Gefährdungsbeurteilung organisiert und durchführt. Der Betriebsrat verkennt aber, dass die streitbefangene Maßnahme objektiv keine Gefährdungsbeurteilung ist. Die Gefährdungsbeurteilung als Instrument zur Beurteilung der Arbeitsbedingungen ... dient der Überprüfung, ob und ggf. welche Gefährdungen für die Beschäftigten mit ihrer Arbeit verbunden sind. Durch sie ist zu ermitteln, welche Maßnahmen des Arbeitsschutzes erforderlich sind. Nach § 5 Abs. 2 S. 1 ArbSchG ist die Beurteilung je nach Art der Tätigkeiten vorzunehmen; nach § 5 Abs. 2 S. 2 ArbSchG genügt bei gleichartigen Bedingungen die Beurteilung der Arbeitsbedingungen eines konkreten Arbeitsplatzes oder einer konkreten Tätigkeit. Einer solchen Analyse möglicher Gefährdungen genügt die Mitarbeiterbefragung ... für sich gesehen nicht. Sie ließe schon wegen der Freiwilligkeit an ihrer Teilnahme und ihrer Anonymität, vor allem aber wegen ihres Konzernbezugs keine ortsgebundenen arbeitsplatz-, tätigkeits- bzw. arbeitsbereichsbezogene Schlüsse über Arbeitsbedingungen im Betrieb des Herzzentrums zu. Entsprechend würde das zum betrieblichen Arbeitsschutz verpflichtete Herzzentrum allein mit der streitbefangenen Maßnahme seiner Verpflichtung zur Beurteilung der Arbeitsbedingungen nach § 5 ArbSchG nicht genügen. Damit wird nicht verkannt, dass eine Beschäftigtenbefragung als Mittel der Gefährdungsanalyse infrage kommen kann. Der Betriebsrat kann jedoch bei seiner Beteiligung nach § 87 Abs. 1 Nr. 7 BetrVG i.V.m. § 5 ArbSchG auf eine entsprechende Befragung hinwirken.

Die arbeitsschutzrechtlichen Grundpflichten des Arbeitgebers nach § 3 ArbSchG tragen ebenso kein Mitbestimmungsrecht nach § 87 Abs. 1 Nr. 7 BetrVG. Für eine Mitbestimmung nach § 87 Abs. 1 Nr. 7 BetrVG i.V.m. § 3 Abs. 1 S. 1

---

[332] LAG Hamburg 14.06.2015 – 2 TaBV 2/16, juris
[333] BAG 21.11.2017 – 1 ABR 47/16, juris; hierzu auch BAG 11.12.2018 – 1 ABR 13/17, juris; in der Entscheidung ging es um eine Mitarbeiterbefragung zur Zufriedenheit der Mitarbeiter z.B. mit den Vorgesetzten; es wurde weder ein Mitbestimmungsrecht nach § 87 Abs. 1 Nr. 1 noch nach § 87 Abs. 1 Nr. 7 BetrVG bejaht.

ArbSchG fehlt es am Vorliegen von Gefährdungen, die entweder feststehen oder im Rahmen einer Gefährdungsbeurteilung festzustellen sind. Überdies ist die Mitarbeiterbefragung ... keine Maßnahme des Arbeitsschutzes i. S. d. § 3 Abs. 1 S. 1 ArbSchG."

7.7 Bestellung von Betriebsärzten und Fachkräften für Arbeitssicherheit

Der Arbeitgeber muss nach dem ASiG Betriebsärzte und Fachkräfte für Arbeitssicherheit bestellen. Der Betriebsrat hat ein Mitbestimmungsrecht in der Frage, ob hauptamtliche oder nebenamtliche Betriebsärzte und Fachkräfte für Arbeitssicherheit bestellt werden. Während der Betriebsrat der Bestellung eines Hauptamtlichen ausdrücklich zustimmen muss, ist er nach § 9 Abs. 3 S. 3 ASiG vor der Verpflichtung oder Entpflichtung einer freiberuflich tätigen betriebsärztlichen Fachkraft oder einer freiberuflich tätigen Fachkraft für Arbeitssicherheit oder eines entsprechenden überbetrieblichen Dienstes lediglich zu hören ist.

Beispiel: *Kann der Betriebsrat nach § 9 Abs. 3 ASiG die Abberufung eines Betriebsarztes oder einer Fachkraft für Arbeitssicherheit verlangen und bei Nichteinigung die Einigungsstelle nach § 9 Abs. 3 S. 2 2. HS verlangen?*
Das LAG Berlin-Brandenburg[334] hat das verneint.

Zur Begründung führt dieses Gericht aus, dass nach § 9 Abs. 3 ASiG die Betriebsärzte und die Fachkräfte für Arbeitssicherheit mit Zustimmung des Betriebsrats zu bestellen und abzuberufen sind. Das Gleiche soll bei deren Aufgabenerweiterung oder -Einschränkung gelten. Diesbezüglich wird auf § 87 BetrVG verwiesen. Das Gesetz sieht daher für den Fall der Abberufung ausdrücklich nur die „Zustimmung" des Betriebsrats vor. Eine "Zustimmung" setzt aber bereits begrifflich eine Maßnahme des Arbeitgebers voraus; nur einer solchen Vorgabe durch den Arbeitgeber kann der Betriebsrat „zustimmen". Das LAG hat trotzdem die Einigungsstelle eingesetzt und den Vorsitzenden bestellt, weil sie wegen der in der Literatur streitigen Rechtsfrage nicht offensichtlich unzuständig ist.[335]

---

[334] LAG Berlin-Brandenburg 5.11.2019 – / TaBV 1728/19, juris
[335] Hierzu S. 87

Beispiel: *Gibt es auch ein Mitbestimmungsrecht bei dem Umfang ihrer Aufgaben?*

Das LAG Berlin-Brandenburg[336] hat dies bejaht.

Die Bestimmung der Aufgaben der betriebsärztlichen Fachkraft und der Fachkraft für Arbeitssicherheit und deren Aufteilung unterliegt dem Mitbestimmungsrecht des Betriebsrats nach § 87 Abs. 1 Nr. 7 BetrVG oder § 9 Abs. 3 S. 2 ASiG. Das gilt **auch für die Konkretisierung** der nach der DGUV Vorschrift 2 im Rahmen der betriebsärztlichen und sicherheitstechnischen Grundbetreuung wahrzunehmenden Aufgaben und deren Aufteilung.

7.8 Aufbau einer Aufbau- und Ablauforganisation

Beispiel: *Der Arbeitgeber überträgt an seine Meister Verantwortlichkeiten im Rahmen des Arbeitsschutzes. Der Betriebsrat möchte mitbestimmen.*

Das BAG hat ein Mitbestimmungsrecht bejaht[337].

Das BAG führt aus: „Erschöpft sich die Maßnahme des Arbeitgebers in der Übertragung einzelner Aufgaben auf Dritte nach § 13 Abs. 2 ArbSchG liegt typischerweise eine Einzelmaßnahme vor, die nicht der Mitbestimmung nach § 87 Abs. 1 Nr. 7 BetrVG unterliegt. In diesem Fall ist eine betriebliche Regelung, in der Arbeitgeber und Betriebsrat abstrakt-generell festlegen, in welcher Weise das vorgegebene Ziel des Arbeitsschutzes erreicht werden soll, nicht erforderlich.

Hiervon abzugrenzen ist jedoch die Schaffung einer Aufbau- und Ablauforganisation zum Gesundheitsschutz. Nach § 3 Abs. 2 Nr. 1 ArbSchG hat der Arbeitgeber unter Berücksichtigung der Art der Tätigkeiten und der Zahl der Beschäftigten zur Planung und Durchführung der erforderlichen Maßnahmen des Arbeitsschutzes für eine geeignete Organisation zu sorgen. Weiterhin hat er gemäß § 3 Abs. 2 Nr. 2 ArbSchG Vorkehrungen dafür zu treffen, dass die Maßnahmen erforderlichenfalls bei allen Tätigkeiten und eingebunden in die betrieblichen Führungsstrukturen beachtet werden und die Beschäftigten ihren Mitwirkungspflichten nachkommen können. Der Arbeitgeber hat damit **durch den Aufbau einer geeigneten Organisation** dafür Sorge zu tragen, dass die sich aus dem Arbeitsschutzgesetz ergebenden Aufgaben auf Mitarbeiter, insbesondere Führungskräfte verteilt werden .... Hierbei handelt es sich um generell-abstrakte Regelungen des Arbeitsschutzes, die über den Einzelfall hinausgehen. Sie

---

[336] LAG Berlin-Brandenburg 07.07.2016 – 21 TaBV 195/16, juris
[337] BAG 18.03.2014 – 1 ABR 73/12, juris

betreffen nicht nur die Übertragung einzelner Aufgaben des Arbeitsschutzes auf bestimmte Personen, sondern den Aufbau einer Organisationsstruktur. Die Zuweisung von Aufgaben an einzelne Führungskräfte ist in diesem Fall lediglich Teil dieser Organisationsmaßnahme. Derartige Maßnahmen unterliegen der Mitbestimmung des Betriebsrats nach § 87 Abs. 1 Nr. 7 BetrVG. § 3 ArbSchG ist gewissermaßen der **„Prototyp" einer allgemein gehaltenen Rahmenvorschrift.** Sie gibt dem Arbeitgeber kein bestimmtes, verallgemeinerungsfähiges Organisationsmodell vor, sondern setzt einen Rahmen für die Entwicklung einer an den betrieblichen Gegebenheiten ausgerichteten Organisation. Diese ist maßgeblich vom konkreten Ausmaß der jeweils bestehenden Unfall- und Gesundheitsgefahren sowie von der Betriebsgröße abhängig. § 3 ArbSchG stellt damit entgegen der Auffassung der Rechtsbeschwerde nicht nur eine umfassende Generalklausel ohne konkreten Regelungsgegenstand dar, die nicht der Mitbestimmung nach § 87 Abs. 1 Nr. 7 BetrVG unterliegt. Diese Vorschrift enthält vielmehr von den Betriebsparteien auszufüllende Regelungsspielräume."

7.9 Mitbestimmung über die personelle Mindestbesetzung auf Krankenhausstationen

Beispiel: *Der Betriebsrat will erreichen, dass auf den Stationen eines Krankenhauses durch einen Spruch der Einigungsstelle eine Mindestbesetzung mit Pflegepersonal wird.*

Das ArbG Kiel[338] hat ein solches Mitbestimmungsrecht bejaht, das LAG Schleswig-Holstein[339] hat es in Hinblick auf § 92 BetrVG verneint, das BAG[340] hat nicht abschließend entschieden. Das LAG Hamburg[341] hat eine erzwingbares Mitbestimmungsrecht nach einer Gefährdungsbeurteilung, die den Arbeitgeber zu die Arbeitnehmer schützenden Maßnahmen zwingt, bejaht.

Das ArbG Kiel führte zur Begründung aus, die Vorgabe einer Mindestbesetzung mit Pflegepersonal sei eine Maßnahme, mit der einer Gesundheitsgefährdung der eigenen Beschäftigten durch Überlastung begegnet werden könne. Der Betriebsrat habe gemäß § 87 Abs. 1 Nr. 7 BetrVG i.V.m. §§ 3, 5 ArbSchG ein erzwingbares Mitbestimmungsrecht zur Herbeiführung von betrieblichen

---

[338] ArbG Kiel 26.07.2017 – 7 BV 67c/16, juris
[339] LAG Schleswig-Holstein 25.04.2018 – 6 TaBV 21/17, juris
[340] BAG 19.11.2919 – 1 ABR 22/18, juris
[341] LAG Hamburg 16.07.2020 – 8 TaBV 8/19, juris

Schutzmaßnahmen des Arbeitgebers, mit denen Gesundheitsschäden bei konkreten Gefährdungen, die im Rahmen einer Gefährdungsbeurteilung festgestellt worden sind, verhütet werden sollen. Des könne er auch eine Mindestbesetzung des Pflegepersonales erzwingen. Der damit verbundene Eingriff in die unternehmerische Freiheit (Art. 12 GG) habe gegebenenfalls zu Gunsten der Grundrechte der Arbeitnehmer aus Art. 2 Abs. 2 GG und aus Art. 31 der EU-Grundrechte-Charta, wonach jeder Arbeitnehmer das Recht auf gesunde, sichere und würdige Arbeitsbedingungen sowie auf eigene körperliche Unversehrtheit hat, zurückzutreten.

Das LAG Niedersachsen entgegnete, dass der Eingriff in die Personalplanung (§ 92 BetrVG) durch die Festlegung einer Mindestbesetzung nicht durch § 87 Abs. 1 Nr. 7 BetrVG gerechtfertigt sei. Das BAG hat die Entscheidung des LAG aufgehoben, weil der Einigungsstelle nicht das Recht zur Ausgestaltung der Gefährdungsbeurteilung und gleichzeitig die Regelung konkreter Schutzmaßnahmen (§ 3 Abs. 1 S. 1 ArbSchG) und deren Wirksamkeitskontrolle (§ 3 Abs. 1 S. 2 ArbSchG) übertragen werden kann; dies Gericht hat aber ausgeführt, dass das Beteiligungsrecht des Betriebsrats bei der Personalplanung nach § 92 BetrVG einerseits und sein Mitbestimmungsrecht bei Arbeits- und Gesundheitsschutz nach § 87 Abs. 1 Nr. 7 BetrVG andererseits unterschiedliche Angelegenheiten betreffen. Das LAG Hamburg urteilte, dass trotz der Zuständigkeit des Arbeitgebers im Rahmen seiner unternehmerischen Freiheit für die Personalplanung, § 92 BetrVG, bei einer durch eine personelle Unterbesetzung in einem Krankenhaus eintretenden konkreten psychischen Gefährdung i.S. des § 5 Abs. 1 ArbSchG die Einigungsstelle einen Personalbedarfsschlüssel festlegen kann.

Anmerkung: Daraus folgt, dass bei einer im Rahmen einer Gefährdungsbeurteilung festgestellten Überlastung des Pflegepersonals durchaus als Abhilfemaßnahme die Festlegung einer Mindestbesetzung in Betracht kommen kann, ohne dass das BAG – anders das LAG Hamburg – hierzu bisher eine Aussage machen musste und gemacht hat.

7.10 Einrichtung eines Arbeitsschutzausschusses

Beispiel: Der Betriebsrat möchte entgegen dem Willen des Arbeitgebers einen Arbeitsschutzausschuss nach § 11 ASiG einrichten.

Das BAG hat einen entsprechenden Anspruch des Betriebsrats verneint.[342]

§ 11 ASiG verpflichtet den Arbeitgeber zur Bildung eines Arbeitsschutzausschusses. Diese Bestimmung begründet jedoch keinen Anspruch des Betriebsrats gegen den Arbeitgeber auf Einrichtung eines solchen Ausschusses. Der Betriebsrat kann nach § 89 Abs. 1 S. 2 BetrVG die zuständige Arbeitsschutzbehörde ersuchen, gegenüber dem Arbeitgeber die Verpflichtungen aus § 11 ASiG im Wege einer Anordnung nach § 12 Abs. 1 ASiG durchzusetzen.

7.11 Erstellung eines Coronakonzepts im Krankenhaus

Beispiel: *Krankenhäuser haben in Nordrhein-Westfalen gemäß § 5 Abs. 1 S. 1 CoronaSchVO die erforderlichen Maßnahmen zu ergreifen, um den Eintrag von Coronaviren zu erschweren und Patienten, Bewohner sowie – ausdrücklich – auch das Personal zu schützen. Besuche sind gemäß § 5 Abs. 1 S. 3 CoronaSchVO (nur) auf der Basis eines einrichtungsbezogenen Besuchskonzepts zulässig, das die Empfehlungen und Richtlinien des Robert-Koch-Instituts zum Hygiene- und Infektionsschutz umsetzt. Entscheidet sich der Krankenhausträger für die Zulassung von Besuchen, trifft ihn die entsprechende Verpflichtung zur Erstellung eines Besuchskonzepts. Der Betriebsrat möchte im Rahmen dieses Konzepts mitbestimmen.*

Das LAG Köln[343] hat ein Mitbestimmungsrecht nach § 87 Abs. 1 Nr. 7 BetrVG bejaht.

Die Richtlinien des Robert-Koch-Instituts sind nicht abschließend; vielmehr bedarf das zu erstellende Besuchskonzept der betrieblichen Ausgestaltung und sie haben damit einen Gestaltungsspielraum, etwa hinsichtlich der Besuchszeiten und der Abstandsregelungen. Zudem handelt es sich bei den Empfehlungen des Robert-Koch-Instituts nicht um eine abschließende Aufzählung, sondern um die Benennung von Mindeststandards, die Arbeitgeberin und Betriebsrat im Interesse eines stärkeren Gesundheitsschutzes übertreffen dürfen. Dementspre-

---

[342] BAG 15.04.2014 – 1 ABR 82/12, juris
[343] LAG Köln 20.01.2021 – 9 TaBV 58/20, juris

chend enthalten die Empfehlungen des Robert-Koch-Instituts die ausdrückliche Vorgabe, dass die konkrete Umsetzung unter Berücksichtigung der lokalen Gegebenheiten erfolgen soll. Zudem dürfen der Arbeitgeber und der Betriebsrat die Richtlinien im Interesse eines stärkeren Gesundheitsschutzes übertreffen. Entscheidend kommt hinzu, dass die Betriebsparteien ausdrücklich **auch die eigenen Arbeitnehmer** in das Konzept einbeziehen müssen.

Beispiel: *Der Betriebsrat verlangt im Rahmen des Corona-Lockdowns, dass der Betrieb erst dann wieder geöffnet wird, wenn nicht zuvor eine mitbestimmte Regelung über den Gesundheitsschutz getroffen wird.*

Das ArbG Hamm[344] hat den Antrag zurückgewiesen.

Dem Betriebsrat steht bei Anwendbarkeit des § 87 Absatz 1 Nr. 7 BetrVG kein Unterlassungsanspruch, gerichtet auf eine Betriebsschließung oder auf ein Verbot des Einsatzes von Mitarbeitern bis zum Abschluss einer Betriebs- oder sonstigen Vereinbarung zum Gesundheitsschutz zu. Und das LAG Schleswig-Holstein[345]: Mitzubestimmen hat der Betriebsrat bei der Festlegung der Regelungen, nach denen die Gefährdungsbeurteilung erfolgen soll. Der Zeitpunkt, an dem die Gefährdungsbeurteilung durchzuführen ist, unterliegt nicht der Mitbestimmung des Betriebsrats, sondern ist als ordnungsrechtliche Vorschrift gesetzlich vorgegeben. Auch die Durchführung der Gefährdungsbeurteilung als tatsächliche Handlung erfolgt ohne Beteiligung des Betriebsrats.

---

[344] 04.05.2020 – 2 BVGa 2/20, juris
[345] LAG Schleswig-Holstein 12.01.2021 – 1 TaBVGa 4/20, BeckRS 2021, 2200 – vgl. auch S. 175

8. Soziale Einrichtungen (§ 87 Abs. 1 Nr. 8 BetrVG)

Beispiel: *Der Arbeitgeber will eine Unterstützungskasse in der Rechtsform eines rechtsfähigen Vereins gründen, der an die Belegschaftsmitglieder im Alter Versorgungsleistungen erbringen soll. Der Betriebsrat möchte nach § 87 Abs. 1 Nr. 8 BetrVG mitbestimmen.*

Das BAG hat des Mitbestimmungsrecht des Betriebsrats anerkannt.

Unterstützungskassen sind Sozialeinrichtungen i. S. d. § 87 Abs. 1 Nr. 8 BetrVG.

Bei rechtlich selbständigen, tatsächlich aber abhängigen Sozialeinrichtungen kann das Mitbestimmungsrecht des Betriebsrats auf zwei Wegen realisiert werden:[346]

1. Wenn nichts anderes vereinbart ist, müssen mitbestimmungspflichtige Fragen zunächst zwischen Arbeitgeber und Betriebsrat ausgehandelt werden; der Arbeitgeber hat dann dafür zu sorgen, dass seine Sozialeinrichtung die getroffene Regelung übernimmt (**„zweistufige Lösung"**).

2. Die Betriebspartner können aber auch vereinbaren, dass der Betriebsrat Vertreter in die Organe der Sozialeinrichtung entsendet und mitbestimmungspflichtige Fragen nur noch in den Beschlussgremien der Sozialeinrichtung behandelt werden (**organschaftliche Lösung**).

Eine Sozialeinrichtung mit dem Ziel der betrieblichen Altersversorgung, bei deren Verwaltung der Betriebsrat gemäß § 87 Abs. 1 Nr. 8 BetrVG zu beteiligen ist, liegt nur dann vor, wenn die Altersversorgung aus einem **zweckgebundenen Sondervermögen** (z. B. Pensionskassen, Unterstützungskasse) geleistet wird.[347]

Beispiel: *Der Arbeitgeber möchte die Leistungen der Unterstützungskasse reduzieren. Der Betriebsrat will mitbestimmen.*

Ein Mitbestimmungsrecht besteht nicht.[348]

Der **Arbeitgeber kann die Mittel,** die er für die Altersversorgung seiner Arbeitnehmer über eine Unterstützungskasse zur Verfügung stellen will (Umfang der finanziellen Verpflichtungen, Dotierungsrahmen), **mitbestimmungsfrei kürzen.** Das führt dazu, dass für die zur Verfügung stehenden Mittel ein neuer Verteilungsplan aufzustellen ist.

---

[346] BAG 13.07.1978 – 3 ABR 108/77, juris
[347] BAG 12.06.1975 – 3 ABR 13/74, juris
[348] BAG 10.03.1992 – 3 AZR 221/91, juris

Der Betriebsrat hat bei der Aufstellung von Grundsätzen **mitzubestimmen**, nach denen die vom Arbeitgeber (Trägerunternehmen) zur Verfügung gestellten Mittel an die begünstigten Arbeitnehmer **verteilt** werden sollen.

Das Mitbestimmungsrecht des Betriebsrats kann ausnahmsweise entfallen, wenn es an einem Regelungsspielraum für die Verteilung der verbleibenden Mittel fehlt. Werden jedoch im Rahmen einer Übergangsregelung weitere Mittel verteilt, ist das Mitbestimmungsrecht des Betriebsrats zu beachten.

Ein vom Arbeitgeber oder von der Unterstützungskasse erklärter Widerruf von Versorgungszusagen ist unwirksam, wenn der Arbeitgeber die Mitbestimmungsrechte des Betriebsrats nicht beachtet hat.

Beispiel: *Der Arbeitgeber unterhält eine Werkskantine. Dort durften in der Vergangenheit Arbeitnehmer bei Dienstjubiläen feiern. Der Arbeitgeber möchte dieses aus wirtschaftlichen Gründen künftig verbieten. Der Betriebsrat möchte mitbestimmen.*

Das BAG stimmte dem Betriebsrat zu.[349]

Der Betriebsrat hat mitzubestimmen, wenn die bisher übliche Nutzung einer Kantine dadurch **eingeschränkt** werden soll, dass künftig Jubiläumsfeiern von Arbeitnehmern des Betriebes in der Kantine nicht mehr stattfinden dürfen.

Beispiel: *Der Arbeitgeber will die Öffnungszeiten der von einer Personalkantine auf eine mit Tischen und Stühlen versehende Terrasse ändern. Der Betriebsrat reklamiert ein Mitbestimmungsrecht nach § 87 Abs. 1 Nr. 8 BetrVG*

Das LAG Düsseldorf[350] *hat ein Mitbestimmungsrecht bejaht.*

Die **Konkretisierung der Nutzung der Personalkantine** einschließlich der Terrasse – jedenfalls solange sie möbliert ist – unterliegt der Mitbestimmung des Betriebsrats aus § 87 Abs. 1 Nr. 8 BetrVG. Dies betrifft zum einen die Öffnungszeiten, aber auch die Konkretisierung der Nutzung der Sozialeinrichtung im Rahmen der generellen Zweckbestimmung. Insoweit wird das Hausrecht der Arbeitgeberin begrenzt. Ist die Personalkantine einschließlich Terrasse als Sozialeinrichtung von der Arbeitgeberin generell eröffnet, ist nicht etwa jede einzelne Nutzungsform mitbestimmungsfrei. Dem steht nicht entgegen, dass der Arbeitgeber mitbestimmungsfrei über die Nutzung der betrieblichen Räume entscheiden kann. Im Rahmen dieser Entscheidungsfreiheit kann der Arbeitgeber bestimmen, ob er betriebliche Räume überhaupt für die Sozialein-

---
[349] BAG 15.09.1987 – 1 ABR 31/86, juris
[350] LAG Düsseldorf 12.12.2018 – 12 TaBV 37/18, juris

richtung Kantine zur Verfügung stellen will. Hat er diese Entscheidung getroffen, obliegt die nähere Nutzung dieser Räume als Ausgestaltung der Kantine der Mitbestimmung des Betriebsrats.

Beispiel: Arbeitgeber und Betriebsrat regeln in einer Betriebsvereinbarung, dass die Arbeitnehmer die Kosten für das Kantinenessen selbst dann tragen, wenn sie es nicht in Anspruch nehmen.

Das BAG[351] hat erkannt, dass diese Bestimmung der Betriebsvereinbarung wegen Verstoßes gegen § 75 Abs. 2 BetrVG rechtsunwirksam ist.

In dieser Entscheidung heißt es u. a.: „Die Mitbestimmungsrechte des Betriebsrats nach § 87 Abs. 1 Nr. 1 und 8 BetrVG reichen nicht so weit, dass die Betriebspartner den Arbeitnehmern auch dann eine Kostenbeteiligung an der Kantinenverpflegung auferlegen könnten, wenn diese an den Mahlzeiten nicht teilnehmen.

Die Regelung der Benutzung der Kantine unterfällt allerdings den zwei Mitbestimmungstatbeständen. Sie ist eine **Gestaltung des Zusammenlebens** der Arbeitnehmer im Betrieb und damit als Frage des Ordnungsverhaltens mitbestimmungspflichtig nach § 87 Abs. 1 Nr. 1 BetrVG. Die Kantine ist **ferner** eine **Sozialeinrichtung** i. S. v. § 87 Abs. 1 Nr. 8 BetrVG. Das Mitbestimmungsrecht umfasst aber nicht auch die Beteiligung derjenigen Arbeitnehmer an den Kosten der Kantine, die ihre Leistungen nicht in Anspruch nehmen. § 87 Abs. 1 Nr. 1 BetrVG unterwirft nur Fragen der Ordnung des Betriebes und des Verhaltens der Arbeitnehmer im Betrieb der Mitbestimmung des Betriebsrats. Ein **Mitbestimmungsrecht** über die anlässlich einer Regelung nach § 87 Abs. 1 Nr. 1 BetrVG **anfallenden Kosten** ist dem Gesetz dagegen **nicht zu entnehmen**. Die Kosten sind vielmehr von demjenigen zu tragen, in dessen Sphäre sie anfallen.

Grenzen der Regelungskompetenz einer freiwilligen Betriebsvereinbarung ergeben sich aber neben dem gegenüber vertraglichen Regelungen zu beachtenden Günstigkeitsprinzip aus der Arbeitgeber und Betriebsrat nach § 75 Abs. 2 BetrVG obliegenden Verpflichtung, die freie Entfaltung der Persönlichkeit der im Betrieb beschäftigten Arbeitnehmer zu schützen und zu fördern. Lohnverwendungsbestimmungen, die den Arbeitnehmer ausschließlich belasten, sind danach grundsätzlich unzulässig. Sie führen zu Einschränkungen der dem Arbeitnehmer zustehenden Freiheit, über seinen Lohn zu verfügen, und greifen damit in seine außerbetriebliche Lebensgestaltung ein.

---

[351] BAG 11.07.2000 – 1 AZR 551/99, juris

Die der Klägerin auferlegte Kostenbeteiligung stellt eine unzulässige **Lohnverwendungsbestimmung** in diesem Sinne dar. Sie führt jedenfalls zu einem unverhältnismäßigen Eingriff in das Recht der Klägerin auf freie Entfaltung ihrer Persönlichkeit."

Beispiel: Der Arbeitgeber beschäftigt neben seinen Stammarbeitnehmern auch Leiharbeitnehmer. Er hat eine Betriebskantine. Auch die Leiharbeitnehmer wollen diese Kantine nutzen. Haben Sie einen Anspruch darauf und kann der Betriebsrat für die Leiharbeitnehmer über die Kantinenpreise mitbestimmen.

Das LAG Hamburg hat dieses zu Recht bejaht.[352]

Nach § 13 b AÜG haben Leiharbeitnehmer den gleichen Zugang zur Kantine wie die Stammarbeitnehmer und müssen deshalb keine höhere Kantinenpreise wie vergleichbare Stammbeschäftigte im Entleiherbetrieb zahlen. Allerdings zwingt die Vorschrift den Arbeitgeber im Entleiherbetrieb nicht dazu, den Dotierungsrahmen für die Kantine deshalb zu erhöhen. Vielmehr kann es dabei zu einer Neubestimmung der Verteilungsgrundsätze kommen. Wenn der Arbeitgeber den Dotierungsrahmen zur Ermöglichung gleicher Kantinenpreise für die Leiharbeitnehmer nicht erhöht, kann dies auch eine Erhöhung der Kantinenpreise für die Stammbeschäftigten zur Folge haben. Denkbar ist aber andererseits auch, dass der Arbeitgeber die zusätzlichen Kosten für die vergünstigten Kantinenpreise für Leiharbeitnehmer bei seinen Vertragsverhandlungen mit dem Verleihunternehmen als Abzugsposten berücksichtigt.

Hinsichtlich der Festlegung der Kantinenpreise für die Leiharbeitnehmer ist ein Mitbestimmungsrecht des Betriebsrats im Entleiherbetrieb nach § 87 Abs. 1 Nr. 8 BetrVG nicht ausgeschlossen.

Beispiel: Der Inhaber einer Fährschiffs erlaubt der Crew in einer Crew-Kantine verbilligt einzukaufen. Die für den Personalverkauf bestimmten Waren werden gemeinsam mit anderen, für den Passagierverkauf bestimmten Artikeln von dem Arbeitgeber bestellt und bezahlt. Ihre Abgabe an das Personal erfolgt an zwei Tagen in der Woche in einem gesonderten Raum durch Mitarbeiter des Arbeitgebers. Die Öffnungszeiten betragen jeweils zwischen 20 Minuten und einer Stunde. Die Einnahmen aus dem Personalverkauf fließen mit den Einnahmen aus den übrigen Cateringbereichen in das allgemeine Vermögen der Arbeitgeberin ein.

---

[352] LAG Hamburg 07.06.2012 – 2 TaBV 4/12, juris

Der Betriebsrat verlangt bei der Festlegung des Sortiments der Crew-Kantine mitzubestimmen.

Das BAG[353] hat ein Mitbestimmungsrecht verneint.

Zur Begründung führt das BAG aus: „Nach § 87 Abs. 1 Nr. 8 BetrVG hat der Betriebsrat mitzubestimmen bei der Form, Ausgestaltung und Verwaltung von Sozialeinrichtungen, deren Wirkungsbereich auf den Betrieb, das Unternehmen oder den Konzern beschränkt ist. Die Vorschrift will die Arbeitnehmer davor schützen, dass der Arbeitgeber die Verfügung über die für einen sozialen Zweck bereitstehenden Mittel durch deren organisatorische Verselbständigung einer Einflussnahme des Betriebsrats entzieht. Zu diesem Zweck unterwirft sie auch die Leistungsgewährung durch eine Sozialeinrichtung unter den in § 87 Abs. 1 Nr. 8 BetrVG bestimmten Voraussetzungen der betrieblichen Mitbestimmung.

Eine Sozialeinrichtung i. S. d. § 87 Abs. 1 Nr. 8 BetrVG erfordert ein zweckgebundenes Sondervermögen. Die vom Arbeitgeber für die Zuwendung aus sozialen Gründen vorgesehenen Mittel müssen von den laufenden, anderen Zwecken dienenden Betriebsmitteln abgrenzbar sein und einer gesonderten Bewirtschaftung unterliegen. Dies erfordert regelmäßig eine äußerlich erkennbare, auf Dauer gerichtete Organisation. Dazu müssen die einer Sozialeinrichtung zur Verfügung stehenden Mittel einer organisatorisch verselbständigten Verwaltung unterliegen. Dies kann durch eine eigenständige gesellschaftsrechtliche Stellung der Sozialeinrichtung als Unternehmen mit eigener Rechtspersönlichkeit erfolgen. Sofern die Vermögensgegenstände dem Unternehmen des Arbeitgebers allerdings rechtlich zugeordnet bleiben, müssen sie von den für den laufenden Geschäftsbetrieb eingesetzten Mitteln hinreichend **deutlich getrennt** werden. Nur auf diese Weise lässt sich ermitteln, ob diese tatsächlich einer Sozialeinrichtung im Rahmen einer besonderen Zweckbindung zur Verfügung stehen.

In diesem Fall fehlte es an einer solchen Sozialeinrichtung.

---

[353] BAG 06.11.2011 – 1 ABR 37/10, juris

9. Werkswohnung (§ 87 Abs. 1 Nr. 9 BetrVG)

Beispiel: Der Betriebsrat möchte über sein Mitbestimmungsrecht nach § 87 Abs. 1 Nr. 9 BetrVG erreichen, dass der Arbeitgeber Werksmietwohnungen zur Verfügung stellt. Der Arbeitgeber bestreitet ein entsprechendes Initiativrecht des Betriebsrats.

Der Arbeitgeber hat Recht.[354]

Dem Arbeitgeber **steht es frei, ob er Werksmietwohnungen** zur Verfügung stellen will. Der Betriebsrat kann über das Mitbestimmungsrecht nach § 87 Abs. 1 Nr. 9 BetrVG nicht die Einrichtung eines Bestands von Wohnungen erzwingen. Ebenso wenig kann der Arbeitgeber über das Mitbestimmungsrecht gezwungen werden, Werkswohnungen gegen seinen Willen weiterhin zur Verfügung zu stellen. Die Schließung oder Teilschließung eines Bestandes von Werkswohnungen ist demnach gleichfalls mitbestimmungsfrei.

Beispiel: Der Arbeitgeber stellt Werksmietwohnungen zur Verfügung, die sich allerdings in einem schlechten Zustand befinden. Der Betriebsrat möchte nicht nur bei der Höhe des Mietzinses, sondern auch über sein Mitbestimmungsrecht erreichen, dass die Wohnungen saniert werden. Außerdem möchte der Betriebsrat erreichen, dass nicht der Arbeitnehmer A, sondern der Mitarbeiter B die Wohnung erhält und diesem wegen seiner wirtschaftlichen Lage ein Mietabschlag gewährt wird.

Dem Betriebsrat steht ein Mitbestimmungsrecht bei der Festsetzung des allgemeinen Mietpreises sowie bei der Person des Mieters zu, nicht dagegen bei der Entscheidung, ob und welche Reparaturen erfolgen und ob dem Mieter im Einzelfall ein Mietabschlag gewährt wird.[355]

Es entspricht allgemeiner Auffassung, dass nur die sogenannten **Werksmietwohnungen**, nicht hingegen die Werkdienstwohnungen dem Mitbestimmungsrecht des § 87 Abs. 1 Nr. 9 BetrVG unterliegen. Kennzeichnend für die Werksmietwohnung ist, dass sie „mit Rücksicht auf das Bestehen eines Dienstverhältnisses vermietet" wird (§ 565 b BGB). Es wird **neben dem Arbeitsvertrag ein Mietvertrag** abgeschlossen. Demgegenüber ist die Werksdienstwohnung unmittelbarer Bestandteil des Arbeitsvertrages und regelmäßig Teil der Vergütung; es liegt kein selbständiger Mietvertrag vor (§ 565 e BGB).

---

[354] BAG 23.03.1993 – 1 ABR 65/92, juris
[355] BAG 28.07.1992 – 1 ABR 22/92, juris

Das Mitbestimmungsrecht des Betriebsrats erstreckt sich auf die „allgemeine Festlegung der Nutzungsbedingungen". Danach unterliegt die **allgemeine Festsetzung der Grundsätze für die Mietzinsbildung im Rahmen der vom Arbeitgeber vorgegebenen finanziellen Dotierung** der Sozialeinrichtung der Mitbestimmung, aber **nicht die Festsetzung der Miete im Einzelfall**. Weiter ist die auf § 88 Nr. 2 BetrVG beruhende Einschränkung des Mitbestimmungsrechts zu beachten. Ebenso wie der Arbeitgeber nicht gezwungen werden kann, eine Sozialeinrichtung zu errichten, so kann er auch nicht durch die Einigungsstelle verpflichtet werden, höhere finanzielle Zuschüsse aufzubringen, als er freiwillig zu gewähren bereit ist. Das gilt insbesondere auch bei der erstmaligen Festsetzung des Mietzinses (Übernachtungsgebühr). Das schließt andererseits aber ein Mitbestimmungsrecht des Betriebsrats bei der Mietzinsgestaltung hinsichtlich der hierfür maßgeblichen Grundsätze im Rahmen der Dotierung durch den Arbeitgeber nicht aus. Der Betriebsrat hat zwar kein umfassendes Mitbestimmungsrecht, er hat aber hier für die Frage ein Mitbestimmungsrecht, wie die von den im Wohnheim übernachtenden Arbeitnehmern teilweise zu tragenden finanziellen Aufwendungen zwischen Auslösungsempfängern und Nichtauslösungsempfängern aufzuteilen sind.[356]

Ein **Mitbestimmungsrecht** bei **jeder Einzelfestsetzung der Miete** ist nach dem Wortlaut des Gesetzes **nicht gegeben**. Es geht nur darum, welcher Quadratmeterpreis im Regelfall für eine Wohnung bestimmter Lage und Ausstattung, unter Umständen unter Berücksichtigung sozialer Gesichtspunkte, bezahlt werden soll.[357]

> *Beispiel:* *Der Arbeitgeber verfügt über 100 Wohneinheiten unterschiedlicher Größe, die nicht nur Arbeitnehmern, sondern auch Gästen und Auszubildenden, die einen Ausbildungsvertrag mit Dritten im Rahmen der überbetrieblichen Ausbildung haben, mietweise zur Verfügung gestellt wird. Es ist nicht festgelegt, welche Wohnungen ausschließlich den Arbeitnehmern des Arbeitgebers zur Verfügung stehen. Der Betriebsrat möchte bei allen Wohnungen ein Mitbestimmungsrecht nach § 87 Abs. 1 Nr. 9 BetrVG ausüben.*
>
> *Das BAG ist der Auffassung des Betriebsrats gefolgt.*[358]

Das Mitbestimmungsrecht des Betriebsrats **beschränkt sich grundsätzlich auf Arbeitnehmer i. S. d. § 5 Abs. 1 BetrVG** als Mitglieder der vom Betriebsrat repräsentierten Belegschaft. Wohnungen, die ausschließlich etwa für leitende

---

[356] BAG 03.06.1975 – 1 ABR 118/73, juris
[357] BAG 13.03.1973 – 1 ABR 16/72, juris
[358] BAG 28.07.1992 – 1 ABR 22/92, juris

Angestellte im Sinne des § 5 Abs. 3 BetrVG oder für betriebsfremde Dritte – z. B. Gäste – bestimmt sind, unterfallen daher nicht dem Mitbestimmungsrecht.

Dies ist **anders zu beurteilen**, wenn **aus einem einheitlichen Bestand ohne feste Zuordnung Wohnungen sowohl an Arbeitnehmer i. S. d. § 5 Abs. 1 BetrVG als auch an Personen vergeben werden, die nicht vom Betriebsrat repräsentiert werden**. In diesem Fall lässt sich eine Trennung nicht vornehmen. Die Interessen der vom Betriebsrat vertretenen Belegschaft sind betroffen auch bei der Vergabe von Wohnungen an eine dritte Person. Jede Wohnung, die einem Nicht-Arbeitnehmer überlassen wird, kann nicht mehr an einen Arbeitnehmer vergeben werden.

Bei der Vergabe von Wohnungen an Arbeitnehmer und nicht vom Betriebsrat repräsentierte Personen aus einem einheitlichen Bestand erstreckt sich das Mitbestimmungsrecht des Betriebsrats daher auf alle Wohnungen, erfasst also auch die Vergabe an dritte Personen.

Beachte deshalb:[359]

Der **Beschluss des Arbeitgebers, bestimmte Wohnungen** aus einem bisher einheitlich für Arbeitnehmer, leitende Angestellte und Dritte zur Verfügung stehenden Bestand von Werkswohnungen künftig nur noch an eine nicht vom **Betriebsrat repräsentierte Personengruppe (z. B. leitende Angestellte) zu vergeben**, bedarf **nicht der Mitbestimmung** des Betriebsrats. Mit dem Beschluss, bestimmte Bungalows ausschließlich an Direktoren zu vermieten, hat der Arbeitgeber den Nutzungszweck dieser Bungalows geändert und damit eine Umwidmung vorgenommen. Der Kreis der Nutzungsberechtigten ist beschränkt worden. Diese Beschränkung konnte mitbestimmungsfrei erfolgen, weil es sich bei den Direktoren nicht um vom Betriebsrat repräsentierte Arbeitnehmer i. S. d. § 5 Abs. 1 BetrVG handelt.

Beachte:

Die Zuweisung und Kündigung einer Werksmietwohnung unterliegt auch im Einzelfall der Mitbestimmung des Betriebsrats.

---

[359] BAG 23.3.1993 – 1 ABR 65/92, juris

10. Betriebliche Lohngestaltung (§ 87 Abs. 1 Nr. 10 BetrVG)

10.1 Allgemeines

Beispiel: *Der Arbeitgeber will das Gehalt des Arbeitnehmers A aus Leistungsgründen erhöhen. Der Betriebsrat will mitbestimmen; er hält die Leistungen anderer Arbeitnehmer für besser. Darüber hinaus will der Arbeitgeber den Außendienstmitarbeitern Dienstwagen unterschiedlicher Ausstattung zur Verfügung stellen, wobei auch die Privatnutzung zulässig sein soll.*

Dem Betriebsrat steht ein Mitbestimmungsrecht bei der Gehaltserhöhung nicht zu, wohl aber bei der Dienstwagenregelung.[360]

Der Betriebsrat hat ein Mitbestimmungsrecht nach § 87 Abs. 1 Nr. 10 BetrVG. Danach hat der Betriebsrat bei Fragen der betrieblichen Lohngestaltung, insbesondere der Aufstellung von Entlohnungsgrundsätzen und der Einführung und Anwendung von neuen Entlohnungsmethoden sowie deren Änderung mitzubestimmen. Die Beteiligung des Betriebsrats in diesem Bereich soll den Arbeitnehmer vor einer einseitig an den Interessen des Unternehmens orientierten Lohngestaltung schützen. **Es geht um die Angemessenheit und Durchsichtigkeit des innerbetrieblichen Lohngefüges. Die innerbetriebliche Lohngerechtigkeit soll durch die Mitbestimmung des Betriebsrats gewährleistet werden.**

Der Betriebsrat hat daher ein **Mitbestimmungsrecht** bei der Festlegung **abstrakt-genereller (kollektiver) Grundsätze zur Lohnfindung, nicht aber bei der Festsetzung des einzelnen Gehalts.**[361] Deshalb hat er auch nicht mitzubestimmen bei der individuellen Gehaltserhöhung. Bei der einzelvertraglichen Festsetzung der Gehälter fehlt es an einem kollektiven Tatbestand, hier geht es gerade nicht um die Festlegung abstrakt-genereller Grundsätze für die Lohnfindung. § 87 Abs. 1 Nr. 10 BetrVG unterwirft die Festlegung der Höhe des einzelnen Arbeitsentgelts und damit auch die Festlegung der Gehaltserhöhung nach individuellen Gesichtspunkten nicht dem Mitbestimmungsrecht.

Alle Vergünstigungen oder sonstige Vorteile, die den Arbeitnehmern mit Rücksicht auf die Arbeitsleistung gewährt werden sollen, **sind Teil des Arbeitsentgelts.** Die Ausgestaltung ihrer Bezugsbedingungen unterliegt der Mitbe-

---

[360] BAG 21.08.1990 – 1 ABR 72/89, juris
[361] LAG Hessen 30.01.2018 – 4 TaBV 227/17, juris

stimmung des Betriebsrats.[362] **Zu diesen Leistungen gehören Mietzuschüsse und Kosten für Familienheimflüge**, soweit es sich nicht um Aufwendungen bei Dienstreisen handelt.[363] Zum mitbestimmungspflichtigen Entgelt gehören neben dem Grundgehalt auch Leistungsentgelte wie Akkord, Prämien, Zielvereinbarungen und Leistungszulagen.

Beachte aber:

Zum **Lohn i. S. d. § 87 Abs. 1 Nr. 10 BetrVG** gehören nur die Leistungen **nicht**, die keinerlei Vergütungscharakter haben. Das gilt z. B. für den Ersatz von **Aufwendungen durch Dienstreisen,** auch wenn dieser aus Gründen einer praktikablen Handhabung pauschaliert wird. Anderes gilt, soweit aus Anlass von Geschäftsreisen Beträge gezahlt werden, die nicht den Zweck haben, entstandene Unkosten in pauschalierter Form abzugelten. Solche betrieblichen Leistungen sind im Zweifel Vergütung, deren Regelung nach § 87 Abs. 1 Nr. 10 BetrVG mitbestimmungspflichtig sind.[364]

§ 87 Abs. 1 Nr. 10 BetrVG zielt darauf ab, die Arbeitnehmer **gleichberechtigt an Entscheidungen** des Arbeitgebers, die ihre Arbeitsvergütung betreffen, **teilhaben** zu lassen. Fehlt es an einer eigenen Entscheidung des Arbeitgebers oder zumindest an dessen Mitwirkung bei einer durch Dritte getroffenen Entscheidung, besteht kein Raum für eine Mitbestimmung des Betriebsrats wie z.B. bei der Zuteilung von Aktienoptionen durch eine amerikanische Muttergesellschaft.[365]

In dem Fall der Crew-Kantine[366] hat der Betriebsrat auch nicht nach § 87 Abs. 1 Nr. 10 BetrVG mitzubestimmen, weil es an einem der Verteilung zugänglichen Dotierungsrahmen sowie einer verteilenden Entscheidung des Arbeitgebers fehlt, an der das Mitbestimmungsrecht des Betriebsrats seinem Zweck nach anknüpft. Anders als bei der Zahlung von Arbeitsentgelt wird der Vermögensvorteil bei einem verbilligten und nicht zum Weiterverkauf bestimmten Warenbezug jedoch nicht durch die verteilende Entscheidung des Arbeitgebers in einem Leistungsplan bewirkt. Vielmehr entscheiden bei einem Personalverkauf **ausschließlich die Arbeitnehmer**, ob und ggf. in welchem Umfang sie von dem Angebot Gebrauch machen und den vermögenswerten Vorteil in Anspruch nehmen. Unter

---

[362] BAG 10.06.1986 – 1 ABR 65/84, juris

[363] Hierzu gehört z. B. auch die Durchführung einer Festveranstaltung des Arbeitgebers zu Gunsten „Langzeitgesunder" des Betriebes, wobei der Arbeitgeber bei dieser freiwilligen Leistung mitbestimmungsfrei bestimmt, zu welchem Zweck er einen gewissen Geldbetrag zur Verteilung an die Belegschaft oder eine Gruppe von Arbeitnehmern der Belegschaft zur Verfügung stellt – so LAG Mecklenburg-Vorpommern 13.05.2008 – 5 TaBV 17/07, juris

[364] BAG 27.10.1998 – 1 ABR 3/98, juris

[365] BAG 12.06.2019 – 1 ABR 57/17, juris

[366] vgl. S. 187

dem Gesichtspunkt der angemessenen Teilhabe an betrieblichen Leistungen besteht danach kein Bedürfnis für die Mitbestimmung des Betriebsrats, wenn der Arbeitgeber jedem Arbeitnehmer in gleicher Weise die Möglichkeit zu einem verbilligten Warenbezug einräumt. Eine solche Regelung ist einer weitergehenden Ausgestaltung unter dem Gesichtspunkt der Verteilungsgerechtigkeit entzogen.

Beachte:
Mitbestimmungspflichtig ist dagegen die **Gestaltung der privaten Nutzung von Dienstwagen,** weil auch darin ein geldwerter Vorteil für den Arbeitnehmer liegt. Über die Verteilungskriterien ist im Rahmen des § 87 Abs. 1 Nr. 10 BetrVG mit dem Betriebsrat eine angemessene und transparente Regelung zu treffen. Hierzu gehört die Festlegung der Eigenbeteiligungen und Nutzungsbeschränkungen. Da die Privatnutzung des Dienstwagens als Sachbezüge zum Arbeitsentgelt gehört, hat der Betriebsrat auch bei den Grundsätzen der Abstufung der Wertigkeit der Dienstwagen nach Hierarchieebene mitzubestimmen, falls der Arbeitgeber den Arbeitnehmern unterschiedliche Dienstwagen zur Verfügung stellt.[367]

Beispiel: *Der nicht tarifgebundene Arbeitgeber bezahlt seine Arbeitnehmer jeweils entsprechend dem Lohntarifvertrag des Baugewerbes. Nur insoweit er mit den Leistungen seiner Arbeitnehmer nicht zufrieden ist, hat er die Arbeitnehmer von Lohnerhöhungen ausgenommen. Dementsprechend vereinbart er mit den einzelnen Mitarbeitern eine unterschiedliche Anhebung des Lohns. Der Betriebsrat möchte mitbestimmen; der Arbeitgeber verweist auf die einzelvertraglichen Abreden. Der Arbeitnehmer A hat keine Lohnerhöhung erhalten und klagt deshalb eine solche ein.*

Der Betriebsrat hat Recht. Der Arbeitnehmer A hat aber nicht bereits deshalb Anspruch auf Lohnerhöhung, weil der Arbeitgeber den Betriebsrat nicht hat mitbestimmen lassen.[368]

Zur Ausgestaltung des Entlohnungsgrundsatzes gehört die Aufstellung des Entgeltsystems mit allen seinen Einzelheiten sowie die Bildung und Umschreibung der Gehaltsgruppen nach Tätigkeitsmerkmalen oder anderen Kriterien. Daher unterliegt dem **Mitbestimmungsrecht des Betriebsrats auch die Aufstellung von Kriterien, die ausschlaggebend dafür sein sollen, welche Arbeitnehmer – generell – von Lohnerhöhungen ausgenommen werden sollen.**

---

[367] LAG Köln 13.01.2020 – 9 TaBV 66/19, juris; es kann dem Betriebsrat auch bei der Aufstellung von Verhaltensregeln wie Handynutzung, Einhaltung von Sicherheitsvorschriften und bei der Führung eines Fahrtenbuches ein Mitbestimmungsrecht nach § 87 Abs. 1 Nr. 1 BetrVG zustehen; LAG Hamm 07.02.2014 – 13 TaBV 86/13, juris, vgl. aber S. 96 f.
[368] BAG 20. 08.1991 – 1 AZR 326/90, juris

Der Arbeitgeber kann das Mitbestimmungsrecht nicht dadurch ausschließen, dass er dem Regelungsbedürfnis entsprechend einzelvertragliche Vereinbarungen trifft. Gerade dann, wenn in einem Betrieb die Lohnerhöhungen an Arbeitnehmer ohne jede abstrakt-generelle Regelung allein aufgrund individueller Absprache gezahlt werden, fehlt es an jeglichen Grundsätzen zur Lohnfindung; es sind weder Entlohnungsgrundsätze noch Vergütungsmethoden vorhanden. Im Rahmen eines solchen **undurchsichtigen innerbetrieblichen Lohngefüges** kann dessen Angemessenheit nicht gesichert werden. Die Mitbestimmung in diesem Bereich soll den Arbeitnehmer aber gerade vor einer nur einseitig an den Interessen des Unternehmens orientierten oder willkürlichen Lohngestaltung schützen.

Aus der Verletzung des Mitbestimmungsrechts ergibt sich aber noch kein Anspruch auf Lohnerhöhung. Bei den Rechtsfolgen unterbliebener Mitbestimmung ist zwischen den betriebsverfassungsrechtlichen Rechtsfolgen und den Rechtsfolgen im Arbeitsverhältnis zwischen Arbeitgeber und Arbeitnehmer zu unterscheiden.

Die tatsächlich durchgeführte Mitbestimmung ist Wirksamkeitsvoraussetzung für Maßnahmen zum Nachteil des Arbeitnehmers. Die **Verletzung des Mitbestimmungsrechts** des Betriebsrats bei der Aufstellung einer neuen schlechteren Leistungsordnung hat zur Folge, dass der zur Durchsetzung dieser neuen schlechteren Leistungsordnung ausgesprochene **Widerruf von Zusagen** durch den Arbeitgeber gegenüber den betroffenen Arbeitnehmern **individualrechtlich unwirksam** ist. Dagegen kann sich aus der Verletzung von Mitbestimmungsrechten des Betriebsrats **nicht ein individualrechtlicher Anspruch ergeben, der zuvor noch nicht bestanden hatte**. Dem Grundsatz, dass Maßnahmen unwirksam sind, mit denen unter Verletzung von Mitbestimmungsrechten bestehende Ansprüche von Arbeitnehmern beseitigt werden sollen, kann **nicht** entnommen werden, dass bei Verletzung eines Mitbestimmungsrechts **Ansprüche entstehen, die bisher nicht bestanden** und auch bei Beachtung des Mitbestimmungsrechts nicht entstanden wären.[369]

Das BAG hat den Rechtsstreit an das Landesarbeitsgericht zurückverwiesen, damit dort geprüft wird, ob der Arbeitnehmer A Anspruch auf Lohnerhöhung aus dem Gesichtspunkt der Gleichbehandlung hat.

Aber: Ist in einem Beschlussverfahren ein Mitbestimmungsrecht des Betriebsrats bei der Anrechnung einer Tariflohnerhöhung auf eine freiwillige übertarifliche Zulage rechtskräftig verneint worden, kann der Arbeitnehmer den Anspruch auf

---

[369] vgl. auch S. 59

Zahlung einer ungekürzten Zulage nicht auf die Theorie der Wirksamkeitsvoraussetzung stützen.[370]

Eine Einzelfallregelung, die dem Mitbestimmungsrecht des Betriebsrats nicht unterliegt, liegt nur dann vor, wenn es sich wirklich um die Gestaltung eines oder mehrerer konkreter Arbeitsverhältnisse handelt und besondere, den jeweiligen Arbeitnehmer betreffende Umstände die Maßnahme veranlassen oder inhaltlich bestimmen.[371]

Beispiel: *Der Arbeitgeber zahlt einen im Ausland eingesetzten Mitarbeitern nach dem jeweiligen Einsatzland unterschiedlich gestaffelte Zulagen. Der Betriebsrat meint, er habe ein Mitbestimmungsrecht.*
Das BAG ist der Auffassung des Betriebsrats gefolgt.[372]

Das **Mitbestimmungsrecht** des Betriebsrats bei der betrieblichen Lohngestaltung erstreckt sich auch auf die Regelung von **Zulagen, die der Arbeitgeber vorübergehend ins Ausland entsandten Mitarbeitern** gewährt.[373]

Allerdings ist zu beachten, dass **immer ein kollektiver Tatbestand** vorliegen muss, damit ein Mitbestimmungsrecht nach § 87 Abs. 1 Nr. 10 BetrVG besteht. Ein solcher liegt z.B. nicht vor, wenn der Arbeitgeber einem einzelnen Arbeitnehmer eine Arbeitsmarktprämie zahlt, um ihn zum Bleiben im Betrieb zu bewegen. Anders ist die Rechtslage, wenn der Arbeitgeber einer Gruppe von Arbeitnehmern eine Bleibeprämie zahlt, um die Produktion bis zum Stillegungstermin aufrechthalten zu können.

Bei der Entscheidung des Arbeitgebers darüber, ob ein Ausgleich für Nachtarbeit nach § 6 Abs. 5 ArbZG durch bezahlte freie Tage oder durch Entgeltzuschlag zu gewähren ist, hat der Betriebsrat nach § 87 Abs. 1 Nr. 7 und Nr. 10 BetrVG mitzubestimmen.[374] Die Zahl der freien Tage und die Höhe des Zuschlags sind hingegen eine Frage der Billigkeit. Da der Arbeitgeber insoweit rechtlich gebunden ist, besteht hier kein Mitbestimmungsrecht.[375]

Beispiel: *In einem Tarifvertrag war geregelt, dass für bestimmte Arbeiten eine Zulage zu zahlen ist, ohne dass konkret die Arbeiten beschrieben und die Höhe der Zulagen festgelegt wurden. Der Arbeitgeber erstellte*

---

[370] BAG 23.02.2016 – 1 AZR 73/14, juris
[371] BAG 24.11.1987 – 1 ABR 57/86, juris
[372] BAG 10.06.1986 – 1 ABR 65/84, juris
[373] BAG 30.01.1990 – 1 ABR 2/89, juris
[374] Vgl. S. 131, 175
[375] BAG 26.08.1997 – 1 ABR 16/97, juris

einen Erschwerniskatalog und legte die Höhe der Zulagen fest. Der Betriebsrat reklamierte ein Mitbestimmungsrecht.

Nur für den Erschwerniskatalog, nicht aber hinsichtlich der Zulagenhöhe hat das BAG ein Mitbestimmungsrecht des Betriebsrats anerkannt.[376]

Eine tarifliche Regelung einer Angelegenheit – hier der Zahlung von Erschwerniszulagen – schließt ein gesetzliches Mitbestimmungsrecht des Betriebsrats nach § 87 Abs. 1 Nr. 10 BetrVG insoweit nicht aus, als sie selbst eine nähere Ausgestaltung der Regelung den Betriebspartnern überlässt.

Das **Mitbestimmungsrecht** des Betriebsrats nach § 87 Abs. 1 Nr. 10 BetrVG umfasst auch die Erstellung eines **Katalogs erschwerniszuschlagspflichtiger Arbeiten**, die Zuordnung der einzelnen zuschlagspflichtigen Arbeiten zu bestimmten Lästigkeitsgruppen und die Festlegung des Verhältnisses der Lästigkeitsgruppen zueinander.

Vom Mitbestimmungsrecht des Betriebsrats **nicht** gedeckt ist die Bestimmung der Höhe der einzelnen Erschwerniszulagen, gleichgültig, ob diese in absoluten Beträgen ausgewiesen oder in bestimmter Weise an eine vorgegebene Größe, etwa den Tariflohn, angebunden werden.[377]

Beispiel: *Der nicht tarifgebundene Arbeitgeber, der mit seinen Arbeitnehmern die Geltung von Tarifverträgen über Zuschläge, Überstunden etc. vereinbart, will für neu eingestellte Arbeitnehmer sämtliche Leistungen streichen.*

Der Betriebsrat will mitbestimmen, was vom BAG bejaht wurde.[378]

Mitbestimmungspflichtig ist auch die Änderung bestehender Entlohnungs**grundsätze** durch den Arbeitgeber. Dabei kommt es für das Beteiligungsrecht des Betriebsrats nicht darauf an, auf welcher rechtlichen Grundlage die Anwendung der bisherigen Entlohnungsgrundsätze erfolgte, ob etwa auf der Basis bindender Tarifverträge, einer Betriebsvereinbarung, einzelvertraglicher Absprachen oder einer vom Arbeitgeber einseitig praktizierten Vergütungsordnung. In allen Fällen unterliegt ihre Änderung der Mitbestimmung.

Entscheidet sich der **tarifgebundene Arbeitgeber** dafür, bisher erbrachte über**tarifliche Leistungen nicht nur teilweise, sondern gänzlich einzustellen**, bedarf er dafür **keiner Zustimmung des Betriebsrats**. Dies gilt auch dann,

---

[376] BAG 22.12.1981 – 1 ABR 38/79, juris

[377] Vgl. S. 71 f.

[378] BAG 28.02. 2006 – 1 ABR 4/05, juris; auch LAG Baden-Württemberg 08.07.2008 – 14 Sa 38/08, juris

wenn bei einer zweistufigen Tariferhöhung nur die erste Stufe vollständig auf die übertarifliche Zulage der Arbeitnehmer angerechnet wird, aber bei der zweiten Stufe von einer Anrechnung abgesehen wird.[379] Zwar können sich dadurch – etwa bei gleich hohen übertariflichen Zulagen für unterschiedliche tarifliche Vergütungsgruppen – die relativen Abstände der einzelnen Gesamtvergütungen zueinander und damit die bisherigen Entlohnungsgrundsätze verändern. Für eine Mitbestimmung des Betriebsrats ist gleichwohl kein Raum, weil die ehemals übertariflichen Leistungen vollständig entfallen sind und kein Vergütungsvolumen mehr zur Verteilung ansteht. Damit ist der Gegenstand des Mitbestimmungsrechts entfallen. **Die Verteilung des verbleibenden Vergütungsvolumens ist bereits tariflich festgelegt;** ein Mitbestimmungsrecht des Betriebsrats, mit dem dieser eine andere Verteilung des verbleibenden Gesamtvolumens erreichen könnte, scheidet wegen § 87 Abs. 1 Einleitungssatz BetrVG aus.

Beim **Fehlen einer Tarifbindung des Arbeitgebers** kann dieser demzufolge das gesamte Volumen der von ihm für die Vergütung der Arbeitnehmer bereitgestellten Mittel mitbestimmungsfrei festlegen und für die Zukunft ändern. **Mangels Tarifbindung leistet der Arbeitgeber in diesem Fall sämtliche Vergütungsbestandteile „freiwillig"**, d. h. ohne hierzu normativ verpflichtet zu sein. Solange er die Arbeit überhaupt vergütet, hat der nicht tarifgebundene Arbeitgeber die „freiwilligen" Leistungen deshalb nicht gänzlich eingestellt. Bei einer Absenkung der Vergütung hat er damit – weil keine tarifliche Vergütungsordnung das Mitbestimmungsrecht des Betriebsrats ausschließt – die bisher geltenden Entlohnungsgrundsätze auch bezüglich des verbleibenden Vergütungsvolumens zu beachten und im **Falle ihrer Änderung die Zustimmung des Betriebsrats** einzuholen.

Eine Bemerkung zum **Tarifvorbehalt** des § 87 Abs. 1 Einleitungssatz BetrVG: Besteht eine gesetzliche oder tarifliche Regelung, die eine mitbestimmungspflichtige Angelegenheit zwingend und abschließend inhaltlich regelt, ist das Mitbestimmungsrecht bei der Einführung und Änderung eines betrieblichen Vergütungssystems durch den Tarifvorbehalt des § 87 Abs. 1 S 1 BetrVG ausgeschlossen. Im Betrieb eines tarifgebundenen Arbeitgebers stellt die im einschlägigen Tarifvertrag enthaltene Vergütungsordnung zugleich das im Betrieb geltende System für die Bemessung des Entgelts der Arbeitnehmer dar. Dieser Arbeitgeber ist **betriebsverfassungsrechtlich** verpflichtet, die tarifliche Vergütungsordnung ungeachtet der Tarifgebundenheit der Arbeitnehmer im Betrieb anzuwenden, soweit deren Gegenstände der erzwingbaren Mitbestimmung des § 87 Abs. 1 Nr. 10 BetrVG unterliegen.

---

[379] BAG 24.01.2017 – 1 ABR 6/15, juris

Beispiel: *Ein tarifgebundener Arbeitnehmer will mehrere Arbeitnehmer einstellen, die nicht Mitglieder der Gewerkschaft sind und für die er nicht die Anwendung des Tarifvertrages vereinbart. Der Arbeitgeber muss sie trotzdem in die einschlägigen Tarifverträge eingruppieren; insoweit gibt es in dem Betrieb bereits Entlohnungsgrundsätze; der Arbeitgeber muss aber mangels Tarifbindung nicht den Tariflohn zahlen.*

Für das Eingreifen des Tarifvorbehalts des § 87 Abs. 1 Eingangshalbs. BetrVG und dem damit einhergehenden Ausschluss des Mitbestimmungsrechts ist **bereits die Tarifgebundenheit des Arbeitgebers ausreichend,** ohne dass es einer solchen bei den betriebszugehörigen Arbeitnehmern (**§ 4 Abs. 1 S. 1 TVG**) bedarf. Das gilt auch, wenn es sich bei der das Mitbestimmungsrecht verdrängenden tariflichen Regelung um Inhaltsnormen handelt. Das entspricht dem Zweck des Eingangshalbsatzes. Dieser geht davon aus, dass eine bestehende tarifliche Regelung dem Schutzbedürfnis der Arbeitnehmer ausreichend Rechnung trägt und daher Mitbestimmungsrechte entbehrlich macht.[380]

Hebt der Arbeitgeber die Entgeltstufen an, um die Mindestlohnansprüche zu erfüllen, besteht auch in diesem Fall wegen des **Gesetzesvorbehalts des § 87 Abs. 1 Einleitungssatz BetrVG kein Mitbestimmungsrecht**. Denn der Arbeitgeber hat auf Grund der Gesetzeslage keinen eigenen Gestaltungsspielraum.[381]

Beispiel: *Der nicht tarifgebundene Arbeitgeber senkt für neu eingestellte Arbeitnehmerinnen und Arbeitnehmer die Eingangsvergütung gleichmäßig ab. Der Betriebsrat will mitbestimmen. Der Arbeitgeber vereinbart nach Kündigung einer Betriebsvereinbarung über den Freizeitausgleich für Mehrarbeit mit neu eingestellten Arbeitnehmern formularmäßig die Abgeltung etwaiger Mehrarbeit durch eine Jahrespauschalvergütung. Der Arbeitgeber nimmt bestimmte Geschäftsbereiche von einer Gehaltsanpassung aus.*

---

[380] BAG 20.02.2018 – 1 ABR 53/17, juris; BAG 21.03.2018 – 7 ABR 38/16, juris; Hess. LAG 28.2.2022 – 19 Sa 504/22, juris, die Tarifvertragsparteien müssen aber selbst über die mibestimmungspflichtige Angelegenheit eine zwingende und abschließende inhaltliche Regelung getroffen haben, BAG 28.03.2017 – 1 ABR 1/16, juris. Vgl. auch S. 74

[381] LAG Berlin-Brandenburg 18.02.2020 – 8 TaBV 1919/19, juris; auch: eine Erhöhung der anderen Entgeltgruppen ist ausgeschlossen, da hierdurch der mitbestimmungsfreie Dotierungsrahmen erhöht würde.

Ein Mitbestimmungsrecht besteht im ersten Fall nicht,[382] wohl aber in der Fallalternative[383] und in der weiteren Alternative.[384]

Mitbestimmungspflichtig sind die **Strukturformen des Entgelts** einschließlich ihrer näheren Vollzugsformen. Mitbestimmungspflichtig ist auch die Änderung bestehender Entlohnungsgrundsätze durch den Arbeitgeber. Die in ihm zum Ausdruck kommenden Entlohnungsgrundsätze ändern sich nicht durch eine gleichmäßige Absenkung der bisherigen Entgeltbeträge. **Gegenstand des Mitbestimmungsrechts ist nicht die konkrete Höhe des Arbeitsentgelts.**

Im 2. Fall stellt die Arbeitgeberin einen Entlohnungsgrundsatz i. S. d. § 87 Abs. 1 Nr. 10 BetrVG auf, wenn sie die Höhe der Vergütung losgelöst vom Umfang der dafür als Gegenleistung zu erbringenden Arbeitszeit festlegt. Genau dies geschieht, wenn eine Jahrespauschalvergütung vereinbart wird, mit der auch etwa zu leistende Mehrarbeit abgegolten werden soll. Es wird ein **abstrakt-genereller Grundsatz der Lohnfindung** festgelegt, wenn die Ermittlung der Höhe der Vergütung nicht mehr auf der Grundlage der Dauer der tatsächlich erbrachten Arbeitsleistung erfolgt, sondern unabhängig davon pauschaliert wird. In der weiteren Alternative führt die Nichtberücksichtigung einzelner Geschäftsbereiche bei einer Gehaltsanpassung zu einer Änderung der im Betrieb geltenden Entlohnungsgrundsätze. Sie hat zur Folge, dass sich der relative Abstand der jeweiligen Vergütungen der Arbeitnehmer des Betriebs zueinander ändert. Das ist nach § 87 Abs. 1 Nr. 10 BetrVG mitbestimmungspflichtig.

Beispiel: Der Arbeitgeber hebt generell die Betriebsrenten gleichmäßig um einen bestimmten Prozentsatz an. Der Betriebsrat möchte mitbestimmen.

Das BAG[385] hat ein Mitbestimmungsrecht verneint.

Selbst wenn der Betriebsrat auch für die Betriebsrenten zuständig wäre – was nicht der Fall ist[386] –, wäre die Rentenerhöhung nicht mitbestimmungspflichtig. Denn der Arbeitgeber hat die bisherigen Entlohnungsgrundsätze nicht verändert. Durch die gleichmäßige prozentuale Steigerung aller Renten ist der relative Abstand der Betriebsrenten zueinander gleich geblieben. Damit berühren ihre Entscheidungen nicht die von § 87 Abs. 1 Nr. 10 BetrVG geschützte Verteilungsgerechtigkeit.

---

[382] BAG 28.04.2009 – 1 ABR 97/07, juris; LAG Düsseldorf 29.01.2008 – 8 TaBV 64/07, juris

[383] LAG Hessen 15.01.2009 – 5 TaBV 140/08, juris. Das Gleiche gilt, wenn der Arbeitgeber Ruhezeiten gegenüber Fahrtzeiten neu regelt, indem er bei neu eingestellten Arbeitnehmern die Vergütung für Ruhezeiten um 50 % senkt – so LAG Berlin-Brandenburg 09.04.2009 – 25 Sa 33/09, juris

[384] BAG 21.02.2017 – 1 ABR 12/15, juris

[385] BAG 25.09.2018 – 3 AZR 402/17, juris

[386] BAG 13. 05 .1997 – 1 AZR 75/97, juris

Beispiel: *Der Arbeitgeber muss den Mindestlohn nach dem Mindestlohngesetz (MiLoG) zahlen; bei Unterschreiten des Mindestlohns und der Beachtung des MiLoG besteht kein Mitbestimmungsrecht des Betriebsrats.*[387]

Die Regelungen des Mindestlohngesetzes tangieren die Regelungsbefugnisse der Betriebsparteien nicht. Der Mindestlohnanspruch aus § 1 Abs 1 MiLoG ist ein gesetzlicher Anspruch, der eigenständig neben den arbeits- oder tarifvertraglichen Entgeltanspruch tritt. Bei Unterschreiten des gesetzlichen Mindestlohns führt § 3 MiLoG zu einem Differenzanspruch. Gleiches gilt auch bei einem in einer Betriebsvereinbarung festgelegten Entgelt, das den gesetzlichen Mindestlohn unterschreitet. Eine entsprechende Regelung ist nicht im Hinblick auf das MiLoG unwirksam. In der Vergütung bestimmter Arbeitnehmer(-gruppen) „entsprechend den gesetzlichen Vorgaben zum Mindestlohn" ohne gleichzeitige Vergütungserhöhung anderen Entgeltgruppen zugewiesener Arbeitnehmer liegt keine mitbestimmungspflichtige Änderung der mit einer Regelungsabrede/ Betriebsvereinbarung mitbestimmt aufgestellten Entlohnungsgrundsätze i. S. d. § 87 Abs. 1 Nr. 10 BetrVG.

Beispiel: *Der Arbeitgeber will Zeitstudien fertigen lassen, um dann zu entscheiden, ob er Akkord einführen will. Darüber hinaus erstellt er für einzelne Stellen Stellenbeschreibungen. In beiden Fällen möchte der Betriebsrat mitbestimmen. Das Betriebsratsmitglied A nahm auf Beschluss des Betriebsrats an den Zeitstudien teil und verlangt für diese Zeit Lohn, den der Arbeitgeber verweigerte.*

In beiden Fällen hat der Betriebsrat kein Mitbestimmungsrecht. Das Betriebsratsmitglied A hat keinen Lohnanspruch.[388]

Zeitstudien des Arbeitgebers, die dessen Willensbildung über die Festsetzung von Entlohnungsgrundsätzen, Entlohnungsmethoden oder Akkord- und Prämiensätzen **erst vorbereiten** sollen, unterliegen **nicht der Mitbestimmung des Betriebsrats,** da es hier noch nicht um betriebliche Lohngestaltung (§ 87 Abs. 1 Nr. 10 BetrVG) oder um die Festsetzung leistungsbezogener Entgelte (§ 87 Abs. 1 Nr. 11 BetrVG) geht. Das gilt unabhängig davon, ob sich die Zeitstudien auf Zeit- oder Akkordlohnarbeitsplätze beziehen.

Da es sich hier um solche, die Willensbildung des Arbeitgebers erst vorbereitende Untersuchungen handelt, gehört eine Kontrolle dieser Zeitstudien nicht zu den Aufgaben des Betriebsrats. Aus diesem Grunde kann ein Betriebsratsmitglied, das an solchen Zeitstudien teilnimmt und deshalb Arbeitszeit versäumt,

---

[387] BAG 27.04.2021 – 1 ABR 21/20, juris
[388] BAG 11.08.1993 – 7 AZR 619/92, juris

vom Arbeitgeber keine Lohnfortzahlung verlangen. Das gilt selbst dann, wenn der Betriebsrat die Teilnahme des Betriebsratsmitglieds an den Zeitstudien beschlossen hatte.[389]

Betriebliche Lohngestaltung, Entlohnungsgrundsätze und Entlohnungsmethoden können an die vom Arbeitnehmer zu verrichtende Tätigkeit, an dessen Aufgabe, anknüpfen. Welche Tätigkeit ein Arbeitnehmer zu verrichten hat, bestimmt sich nach seinem Arbeitsvertrag. Die **Beschreibung dieser Tätigkeit in einer Funktions- (bzw. Stellen-)beschreibung** wird **erst dann Teil der betrieblichen Lohngestaltung, wenn zwischen der so beschriebenen Tätigkeit und der Entlohnung eine Verbindung hergestellt wird.** Soll dies geschehen, so kann dabei ein Mitbestimmungsrecht des Betriebsrats nach § 87 Abs. 1 Nr. 10 BetrVG gegeben sein. Bei einer solchen Lohngestaltung ist dann auch zu entscheiden, **ob gerade die in der Funktions- (bzw. Stellen-)beschreibung festgelegte Tätigkeit oder andere Kriterien für die Entlohnung maßgebend** sein sollen. Allein die Tatsache, dass zwischen der Funktions- (bzw. Stellen-)beschreibung als Tätigkeitsbeschreibung und der Entlohnung irgendwann einmal ein Bezug hergestellt und damit Lohngestaltung betrieben werden kann, führt noch nicht dazu, schon die bloße Beschreibung der Tätigkeit in einer Funktions- (oder Stellen-)beschreibung der Mitbestimmung des Betriebsrat zu unterwerfen.

Beispiel: *Im Betrieb des nicht tarifgebundenen Arbeitgebers wurde in den einzelnen Arbeitsverträgen die Anwendung der Tarifverträge des A-Verbandes vereinbart. Diese Tarifverträge sahen besondere Tätigkeitsmerkmale für die einzelnen Vergütungsgruppen vor. Der Arbeitgeber spricht gegenüber den Mitarbeitern eine Änderungskündigung aus mit dem Ziel, künftig die Tarifverträge des B-Verbandes, die andere Vergütungsgruppen beinhalten, anzuwenden. Die Arbeitnehmer meinen, die Änderungskündigungen seien unwirksam, weil der Betriebsrat nicht nach § 87 Abs. 1 Nr. 10 BetrVG mitbestimmt habe. Der Arbeitgeber meint, bei der angestrebten Entgeltregelung gehe es nur um die Lohnhöhe, so dass ein Mitbestimmungsrecht des Betriebsrats zu verneinen sei.*

Das BAG hat die Änderungskündigungen für unwirksam erklärt.[390]

Bei den hier vom Beklagten mit den Änderungskündigungen angestrebten neuen betriebseinheitlichen Entgeltregelungen geht es nicht nur um Fragen der nach § 87 Abs. 1 Nr. 10 BetrVG mitbestimmungsfreien Lohnhöhe. Die **Umstellung**

---

[389] BAG 14.01.1986 – 1 ABR 82/83, juris; ob das Verhalten des Arbeitgebers nach § 2 Abs. 1 BetrVG zu billigen ist, ist eine andere Frage.
[390] BAG 31.01.1984 – 1 AZR 174/81, juris

betrifft auch die Strukturformen des Arbeitsentgelts und damit die Lohnfindungsregeln. Zu diesen gehören etwa der Aufbau der Vergütungsgruppen und die Festlegung der Vergütungsgruppenmerkmale. Werden hiernach bei der Umstellung des Vergütungssystems auch Fragen der betrieblichen Lohngestaltung geregelt, musste der Beklagte das Mitbestimmungsrecht des Betriebsrats beachten. Ohne die Zustimmung des Betriebsrats oder ohne einen diese ersetzenden Spruch der Einigungsstelle konnte der Beklagte die mit den Änderungskündigungen beabsichtigte generelle Umstellung des Vergütungssystems in seinem Betrieb nicht wirksam einführen. Das hat auch die Unwirksamkeit der streitbefangenen Änderungskündigungen zur Folge.

Beispiel: *Der Arbeitgeber löst das bisherige Eingruppierungsschema durch ein neues ab. Der Betriebsrat will mitbestimmen.*

Das BAG[391] hat dem Betriebsrat ein Mitbestimmungsrecht zuerkannt und ihm gleichzeitig das Recht eingeräumt, die Unterlassung der Anwendung des geänderten Vergütungsschemas verlangen zu können.

Das BAG führt in dieser Entscheidung u. a. aus: „§ 87 Abs. 1 Nr. 10 BetrVG gibt dem Betriebsrat ein Mitbestimmungsrecht in Fragen der betrieblichen Lohngestaltung, insbesondere der Aufstellung und Änderung von Entlohnungsgrundsätzen und der Einführung und Anwendung von neuen Entlohnungsmethoden sowie deren Änderung. Die Beteiligung des Betriebsrats in diesem Bereich soll die Arbeitnehmer vor einer einseitig an den Interessen des Unternehmens orientierten Lohngestaltung schützen. Es geht um die Angemessenheit und Durchsichtigkeit des innerbetrieblichen Lohngefüges. Die Mitbestimmung des Betriebsrats soll die innerbetriebliche Lohngerechtigkeit gewährleisten. Gegenstand des Mitbestimmungsrechts ist danach zwar **nicht die konkrete Entgelthöhe.** Mitbestimmungspflichtig sind aber die **Strukturformen des Entgelts** einschließlich ihrer näheren Vollzugsformen.

Danach war die vom Arbeitgeber **vorgenommene Modifikation der Vergütungsordnung mitbestimmungspflichtig.** Die Neuregelung betrifft nicht nur die Entgelthöhe, sondern auch die Verteilungsrelationen. Sie beseitigt die vorher bestehenden Vergütungsunterschiede aufgrund des im Zeitpunkt der Einstellung jeweils erreichten Lebensalters sowie infolge von Bewährungsaufstieg. Dass hierdurch mittelbar auch die Höhe der Vergütung festgelegt wird, steht dem Mitbestimmungsrecht nicht entgegen. Eine solche Wirkung ist mit der Regelung von Entlohnungsgrundsätzen untrennbar verbunden."

---

[391] BAG 13.03.2001 – 1 ABR 7/00 , juris

Beispiel: *Ein Arbeitgeber stellt Außendienstmitarbeitern, die er zu Bezirksdirektoren ernannt hatte, bei Erreichen eines bestimmten Umsatzes ein voll ausgestattetes Büro zu Verfügung. Mit der Bereitstellung des Büros ist die Zuweisung eines ausschließlich für den jeweiligen Bezirksdirektor zuständigen Innendienstmitarbeiters verbunden, der einen Arbeitsplatz in den Büroräumen bezieht. Der Bezirksdirektor übt ihm gegenüber Vorgesetztenfunktionen aus. Der Betriebsrat möchte über die Kriterien, unter denen den Bezirksdirektoren solche Büros zur Verfügung gestellt werden, mitbestimmen.*

Das BAG hat ein Mitbestimmungsrecht verneint.[392].

Betriebliche Lohngestaltung ist die Aufstellung abstrakt-genereller Grundsätze zur Lohnfindung. Gegenstand der Mitbestimmung ist die Festlegung abstrakter Kriterien zur Bemessung der Leistung des Arbeitgebers, die dieser zur Abgeltung der Arbeitsleistung der Arbeitnehmer oder sonst mit Rücksicht auf das Arbeitsverhältnis erbringt, unbeschadet ihrer Benennung. Gegenstand des Mitbestimmungsrechts ist nicht die konkrete Höhe des Arbeitsentgelts. **Mitbestimmungspflichtig sind die Strukturformen des Entgelts** einschließlich ihrer näheren Vollzugsformen. Das Mitbestimmungsrecht dient dem Zweck, das betriebliche Lohngefüge angemessen und durchsichtig zu gestalten und die betriebliche Lohn- und Verteilungsgerechtigkeit zu wahren, um die Arbeitnehmer vor einer einseitig, nur an den Interessen des Arbeitgebers ausgerichteten oder willkürlichen Lohngestaltung zu schützen. Mitbestimmungspflichtig ist auch die Änderung bestehender Entlohnungsgrundsätze durch den Arbeitgeber.

Dem Zweck des Mitbestimmungstatbestands entsprechend sind Gegenstand des Mitbestimmungsrechts nach § 87 Abs. 1 Nr. 10 BetrVG sämtliche für die Arbeitnehmer vermögenswerten Leistungen des Arbeitgebers. Dabei kommt es nicht darauf an, ob es sich um Geld- oder Sachleistungen handelt und ob diese freiwillig, nur einmalig oder nachträglich für Leistungen des Arbeitnehmers gewährt werden.

Lohncharakter haben aber **nur vermögenswerte Leistungen des Arbeitgebers.** Dazu muss die Leistung des Arbeitgebers als solche das Vermögen der Arbeitnehmer mehren, sei es unmittelbar, sei es dadurch, dass sie diesem sonst nötige, eigene Aufwendungen erspart. Der Arbeitgeber muss dem Vermögen des Arbeitnehmers etwas zuwenden. Das ist etwa der Fall, wenn der Arbeitgeber dem Arbeitnehmer Zuschüsse zur privaten Wohnungsmiete gewährt oder die Kosten privater Familienheimflüge übernimmt, ohne dass es sich dabei um die Erstattung von Aufwendungen bei Dienstreisen handeln würde. Durch solche

---

[392] BAG 31.05.2005 – 1 ABR 22/04, juris

Leistungen übernimmt der Arbeitgeber Kosten, die andernfalls der Arbeitnehmer selbst zu tragen hätte.

Diese Voraussetzungen sind bei der **Zuweisung eines eigenen Büros** und eines Innendienstmitarbeiters an die Bezirksdirektoren nicht gegeben. Die **Maßnahmen haben keinen Lohncharakter.** Sie mehren nicht das Vermögen der betroffenen Arbeitnehmer. Die Bezirksdirektoren erhalten weder einen Sachwert noch können sie das Büro und die Arbeitskraft des betreffenden Mitarbeiters zu privaten Zwecken nutzen. Beides steht ihnen ausschließlich zu dienstlichen Zwecken zur Verfügung. Die Maßnahmen sind damit nicht Teil einer vermögensmehrenden (Gegen-)Leistung des Arbeitgebers; sie gestalten lediglich die tatsächlichen Grundlagen für die ihm gegenüber zu erbringenden Leistungen der Arbeitnehmer. Es handelt sich um die Gewährung von Arbeitsmitteln, mit denen die betreffenden Mitarbeiter in die Lage versetzt werden, ihre Arbeitsaufgaben effektiver zu bewältigen. Auf diese Weise können sie zwar für eine höhere Arbeitsleistung ursächlich werden und wegen der Leistungsabhängigkeit der Vergütung die Höhe der von der Arbeitgeberin zu erbringenden Gegenleistung beeinflussen. Dennoch liegt in ihnen nicht Lohngestaltung durch die Veränderung von Grundsätzen für die Entlohnung durch die Arbeitgeberin, sondern Arbeitsgestaltung durch die Veränderung der Bedingungen für die Arbeitsleistungen der Arbeitnehmer. Diese wird vom Mitbestimmungsrecht nach § 87 Abs. 1 Nr. 10 BetrVG nicht erfasst. Wenn durch die Gewährung besonders effektiver Arbeitsmittel an einen Teil der Belegschaft nach Ansicht des Betriebsrats Ungerechtigkeiten bei der leistungsabhängigen Vergütung entstehen, muss dieser durch Ausübung seines Mitbestimmungsrechts bei der Lohngestaltung vielmehr versuchen, Einfluss auf die Grundlagen zur Bemessung der Vergütung zu nehmen.

Mit der **Zuweisung eines eigenen Büros ersparen die Bezirksdirektoren auch keine Aufwendungen.** Die Außendienstmitarbeiter sind nicht gehalten, ein eigenes häusliches Arbeitszimmer vorzuhalten, um die anfallenden Vor- und Nacharbeiten zu verrichten. Sie können diese Arbeiten in den Vertriebsdirektionen abwickeln. Auch wenn die Arbeitsbedingungen dort weniger attraktiv sein mögen, so entstehen Aufwendungen für ein häusliches Arbeitszimmer doch erst durch die Entscheidung des Außendienstmitarbeiters, die von der Arbeitgeberin angebotene Möglichkeit zur Aufgabenerledigung in der Vertriebsdirektion nicht zu nutzen. Die Aufwandspauschale von rund 770,00 Euro zahlt die Arbeitgeberin in beiden Fällen.

10.2 Besonderheiten bei freiwilligen Leistungen

Beispiel: Der Arbeitgeber zahlt an einzelne Arbeitnehmer einen „individuellen Sonderbonus", um damit deren besondere Leistungen generell oder aus besonderem Anlass zusätzlich zu honorieren. Außerdem zahlt er an zwei Arbeitnehmer diesen Sonderbonus aus „arbeitsmarktpolitischen" Gründen. Der Betriebsrat möchte mitbestimmen.

Das BAG hat vom Grundsatz ein Mitbestimmungsrecht des Betriebsrats bejaht. Hinsichtlich des aus arbeitsmarktpolitischen Gründen gezahlten Bonus musste das LAG den Sachverhalt weiter aufklären.[393]

Gegenstand des Mitbestimmungsrechts nach § 87 Abs. 1 Nr. 10 BetrVG können alle vermögenswerten Leistungen des Arbeitgebers und damit auch alle übertariflich gezahlten Zulagen und Boni sein. Gewährt der Arbeitgeber eine solche Leistung **freiwillig**[394], so wird hierdurch das **Mitbestimmungsrecht nicht ausgeschlossen**. Der **Arbeitgeber** ist lediglich **frei in seiner Entscheidung, ob** er diese **Leistung erbringt, welche Mittel** (sogenannter Dotierungsrahmen) er hierfür zur Verfügung stellt, **welchen Zweck** er mit ihr verfolgen will und wie der **begünstige Personenkreis** abstrakt bestimmt wird. Gewährt er aber solche Leistungen, dann unterliegt **im Rahmen dieser Vorgaben** die Entscheidung darüber, nach welchen Kriterien sich die Berechnung der einzelnen übertariflichen Leistungen und ihre Höhe im Verhältnis zueinander bestimmen sollen, der **Mitbestimmung** des Betriebsrats.

Die Mitbestimmung erstreckt sich allerdings nur auf die Entscheidung **kollektiver Regelungsfragen**. Dagegen unterliegt die individuelle Lohngestaltung, die mit Rücksicht auf besondere Umstände des einzelnen Arbeitsverhältnisses getroffen wird und bei der kein innerer Zusammenhang zur Entlohnung anderer Arbeitnehmer besteht, nicht der Mitbestimmung des Betriebsrats. Dabei richtet sich die Abgrenzung zwischen den das Mitbestimmungsrecht auslösenden kollektiven Tatbeständen und Einzelfallgestaltungen danach, ob es um Strukturformen des Entgelts einschließlich ihrer näheren Vollzugsformen geht. Hierfür ist die Anzahl der betroffenen Arbeitnehmer nicht allein maßgeblich. Sie kann aber ein Indiz dafür sein, ob ein kollektiver Tatbestand vorliegt oder nicht. Es widerspräche nämlich dem Zweck des Mitbestimmungsrechts, wenn dadurch ausgeschlossen werden könnte, dass der Arbeitgeber mit einer Vielzahl von Arbeitnehmern jeweils „individuelle" Vereinbarungen über eine bestimmte Vergütung trifft, ohne sich zu allgemeinen Regeln bekennen zu wollen.

---

[393] BAG 14.06.1994 – 1 ABR 63/93, juris
[394] Vgl. S. 21

Leistungsgesichtspunkte haben typischerweise kollektiven Bezug. Die Bemessung zusätzlicher Zahlungen nach der Qualität der Arbeitsleistung setzt stets eine irgendwie geartete Normal- oder Mindestleistung voraus, auf deren Grundlage erst festgestellt werden kann, ob und inwieweit eine Arbeitsleistung einen übertariflich zu vergütenden Wert hat. Im Rahmen der Prüfung, ob und ggf. in welcher Höhe einem Arbeitnehmer eine zusätzliche Zahlung gewährt werden soll, wird seine Leistung mit derjenigen anderer Arbeitnehmer verglichen. Auch im vorliegenden Fall hat der Arbeitgeber durch die Gewährung des „individuellen Sonderbonus" und dessen Begründung zum Ausdruck gebracht, dass er die Arbeitsleistung der begünstigten Arbeitnehmer höher einschätzt als diejenige der anderen Arbeitnehmer, die den Bonus nicht erhalten haben.

Was der Arbeitgeber unter „arbeitsmarktpolitischen Gründen" versteht, ist unklar. Vermutlich soll damit nur gesagt werden, dass sein Interesse an der Gewinnung oder Erhaltung der genannten Arbeitnehmer bei Berücksichtigung von Angebot und Nachfrage auf dem Arbeitsmarkt die Gewährung einer Zulage erforderlich gemacht hat. Diese Begründung kann je nach den Gegebenheiten des Falles entweder ein kollektives Regelungsproblem i. S. d. § 87 Abs. 1 Nr. 10 BetrVG oder ein Problem individueller Lohngestaltung kennzeichnen. Entgeltdifferenzierungen, mit denen der Arbeitgeber auf Gegebenheiten des Arbeitsmarktes reagiert, lassen sich nicht generell als kollektiver oder individueller Regelungsgegenstand einordnen. Sie können individuell sein, beispielsweise dann, wenn ein Arbeitnehmer nur gegen ein Gehalt, das über dem vergleichbarer Arbeitskollegen liegt, zum Eintritt in den Betrieb oder zum Verbleib bereit ist und der Arbeitgeber ihn aus bestimmten Gründen keinesfalls verlieren will. Einem solchermaßen individuell ausgehandelten Gehalt fehlt der kollektive Bezug.

Gewährt der Arbeitgeber allerdings mehreren Arbeitnehmern eine einmalige Sonderzahlung, mit der ihr besonderes Engagement in einer Ausnahmesituation nachträglich honoriert werden soll, so kann es sich um einen nach § 87 Abs. 1 Nr. 10 BetrVG mitbestimmungspflichtigen kollektiven Tatbestand handeln. Entscheidend ist insoweit, ob ein innerer Zusammenhang zwischen den Zahlungen besteht. Dieser ist typischerweise bei Zahlungen zu bejahen, die nach Leistungsgesichtspunkten erfolgen.[395]

Bei freiwilligen Leistungen unterliegen dem **Mitbestimmungsrecht** des Betriebsrats daher die Fragen, **ob** eine solche Leistungsprämienregelung mit den entsprechenden Vorgaben des Arbeitgebers überhaupt eingeführt werden soll, **und** die Regelung der **Modalitäten im Rahmen dieser Vorgaben**.[396]

---

[395] BAG 29.02.2000 – 1 ABR 4/99, juris
[396] BAG 08.12.1981 – 1 ABR 55/79, juris

Beachte deshalb:[397]

Das Mitbestimmungsrecht des Betriebsrats bei freiwilligen Leistungen, auf die die Arbeitnehmer keinen Anspruch haben, ist eingeschränkt. Der Betriebsrat kann die Leistung selbst nicht erzwingen. Deshalb kann auch ein **Spruch der Einigungsstelle eine solche Verpflichtung des Arbeitgebers nicht begründen.**

Beispiel: *In einer Betriebsvereinbarung haben Arbeitgeber und Betriebsrat ein zusätzliches Weihnachtsgeld geregelt. Diese Betriebsvereinbarung wird von dem Arbeitgeber fristgemäß gekündigt. Der Betriebsrat meint, diese Betriebsvereinbarung wirke bis zum Abschluss einer neuen Betriebsvereinbarung nach.*

Die Betriebsvereinbarung wirkt nur dann nach, wenn der Arbeitgeber mit der Kündigung beabsichtigt, das zur Verfügung gestellte Volumen zu reduzieren und den Verteilungsschlüssel zu ändern, nicht aber, wenn der Arbeitgeber die freiwillige Leistung vollständig entfallen lassen will.[398]

Freiwillige Betriebsvereinbarungen wirken nach erfolgter Kündigung nicht nach. Das gilt grundsätzlich auch für teilmitbestimmte Betriebsvereinbarungen über freiwillige Leistungen, bei denen der Betriebsrat nur hinsichtlich des Leistungsplans mitzubestimmen hat. Ein solcher Leistungsplan ist grundsätzlich auch unter Berücksichtigung von Sinn und Zweck des Mitbestimmungsrechts des Betriebsrats bei freiwilligen Arbeitgeberleistungen nur solange von Bedeutung, als der Arbeitgeber die freiwillige Leistung erbringt. Wenn der Arbeitgeber die freiwillige Leistung **gänzlich und ersatzlos streichen** will, kann es nach dem Wirksamwerden der Kündigung **keine Nachwirkung** der Betriebsvereinbarung mehr geben, weil dann der Betriebsrat nicht mehr mitzubestimmen hat. Es gibt dann nichts mehr zu verteilen.

Soll mit der Kündigung die Verringerung des Volumens für die freiwillige Leistung aus der Betriebsvereinbarung und die Änderung des Verteilungsplans erreicht werden, ist der **mitbestimmungspflichtige** Teil der Betriebsvereinbarung betroffen. Sinn der Nachwirkung nach § 77 Abs. 6 BetrVG ist es aber, aus der Mitbestimmungspflichtigkeit einer Regelung die Konsequenz zu ziehen, dass trotz Kündigung der Betriebsvereinbarung die mitbestimmte Regelung weiter gilt. Da nur die gesamte Betriebsvereinbarung nachwirken kann, führt die Anwendung von § 77 Abs. 6 BetrVG bei teilmitbestimmten Betriebsvereinbarungen zur Nachwirkung auch des mitbestimmungsfreien Teils.

---

[397] BAG 06.10.2010 – 1 ABR 20/09, juris; BAG 10.02.1988 – 1 ABR 56/86, juris
[398] BAG 26.10.1993 – 1 AZR 46/93, juris

Beispiel: Der nicht tarifgebundene Arbeitgeber hatte mit seinem Betriebsrat in einer Betriebsvereinbarung ein Weihnachtsgeld vereinbart.

Bei einer Kündigung wirkt diese Betriebsvereinbarung nur nach, wenn er ohne Beteiligung des Betriebsrats den Dotierungsrahmen kürzt; die Nachwirkung tritt nicht ein, wenn der Arbeitgeber die Leistungen in voller Höhe streicht.[399]

Auch ein nicht tarifgebundener Arbeitgeber, der über die Einführung einer zusätzlichen Vergütung und ihres Leistungszwecks ohne Beteiligung des Betriebsrats entscheiden kann, muss die Möglichkeit haben, sie **vollständig zu beseitigen**. Andernfalls könnte der Arbeitgeber mit den Mitteln des Kollektivrechts zur Beibehaltung einer finanziellen Leistung gezwungen werden, über deren Einführung er mitbestimmungsfrei entscheidet. Daher kann der nicht tarifgebundene Arbeitgeber eine in einer Betriebsvereinbarung geregelte finanzielle Leistung, die er ohne hierzu verpflichtet zu sein gewährt, durch die Kündigung dieser Betriebsvereinbarung beseitigen, wenn er in Zukunft für den von ihm festgelegten Leistungszweck keine Mittel mehr bereitstellen will. Die Einstellung unterliegt auch dann nicht dem Mitbestimmungsrecht aus § 87 Abs. 1 Nr. 10 BetrVG, wenn der Wegfall der zuvor gewährten Leistung einen kollektiven Tatbestand betrifft, weil hinsichtlich der Vergütung die Verteilungsgerechtigkeit unter den zuvor anspruchsberechtigten Arbeitnehmern betroffen ist. Aufgrund der fehlenden Bereitschaft des Arbeitgebers zur Fortführung der bisherigen Leistung fehlt es an einem Vergütungsvolumen, das Gegenstand einer verteilenden Entscheidung sein könnte. Dies setzt allerdings voraus, dass über diese Leistung eine gesonderte Betriebsvereinbarung abgeschlossen ist und der Arbeitgeber die Einstellung des darin geregelten Vergütungsbestandteils in eindeutiger Form zum Ausdruck bringt.

Ein Mitbestimmungsrecht besteht selbst dann nicht, wenn der Arbeitgeber das Weihnachtsgeld in einem Arbeitsvertrag geregelt hat, er die Regelung über das Weihnachtsgeld bei „wirtschaftlicher Notlage" widerrufen kann und er hiervon Gebrauch macht.[400]

---

[399] BAG 05.10.2010 – 1 ABR 20/09, juris

[400] LAG München 05.08.2014 – 7 Sa 933/13, juris; vgl. zum gesamten Komplex auch S.37 f

10.3 Zulagen

Beispiel: Der Arbeitgeber zahlt an seine Mitarbeiter „jederzeit widerrufliche Zulagen" in unterschiedlicher Höhe. Der Arbeitgeber will das Zulagenvolumen kürzen. Er widerruft deshalb die Zulagen, um sie nach anderen Gesichtspunkten zu verteilen. Der Betriebsrat meint, er habe mitzubestimmen. Der Arbeitnehmer A verlangt die ungekürzte Weiterzahlung der Zulage, weil der Betriebsrat nicht beteiligt wurde.

Der Betriebsrat hat ein Mitbestimmungsrecht bei der Verteilung der Zulage nach anderen Grundsätzen, nicht aber bei der Kürzung des Zulagenvolumens. Der Widerruf ist gegenüber den Arbeitnehmern unwirksam.[401]

Der Betriebsrat hat nach § 87 Abs. 1 Nr. 10 BetrVG **mitzubestimmen**, wenn der Arbeitgeber eine freiwillig gewährte „jederzeit widerrufliche Zulage" gegenüber sämtlichen Zulageempfängern widerruft, um sie künftig nach anderen Grundsätzen gewähren zu können.

Erklärt der Arbeitgeber den Widerruf, ohne den Betriebsrat zu beteiligen, so ist der Widerruf unwirksam.

Der Betriebsrat hat nicht **mitzubestimmen**, wenn der Arbeitgeber die finanzielle Belastung durch freiwillige übertarifliche Zuschläge insgesamt kürzen will. Er hat aber nach § 87 Abs. 1 Nr. 10 BetrVG mitzubestimmen darüber, **wie das gekürzte Zulagenvolumen** auf die von der Kürzung betroffenen Arbeitnehmer **verteilt** werden soll.[402]

10.4 Anrechnung übertariflicher Vertragsbestandteile

Beispiel: Der Arbeitgeber hat mit seinen Arbeitnehmern vereinbart, dass sie neben ihrer Tarifvergütung eine Zulage erhalten. Im Zuge einer Tariferhöhung rechnet er die Tariferhöhung voll auf die Zulage an. Der Betriebsrat meint, er habe ein Mitbestimmungsrecht nach § 87 Abs. 1 Nr. 10 BetrVG. Wie ist der Fall zu beurteilen, wenn der Arbeitgeber die Tariferhöhung in unterschiedlicher Höhe auf die Zulage anrechnet? Nur im zweiten Fall hat der Betriebsrat ein Mitbestimmungsrecht.[403]

---

[401] BAG 03.08.1982 – 3 AZR 1219/79, juris
[402] BAG 13.01.1987 – 1 ABR 51/85, juris
[403] BAG 03.12.1991 – GS 1/90 und GS 2/90, juris

Die Änderung der Verteilungsgrundsätze **infolge Anrechnung einer Tariflohnerhöhung** auf über-/außertarifliche Zulagen unterliegt **grundsätzlich der Mitbestimmung des Betriebsrats** unabhängig davon, ob der Arbeitgeber sich die Anrechnung bzw. den Widerruf vorbehalten hat.

Bis zu einer Einigung mit dem Betriebsrat kann der Arbeitgeber das Zulagenvolumen und – unter Beibehaltung der bisherigen Verteilungsgrundsätze – auch entsprechend die einzelnen Zulagen kürzen.

Beachtet der Arbeitgeber das Mitbestimmungsrecht nicht, sind Anrechnung bzw. Widerruf gegenüber den einzelnen Arbeitnehmern rechtsunwirksam.

Dabei trifft die Unwirksamkeit die Anrechnung in vollem Umfang.[404]

Ohne Bedeutung ist insoweit, dass der Arbeitgeber mitbestimmungsfrei entscheiden kann, ob und inwieweit er die für die Zulage insgesamt zur Verfügung gestellten Mittel verringern will.[405]

Beispiel: Aufgrund einer Tariflohnerhöhung werden die Tarifgruppen um unterschiedliche Prozentsätze erhöht. Der Arbeitgeber rechnet bei allen Arbeitnehmern die Tariflohnerhöhung auf die Zulage voll an. Besteht ein Mitbestimmungsrecht des Betriebsrats?

Das BAG hat ein solches Mitbestimmungsrecht verneint.[406]

Eine Änderung des Verteilungsgrundsatzes tritt ferner ein, wenn die **Tarifentgelte** für verschiedene Entgeltgruppen (z. B. Anhebung der sogenannten Leichtlohngruppen) **um einen unterschiedlichen Prozentsatz erhöht werden** und für alle Arbeitnehmer die unterschiedliche Tariflohnerhöhung voll oder mit dem gleichen Prozentsatz **angerechnet** wird. Das Mitbestimmungsrecht findet dort seine Grenzen, wo der Änderung der Verteilungsgrundsätze rechtliche Hindernisse entgegenstehen. Das ist der Fall bei der vollen und gleichmäßigen Anrechnung der Tariflohnerhöhung auf die Zulagen aller Arbeitnehmer.

Dieses Mitbestimmungsrecht des Betriebsrats **entfällt**, soweit tatsächliche oder rechtliche **Hindernisse entgegenstehen. Ein tatsächliches Hindernis liegt vor bei der Reduzierung des Zulagenvolumens auf Null. Ein rechtliches Hindernis liegt vor bei einer vollständigen und gleichmäßigen Anrechnung einer Tariflohnerhöhung auf über-/außertarifliche Zulagen.**[407]

---

[404] BAG 23.10.1996 – 1 AZR 299/96, juris
[405] BAG 21.01.2003 – 1 AZR 125/02, juris; BAG 09.07.1996 – 1 AZR 690/95, juris
[406] BAG 03.12.1991 – GS 2/90, juris
[407] vgl. auch S. 197

Beachte deshalb:[408]

Rechnet der Arbeitgeber die einen einzelnen Arbeitnehmer bei unveränderter Tätigkeit betreffende **Tariflohnerhöhung infolge Wechsels der Tarifgruppe** (hier nach Erreichen einer bestimmten Zahl von Berufsjahren) ganz oder teilweise auf eine übertarifliche Zulage an, besteht hinsichtlich dieser Anrechnung kein Mitbestimmungsrecht des Betriebsrats gemäß § 87 Abs. 1 Nr. 10 BetrVG, weil **für eine anderweitige Verteilung der Kürzung kein Raum ist.**

> Beispiel: *Der Arbeitgeber zahlte an seine Mitarbeiter zum Tarifgehalt jeweils eine übertarifliche Zulage von 10 %. Eine Tariflohnerhöhung von 4 % rechnet er zu 50 % auf diese Zulage an. Besteht ein Mitbestimmungsrecht des Betriebsrats? Und wie verhält es sich, wenn der Arbeitgeber unterschiedlich hohe Zulagen an seine Mitarbeiter zahlt, diese aber um jeweils 50 % der Tariflohnerhöhung von 4 % kürzt?*
>
> *Im ersten Fall besteht kein Mitbestimmungsrecht des Betriebsrats, wohl aber im zweiten Fall.*[409]

Rechnet der Arbeitgeber einen **bestimmten Prozentsatz der Tariflohnerhöhung** auf jede Zulage an, ändern sich die Verteilungsgrundsätze nur dann nicht, wenn die **Zulagen** in einem **einheitlichen und gleichen Verhältnis zum jeweiligen Tariflohn stehen** und die Tariflöhne um den gleichen Prozentsatz erhöht werden. Zahlt der Arbeitgeber etwa allen Arbeitnehmern eine übertarifliche Zulage von 10 % und rechnet er bei einer Tariflohnerhöhung von 6 % auf die übertarifliche Zulagen 4 % an, verringern sich diese von 10 % vom Tariflohn um den gleichen Prozentsatz auf 6 % vom bisherigen Tariflohn. Der Verteilungsgrundsatz, d. h. das Verhältnis der Zulagen zueinander bleibt unverändert.

In allen anderen Fällen einer Anrechnung der Tariflohnerhöhung auf die Zulagen um einen bestimmten Prozentsatz ändern sich die Verteilungsgrundsätze. Das gilt insbesondere für den Fall, dass der Arbeitgeber **unterschiedlich hohe Zulagen** zum jeweiligen Tariflohn zahlt, sei es, dass diese in einem bestimmten Verhältnis zueinander stehen sollen, sei es, dass ein bestimmter Verteilungsgrundsatz überhaupt nicht erkennbar ist. Denn in beiden Fällen ändert sich bei einer gleichmäßigen prozentualen Anrechnung einer Tariflohnerhöhung notwendigerweise das Verhältnis der Höhe der Zulagen zueinander; eine solche Änderung stellt eine Änderung des Verteilungsgrundsatzes dar.

Beabsichtigt der Arbeitgeber, eine Tariferhöhung auf übertarifliche Zulagen **teilweise** anzurechnen, so hat der Betriebsrat bei den Verteilungsgrundsätzen

---

[408] BAG 22.09.1992 – 1 AZR 235/90, juris
[409] BAG 03.12.1991 – GS 2/90, juris

ein Mitbestimmungsrecht nach § 87 Abs. 1 Nr. 10 BetrVG. Dieses Mitbestimmungsrecht sowie der Grundsatz der vertrauensvollen Zusammenarbeit (§ 2 Abs. 1 BetrVG) werden verletzt, wenn der Arbeitgeber eigene Verteilungsgrundsätze vorgibt, über die er keine Verhandlungen zulässt, sondern für den Fall abweichender Vorstellungen des Betriebsrats von vornherein eine mitbestimmungspflichtige Vollanrechnung vorsieht.[410]

Beispiel: *Doch wie verhält es sich, wenn die Tarifgehaltserhöhungen zeitlich versetzt in mehreren Schritten oder Stufen erfolgen und sie zeitlich versetzt auf Zulagen angerechnet werden?*

Auch hier kann es für die Beurteilung, ob ein Mitbestimmungsrecht des Betriebsrats vorliegt, darauf ankommen, ob ein Gesamtkonzept vorliegt.[411]

Das Mitbestimmungsrecht nach § 87 Abs. 1 Nr. 10 BetrVG knüpft an die Entscheidungen des Arbeitgebers zur betrieblichen Lohngestaltung an. Daher kommt es für die Mitbestimmung des Betriebsrats darauf an, **ob die Konzeption des Arbeitgebers Raum für eine (Mit-)Gestaltung lässt.** Hieran kann es fehlen, wenn mehrere voneinander unabhängige Entscheidungen des Arbeitgebers über eine mögliche Anrechnung vorliegen, bei denen es jeweils nichts mitzubestimmen gibt, insbesondere etwa deshalb, weil eine Anrechnung unterbleibt oder weil sie im Rahmen des Möglichen vollständig und gleichmäßig vorgenommen wird. Dagegen bestehen Möglichkeiten der Mitgestaltung, wenn der Arbeitgeber im Rahmen eines Gesamtkonzepts beabsichtigt, auf mehrere Schritte oder Stufen einer Tarifgehaltserhöhung unterschiedlich zu reagieren. Ein konzeptioneller Zusammenhang setzt voraus, dass der Arbeitgeber bei der Entscheidung über die Anrechnung oder Nichtanrechnung der ersten Stufe oder des zeitlich ersten Schritts einer Tariferhöhung bereits sein Verhalten bei der zweiten Stufe oder dem zweiten Schritt plant. Eine rechtliche Verpflichtung, schon bei Wirksamwerden der ersten Stufe einer Tariferhöhung eine Entscheidung über die Reaktion auf das Wirksamwerden der zweiten Stufe zu treffen, besteht nicht.

Maßgeblich für die Beurteilung, ob eine einheitliche Konzeption des Arbeitgebers vorliegt, sind die **Umstände des Einzelfalls.** Dabei kann die Frage, ob eine einheitliche Tarifgehaltserhöhung oder mehrere selbstständige Tarifgehaltserhöhungen vorliegen, eine wesentliche Rolle spielen. Die einzelnen Arbeitgeber werden auf eine einheitliche Tarifgehaltserhöhung häufig hinsichtlich ihrer jeweiligen Entscheidung über Anrechnung oder Nichtanrechnung mit einem Gesamtkonzept reagieren. Von besonderer Bedeutung für die Frage, ob von

---

[410] BAG 26.05.1998 – 1 AZR 704/97, juris
[411] BAG 10.03.2009 – 1 AZR 55/08, juris

einer Gesamtkonzeption ausgegangen werden kann, ist aber **vor allem der zeitliche Abstand zwischen den Anrechnungsmaßnahmen**. Beträgt der zeitliche Abstand nur wenige Wochen, wird ohne entgegenstehende Anhaltspunkte regelmäßig von einem einheitlichen Konzept des Arbeitgebers ausgegangen werden können. Liegen zwischen den Anrechnungsentscheidungen viele Monate, wird häufig bei der ersten noch keine Planung für die Reaktion auf den zweiten Schritt oder die zweite Stufe der Tariferhöhung vorliegen. Eine einheitliche Konzeption liegt ferner regelmäßig dann nahe, wenn der zweite Abschnitt einer Tariferhöhung den ersten verdrängt bzw. an dessen Stelle tritt. Dagegen werden in den Fällen, in denen die zweite Stufe der Tariferhöhung auf der ersten aufbaut, eher gesonderte, selbstständige Anrechnungsentscheidungen vorliegen.

Beispiel: *Der Arbeitgeber zahlt eine Gesamtvergütung, ohne zwischen dem Tarifgehalt und der Zulage zu differenzieren. Eine Tariflohnerhöhung wurde in unterschiedlicher Höhe an die Mitarbeiter weitergegeben. Der Arbeitgeber bestreitet ein Mitbestimmungsrecht des Betriebsrats mit der Begründung, es handele sich um eine Gesamtvergütung und nicht um eine in Tarifvergütung und Zulage aufzuspaltende. Die betroffenen Arbeitnehmer meinen, eine Anrechnung der Tariflohnerhöhung dürfe bereits individualrechtlich auf eine nicht als freiwillig bezeichnete Zulage nicht erfolgen.*

Das BAG ist der Auffassung des Arbeitgebers nicht gefolgt. Auch die Meinung der betroffenen Arbeitnehmer hat das BAG nicht geteilt.[412]

Das **Mitbestimmungsrecht** des Betriebsrats bei der Anrechnung von Tariflohnerhöhungen auf übertarifliche Zulagen **setzt nicht voraus, dass die Zulage neben dem Tariflohn ausdrücklich ausgewiesen ist.** Entscheidend ist, ob auf das Arbeitsverhältnis ein Lohn- oder Gehaltstarifvertrag anwendbar und die Gesamtvergütung daher in einen tariflichen und einen übertariflichen Bestandteil aufzuteilen ist.

Der **Arbeitgeber kann individualrechtlich übertarifliche Zulagen im Falle einer Tariflohnerhöhung grundsätzlich auf den Tariflohn anrechnen**, es sei denn, dass dem Arbeitnehmer aufgrund vertraglicher Abrede die Zulage als selbständiger Lohnbestandteil neben dem jeweiligen Tariflohn zustehen soll. Eine derartige Vereinbarung kann sich auch bei Fehlen einer ausdrücklichen Zusage stillschweigend aus den besonderen Umständen bei den Vertragsverhandlungen ergeben, aus dem Zweck der Zulage – wenn z. B. mit ihr besondere Leistungen oder Erschwernisse abgegolten werden sollen – oder aus einer betrieblichen Übung. In der Zahlung einer übertariflichen Zulage ist nicht die

---

[412] BAG 22.09.1992 – 1 AZR 405/90, juris

vertragliche Abrede zu erblicken, die Zulage solle auch nach einer Tariflohnerhöhung als selbstständiger Lohnbestandteil neben dem jeweiligen Tariflohn gezahlt werden. Diese Grundsätze gelten auch dann, wenn die tarifliche Zulage über einen längeren Zeitraum vorbehaltlos gezahlt und nicht mit Tariflohnerhöhungen verrechnet wird. Ein solch tatsächliches Verhalten genügt nicht für die Annahme einer betrieblichen Übung, die übertarifliche Zulage anrechnungsfrei zum jeweiligen Tariflohn zu gewähren.

Beispiel: *Der Arbeitgeber rechnet beim Arbeitnehmer A die Tariferhöhung auf eine Zulage an, weil dieser trotz Umsetzung auf einen niedriger bewerteten Arbeitsplatz die bisherige Vergütung weiterhin erhalten hat. Andere Arbeitnehmer, die nicht umgruppiert wurden, erhielten die volle Tariferhöhung ungeschmälert. Besteht ein Mitbestimmungsrecht des Betriebsrats?*

Das BAG hat dieses verneint.[413]

Das Mitbestimmungsrecht des Betriebsrats gemäß § 87 Abs. 1 Nr. 10 BetrVG bei der Anrechnung von Tariferhöhungen auf übertarifliche Zulagen erstreckt sich nur auf **kollektive Tatbestände**. Wird die Tariferhöhung gegenüber einem einzelnen Arbeitnehmer mit Rücksicht darauf angerechnet, dass dieser trotz Umsetzung auf einen tariflich niedriger bewerteten Arbeitsplatz unverändert die bisherige Vergütung erhält, handelt es sich dabei in der Regel **nicht** um einen der Mitbestimmung unterliegenden **kollektiven Tatbestand**.

Hinweis: In diesem Rechtsstreit war die Umsetzung von der ursprünglichen Tätigkeit als Staplerfahrer auf eine tariflich niedriger eingruppierte Pförtnertätigkeit erfolgt, nachdem der Arbeitnehmer auf Grund eines Arbeitsunfalls – und damit aus einem in seiner Person liegenden Grund – seine bisherige Tätigkeit nicht mehr hatte ausüben können; er erhielt trotzdem seine bisherige Vergütung. Die Anrechnung der Tariflohnerhöhung war also einzelfallbezogen.

Beachte deshalb:[414]

Wird die Tariflohnerhöhung gegenüber einzelnen Arbeitnehmern aus **Leistungsgründen** angerechnet, während sie an andere voll weitergegeben wird, ist regelmäßig von einem **kollektiven Tatbestand** auszugehen, weil die Leistungen der einzelnen Arbeitnehmer notwendigerweise zueinander in ein Verhältnis gesetzt werden müssen.

---

[413] BAG 22.09.1992 – 1 AZR 461/90, juris
[414] BAG 22.09.1992 – 1 AZR 459/90, juris

Wird die Tariflohnerhöhung gegenüber einem Teil der Arbeitnehmer angerechnet, weil sie nach Auffassung des Arbeitgebers **zu viele Tage infolge Krankheit** gefehlt haben, ist regelmäßig von einem **kollektiven Tatbestand** auszugehen, weil die Leistungen der einzelnen Arbeitnehmer notwendigerweise zueinander in ein Verhältnis gesetzt werden müssen.[415]

Ein das Mitbestimmungsrecht des Betriebsrats gemäß § 87 Abs. 1 Nr. 10 BetrVG bei der Anrechnung von Tariflohnerhöhungen auf übertarifliche Zulagen begründender kollektiver Tatbestand liegt in der Regel vor, wenn die Anrechnung aus Leistungsgründen erfolgt, wegen der Kürze der Betriebszugehörigkeit bzw. der absehbaren Beendigung des Arbeitsverhältnisses oder wegen einer zuvor stattgefundenen Gehaltsanhebung. **Kein kollektiver Tatbestand** ist hingegen anzunehmen, wenn die **Anrechnung auf Wunsch eines Arbeitnehmers zur Vermeidung steuerlicher Nachteile** vorgenommen wird.[416]

Beispiel: *Der Arbeitnehmer A ist in einem metallverarbeitenden Betrieb beschäftigt. Seine frühere Tätigkeit entsprach der Tarifgruppe M 4. Sein neues Aufgabengebiet ist allenfalls der Tarifgruppe M 2 zuzuordnen. Nach dem einschlägigen Tarifvertrag über Altersicherung erhält A weiterhin Vergütung nach der Tarifgruppe M 4. Der Arbeitgeber rechnet – wie auch bei mehreren anderen altersgesicherten Arbeitnehmern – eine Tariflohnerhöhung auf die freiwillige Zulage an. Der Arbeitnehmer A meint, diese Anrechnung sei unwirksam, weil der Betriebsrat nicht mitbestimmt hat.*

Das BAG ist der Auffassung des Arbeitnehmers gefolgt.[417]

„Wird die Tariflohnerhöhung bei voller Weitergabe an alle anderen Arbeitnehmer nur gegenüber Arbeitnehmern angerechnet, deren jetzige Tätigkeit nicht mehr ihrer durch eine tarifliche Alterssicherung geschützten Eingruppierung entspricht, ist von einem kollektiven Tatbestand auszugehen.

Zwar reicht der Umstand allein, dass es sich nicht nur um einen, sondern um mehrere Arbeitnehmer handelt, noch nicht zur Bejahung eines kollektiven Tatbestandes aus. Es sind ohne Weiteres Fallgestaltungen denkbar, in denen aus unterschiedlichen Gründen Anrechnungen vorgenommen werden, also eine Mehrzahl individuell geprägter und deshalb mitbestimmungsfreier Tatbestände vorliegt. Hier hat jedoch die Beklagte gegenüber mehreren Arbeitnehmern aus dem gleichen Grund angerechnet. Ihrer Entscheidung liegt offensichtlich die

---

[415] BAG 22.09.1992 – 1 AZR 460/90, juris
[416] BAG 27.10.1992 – 1 ABR 17/92, juris
[417] BAG 23.03.1993 – 1 AZR 582/92, juris

Überlegung zugrunde, eine Anrechnung gegenüber allen altersgesicherten Arbeitnehmern vorzunehmen, deren jetzige Tätigkeit nicht mehr der noch innegehabten Tarifgruppe entspricht. Damit hat die **Beklagte aber einen allgemeinen Entlohnungsgrundsatz aufgestellt,** der nicht von individuellen Besonderheiten einzelner Personen abhängt, sondern kollektiv geprägt ist. Bei der Umsetzung dieses allgemeinen Entlohnungsgrundsatzes greift dann auch der Zweck des Mitbestimmungsrechts, nämlich die Sicherung der Angemessenheit und Durchsichtigkeit des Lohngefüges und die Wahrung der innerbetrieblichen Lohngerechtigkeit zu gewährleisten."

10.5 Außertarifliche Angestellte

Begriff:

Voraussetzung für die Beurteilung, ob jemand außertariflicher Angestellter ist, ist die **Tarifgebundenheit des Arbeitgebers**. Ist er nicht tarifgebunden, kann es keinen außertariflichen Angestellten geben.

Außertarifliche Angestellte sind Arbeitnehmer, die einen Aufgaben- und Verantwortungsbereich mit höheren Anforderungen innehaben **als in der höchsten Vergütungsgruppe eines einschlägigen Tarifvertrages verlangt wird**. Wer das ist, **entscheidet allein der Tarifvertrag**. Im Übrigen gehören zum Bereich der AT-Angestellten **Arbeitnehmer, die wegen der Andersartigkeit ihrer Tätigkeit nicht unter den fachlichen Geltungsbereich eines Tarifvertrages fallen.**[418]

Ob der Arbeitnehmer AT-Angestellter ist, entscheidet nicht der Arbeitgeber; es beurteilt sich nach der objektiven Rechtslage.

Beispiel: *Der Arbeitgeber erhöht anlässlich einer Tariflohnerhöhung die Gehälter seiner AT-Angestellten um 4,4 %; einzelne AT-Angestellte werden aus unterschiedlichen Gründen von der Gehaltserhöhung ausgenommen. Der Betriebsrat möchte umfassend mitbestimmen.*

Der Betriebsrat hat mitzubestimmen. Allerdings besteht kein Mitbestimmungsrecht hinsichtlich des Gehaltsabstandes zwischen der höchsten Tarifgruppe und der ersten AT-Gruppe.[419]

Die Rechtsverhältnisse der AT-Angestellten unterliegen **grundsätzlich der Mitbestimmung nach § 87 Abs. 1 Nr. 10 BetrVG**. Damit hat der Betriebsrat auch gemäß § 87 Abs. 1 Nr. 10 BetrVG mitzubestimmen bei den die AT-Ange-

---

[418] BAG 23.11.1993 – 1 ABR 34/93, juris
[419] BAG 27.10.1992 – 1 ABR 17/92, juris

stellten betreffenden Fragen der betrieblichen Lohngestaltung, insbesondere der Aufstellung von Entlohnungsgrundsätzen. Zur Ausgestaltung des Entlohnungsgrundsatzes gehört die Aufstellung des Entgeltsystems mit allen seinen Einzelheiten sowie die Bildung und Umschreibung der Gehaltsgruppen nach Tätigkeitsmerkmalen oder anderen Kriterien.

Auch die **isolierte Festsetzung der Wertunterschiede** zwischen den einzelnen AT-Gruppen – z. B. nach abstrakten Kriterien, nach Prozentsätzen oder sonstigen Bezugsgrößen – ist keine Frage der Gehaltshöhe und unterliegt deshalb der **Mitbestimmung** des Betriebsrats. Es geht hier um die abstrakte Ausgestaltung des Entlohnungsgrundsatzes. Insofern gilt nichts anderes als für die Ausgestaltung eines Provisionssystems.

Dagegen besteht **kein Mitbestimmungsrecht des Betriebsrats bei der Festlegung des Wertunterschiedes von der letzten Tarifgruppe zur ersten AT-Gruppe**, weil damit gleichzeitig die Gehaltshöhe festgelegt wäre, die dem Arbeitgeber allein vorbehalten bleiben soll.

Bei der Entscheidung, ob die AT-Gehälter linear oder unterschiedlich nach abstrakten Kriterien erhöht werden sollen, hat der Betriebsrat ein Mitbestimmungsrecht, solange ein mitbestimmtes Gehaltsgruppensystem nicht besteht. Der Betriebsrat hat dann noch nicht durch Beteiligung an der Bildung der AT-Gruppen an der Verteilungsgerechtigkeit mitgewirkt. Der Betriebsrat hat zwar nicht mitzubestimmen bei der Festlegung des Betrages der Erhöhung (hier 4,4 %), wohl aber bei seiner Verteilung. In welcher Weise das vom Arbeitgeber festgelegte Gesamtvolumen für die Gehaltserhöhung verteilt wird, berührt die innerbetriebliche Lohngerechtigkeit, solange mitbestimmte AT-Gruppenregelungen nicht vorliegen. Bei der Entscheidung, ob die Gehälter linear oder nach abstrakten Kriterien unterschiedlich erhöht werden sollen, wird eine Vereinbarung darüber getroffen, ob das bisherige Verhältnis der Gehälter zueinander bestehen bleiben oder anlässlich der Gehaltserhöhung unter gleichberechtigter Mitwirkung des Betriebsrats geändert werden soll.

Fazit: *Es besteht kein Mitbestimmungsrecht bei der Festlegung des Gesamtvolumens der Gehaltserhöhung und bei der linearen Anhebung bereits mitbestimmter AT-Gruppen. Besteht eine solche Gruppenregelung nicht, hat der Betriebsrat mitzubestimmen, ob die Gehälter linear oder nach abstrakten Kriterien unterschiedlich erhöht werden.*

10.6 Leistungsabhängige Vergütung

Beispiel: Der Arbeitgeber, ein Unternehmen der Computerindustrie, beschäftigt 450 Vertriebsbeauftragte. Neben ihrem Grundgehalt erhalten sie eine variable erfolgsabhängige Provision sowie Prämien. Der Betriebsrat möchte bei der Festlegung des Verhältnisses vom Festgehalt zu den variablen Einkommensbestandteilen sowie bei der Festlegung des Verhältnisses der variablen Einkommensbestandteile untereinander mitbestimmen.

Das BAG hat ein Mitbestimmungsrecht in vollem Umfang bejaht.[420]

Zumindest zur betrieblichen **Lohngestaltung** gehören die Festlegung des **Verhältnisses von festen zu variablen Einkommensbestandteilen sowie die Festlegung des Verhältnisses der variablen Einkommensbestandteile untereinander.** Gerade dieses Verhältnis der einzelnen Entgeltgrundsätze zueinander berührt die Lohngerechtigkeit. Gerade hier müssen unterschiedliche Interessen ausgeglichen werden. Der Arbeitgeber mag ein legitimes Interesse an einem möglichst großen Anteil leistungsbezogener variabler Einkommensbestandteile haben, um den Vertriebsbeauftragten eine möglichst große Motivation für ein verkaufsförderndes Verhalten zu geben. Dagegen wird bei der Belegschaft eher ein Interesse an einem so hohen Grundgehalt bestehen, dass dieses zumindest das Existenzminimum deckt. **Sinn und Zweck des Mitbestimmungsrechts** nach § 87 Abs. 1 Nr. 10 BetrVG ist es aber gerade, einen **Ausgleich** zwischen den berechtigten unternehmenspolitischen **Zielen des Arbeitgebers und den Belangen der Belegschaft** bei der Ausgestaltung des Entgeltsystems zu schaffen. Deshalb gehören zur Lohngestaltung im Sinne von § 87 Abs. 1 Nr. 10 BetrVG die Fragen, ob ein Lohn- (bzw. Gehalts-)Fixum und/oder Provisionen gezahlt werden, ferner die Arten der Provisionen, das Verhältnis der Provision zum Lohnfixum (Anrechenbarkeit) sowie das Verhältnis der Provisionen zueinander.

Das Mitbestimmungsrecht des Betriebsrats bei der Festlegung des Verhältnisses von festen zu variablen Gehaltsbestandteilen und bei der Festlegung des Verhältnisses der variablen Gehaltsbestandteile untereinander ergibt sich auch aus dem Mitbestimmungsrecht bei der Aufstellung von **Entlohnungsgrundsätzen.** Dieses besteht nicht nur darin, dass der Betriebsrat mit entscheiden kann, welches System, nach dem das Arbeitsentgelt gezahlt werden soll (Zeitlohn, Akkordlohn, Prämienlohn oder Kombination zwischen diesen), gewählt wird. Damit wäre nur eine sehr abstrakte Entscheidung getroffen, die zur Lohngerechtigkeit nur wenig beitragen kann. Nach dem Sinn und Zweck des Mitbestimmungsrechts

---
[420] BAG 06.12.1988 – 1 ABR 44/87, juris

ist vielmehr davon auszugehen, dass das **Mitbestimmungsrecht auch bei der Festlegung des Verhältnisses der einzelnen Entgeltbestandteile zueinander** (Grundgehalt, Provision, Prämie) besteht, ebenso bei der Festsetzung der Bezugsgrößen, z. B. ob bei Erreichen einer bestimmten Umsatzgrenze die Provisionssätze linear, progressiv oder degressiv verlaufen, und weiterhin die abstrakte Staffelung der Provisionssätze bzw. Prämiensätze.

Beispiel: *Der Arbeitgeber schreibt für seine Verkäufer einen Wettbewerb aus. Der Verkaufssieger gewinnt eine Reise nach Amerika. Der Betriebsrat meint, er könne mitbestimmen.*

Das BAG hat ein Mitbestimmungsrecht bejaht.[421]

Veranstaltet der Arbeitgeber Wettbewerbe, durch die Arbeitnehmer zu einer bestimmten Leistung motiviert werden sollen, und werden den Gewinnern solcher Wettbewerbe geldwerte Vorteile gewährt – hier Reisen in die USA –, so sind solche Wettbewerbe Teil der betrieblichen Lohngestaltung und unterliegen der **Mitbestimmung des Betriebsrats nach § 87 Abs. 1 Nr. 10 BetrVG unter den bei freiwilligen Leistungen geltenden Einschränkungen.**

Beispiel: *Der Arbeitgeber schneidet die Bearbeitungsgebiete von Außendienstmitarbeitern neu. Der Betriebsrat möchte nach § 87 Abs. 1 Nr. 10 BetrVG mitbestimmen.*

Dem Betriebsrat steht ein Mitbestimmungsrecht nicht zu.[422]

Der Betriebsrat hat bei der **Ein- und Zuteilung der Bearbeitungsgebiete von Außendienstmitarbeitern nicht nach § 87 Abs. 1 Nr. 10 BetrVG mitzubestimmen.** Ein Mitbestimmungsrecht des Betriebsrats bei der Aufteilung des Bearbeitungsgebietes im Außendienst und die Zuweisung des jeweiligen Gebietes an einen Arbeitnehmer kann dem § 87 Abs. 1 Nr. 10 BetrVG nicht entnommen werden. Denn das **Mitbestimmungsrecht bei der Lohngestaltung knüpft an das Entgelt an.** Zum Arbeitsentgelt gehören alle Leistungen des Arbeitgebers mit Entgeltcharakter (Geld- oder Sachleistungen), die mit Rücksicht auf die Arbeitsleistung des Arbeitnehmers erbracht werden.

Das **Verkaufsgebiet** oder Bearbeitungsgebiet eines Außendienstmitarbeiters ist **aber keine Gegenleistung für seine Tätigkeit.** Die Größe und der Zuschnitt des Bearbeitungsgebietes bestimmen vielmehr den Umfang der Arbeitsleistung und die Bedingungen, unter denen die Arbeit zu verrichten ist. Größe und Zuschnitt des Bearbeitungsgebietes bestimmen zugleich mit dem vereinbarten Entgelt die gegenseitigen Rechte und Pflichten der beiden Arbeitsvertragsparteien. Diese

---

[421] BAG 30.03.1982 – 1 ABR 55/80, juris
[422] BAG 16.07.1991 – 1 ABR 66/90, juris

und die Lohnhöhe sind gerade nicht Gegenstand des Mitbestimmungsrechts nach § 87 Abs. 1 Nr. 10 BetrVG.

Die Einteilung des Bearbeitungsgebietes kann auch nicht als mitbestimmungspflichtige Entlohnungsmethode angesehen werden. Unter Entlohnungsmethode versteht man die Art und Weise der Durchführung des gewählten Entlohnungssystems.

Würde man das Bearbeitungsgebiet als Entlohnungsmethode begreifen, würde das Mitbestimmungsrecht nicht bei der Ausgestaltung des Lohns einsetzen, sondern es würde vorverlagert auf die Frage, welche Tätigkeit der einzelne Arbeitnehmer erbringen soll, obwohl dies mit der betrieblichen Lohngestaltung nichts zu tun hat.

10.7 Trinkgelder

Beispiel: *Ein Gebäudereinigungsunternehmen ist seit über sechs Jahren damit beauftragt, die Toilettenanlagen im Einkaufszentrum „D P" zu reinigen und zu beaufsichtigen. Vor den Toilettenanlagen hat die Arbeitgeberin Tische aufgestellt, auf denen sich ein weißer Dessertteller befindet, auf dem die Benutzer der Toilette ein „Trinkgeld" ablegen können. In den Toilettenanlagen waren Hinweisschilder angebracht, die, durch Renovierungsarbeiten bedingt, ungefähr in den Monaten Dezember 2012 bis September 2013 abgehängt waren. Seit 2014 hängen an Säulen zwischen den Toilettenanlagen und den Tellern und unmittelbar neben den Kennzeichnungen der Toilettengänge Schilder mit folgendem Text:*

„Liebe Gäste,
der Obolus, den Sie für die Benutzung der Toiletten im D entrichten, ist freiwillig und wird an die Firma J GmbH entrichtet, die mit der Reinigung und dem Unterhalt der Toiletten beauftragt ist. Ihr Beitrag wird für die Entlohnung des hierfür eingesetzten Personals eingesetzt. Vielen Dank!"

Der Betriebsrat des Gebäudereinigungsunternehmens möchte bei der Verteilung des Trinkgeldes mitbestimmen.

Das LAG Hamm hat ein entsprechendes Mitbestimmungsrecht nach § 87 Abs. 1 Nr. 10 verneint.[423]

---

[423] LAG Hamm 05.08.2014 – 7 Sa 933/13, juris

Entweder es handelt sich bei den Zuwendungen der Kunden in den Toilettenanlagen des D um Trinkgelder im Rechtssinne. Für diesen Fall definiert § 107 Abs. 3 S. 2 GewO das Trinkgeld als einen Geldbetrag, den ein Dritter ohne eine rechtliche Verpflichtung dem Arbeitnehmer zusätzlich zu einer dem Arbeitgeber geschuldeten Leistung zahlt. Seit der Verabschiedung des Gesetzes zur Steuerfreistellung von Arbeitnehmertrinkgeldern vom 08.08.2002 (BGBl 2002 I, S. 3111) folgt das Steuerrecht dieser arbeitsrechtlichen Definition, in dem in § 3 Nr. 51 EStG Trinkgelder definiert werden als „anlässlich einer Arbeitsleistung dem Arbeitnehmer von Dritten freiwillig und ohne dass ein Rechtsanspruch auf sie besteht, zusätzlich zu dem Betrag gegeben werden, der für diese Arbeitsleistung zu zahlen ist".

Damit steht aber fest, dass für den Fall, dass es sich um Trinkgelder im Rechtssinne handelt, eine Mitbestimmung des Betriebsrats schon deswegen ausscheidet, weil diese vom Kunden hergegebene Leistung unmittelbar dem einzelnen Arbeitnehmer zusteht und somit keinerlei Verteilungsgrundsätze durch den Betriebsrat, auch nicht in Form einer Betriebsvereinbarung, aufgestellt werden können und dürfen.

Oder bei den Zuwendungen der Kunden in den Toilettenanlagen im D P handelt es sich um Leistungen an die Arbeitgeberin. Damit ist aber jegliches Zugriffsrecht des Betriebsrates unter dem Gesichtspunkt des § 87 Abs. 1 Nr. 10 BetrVG rechtlich nicht möglich. Erst in dem Moment, wo die Arbeitgeberin sich entscheiden würde, aus den Zuwendungen der Kunden in den Toilettenanlagen des D P Beträge nach bestimmten Kriterien an das Personal als freiwillige Leistung auszuschütten, bestünde ein Mitbestimmungsrecht des Betriebsrats im Sinne des § 87 Abs. 1 Nr. 10 BetrVG. Eine solche Zuwendung nimmt die Arbeitgeberin streitlos nicht vor.

10.8 Gewährung von Zeitgutschriften für Samstagarbeit

Beispiel: *Ein Arbeitgeber gewährt allen oder einem Teil seiner Mitarbeiter für von ihnen geleistete Samstagarbeit Zeitgutschriften. Der Betriebsrat reklamiert für sein ein Mitbestimmungsrecht nach § 87 Nr. 1 Nr. 10 BetrVG.*

Das BAG hat ein Mitbestimmungsrecht bejaht.[424]

---

[424] BAG 18.03.2014 – 1 ABR 75/12, juris

Die Einführung einer Zeitgutschrift für Samstagsarbeit unterfiel dem Mitbestimmungsrecht des Betriebsrats aus § 87 Abs. 1 Nr. 10 BetrVG. Die mit der Einführung einer Zeitgutschrift verbundene unterschiedliche Bemessung der Arbeitsvergütung für die Arbeit an Samstagen berührt die **innerbetriebliche Lohngerechtigkeit**. Der das Mitbestimmungsrecht aus § 87 Abs. 1 Nr. 10 BetrVG begründende kollektive Bezug liegt vor. Die Gutschrift wird allen an Samstagen eingesetzten Arbeitnehmern ohne Rücksicht auf die Besonderheiten einzelner Arbeitsverhältnisse gewährt. Ob die begünstigten Arbeitnehmer diese Leistung aufgrund einer von der Arbeitgeberin erteilten Gesamtzusage beanspruchen können, wie das Landesarbeitsgericht angenommen hat, bedarf keiner Entscheidung. Für das Mitbestimmungsrecht ist allein maßgeblich, ob der Arbeitgeber eine geldwerte Leistung tatsächlich erbringt. Auf ihren rechtlichen Geltungsgrund kommt es hingegen nicht an.

Bei der Ausgestaltung des begünstigten Personenkreises hat der Betriebsrat nach § 87 Abs. 1 Nr. 10 BetrVG mitzubestimmen.

11. Leistungsbezogene Entgelte (§ 87 Abs. 1 Nr. 11 BetrVG)

11.1 Akkordsätze

Beispiel: Der Arbeitgeber, Betreiber eines Tiefkühlhauses, will ein Akkordlohnsystem einführen, wonach die Mitarbeiter für den Transport der einzelnen Schweinehälften vom anliefernden Kühlfahrzeug in die Kühlboxen im Kühlhaus 10 Euro erhalten sollen. Der Betriebsrat meint, er habe nicht nur bei der Einführung des Akkordsystems, sondern auch bei der Festsetzung des Geldfaktors ein Mitbestimmungsrecht.

Dem Betriebsrat steht dieses Mitbestimmungsrecht nach § 87 Abs. 1 Nr. 11 BetrVG zu.[425]

Der in § 87 Abs. 1 Nr. 11 BetrVG erwähnte **Geldfaktor** ist der Geldbetrag, der in einem Leistungslohnsystem die Lohnhöhe für die **Bezugs- oder Ausgangsleistung** und damit den Preis für die Arbeit im Leistungslohn bestimmt.

Gerade beim Leistungslohn mit seinen zumindest psychischen Belastungen wegen der damit begründeten Lohnanreizwirkung wird § 87 Abs. 1 Nr. 11 BetrVG auch als ein **Arbeitnehmerschutzgesetz** verstanden werden müssen, das dazu dienen soll, durch das Wesen des Prämienlohnes als ein Lohnanreizsystem in der Person des Arbeitnehmers begründete inhumane Arbeitsgestaltungen, etwa ausgelöst durch die „Geldgier" des Arbeitnehmers, seitens des Betriebsrats zu verhindern.[426]

Beispiel: Im Betrieb des Arbeitgebers ist eine Akkordentlohnung eingeführt worden. Für so genannte Wartezeiten, die dadurch anfallen, dass der Arbeitnehmer aus von ihm nicht zu vertretenden Gründen nicht arbeiten kann, streiten Arbeitgeber und Betriebsrat darüber, in welcher Weise und Höhe diese zu vergüten sind. Der Betriebsrat meint, er könne in beiden Fällen mitbestimmen.

Das BAG hat dem Betriebsrat Recht gegeben.[427]

Wartezeiten im Rahmen einer Akkordentlohnung sind diejenigen Zeiten, in denen der Arbeitnehmer die von ihm an sich geschuldete Akkordarbeit aus von ihm nicht zu vertretenden Gründen nicht leisten kann. Gründe dafür können insbesondere das Einrichtungen der Maschinen, Reparaturen oder notwendige

---

[425] BAG 16.12.1986 – 1 ABR 26/85, juris
[426] hierzu: *Gaul* Anm. zu BAG 16.12.1986 – 1 ABR 26/85, juris
[427] BAG 14.02.1989 – 1 AZR 97/88, juris

Wartungsarbeiten sein, die eine Unterbrechung der Akkordarbeit erfordern. Je nach Häufigkeit, Vorhersehbarkeit und Messbarkeit dieser Zeiten können diese in die Vorgabezeiten als **Verteilzeit mit einbezogen werden oder daneben gesondert erfasst werden. Von welcher der beiden Möglichkeiten Gebrauch gemacht werden soll, unterliegt der Mitbestimmung des Betriebsrats schon nach § 87 Abs. 1 Nr. 10 BetrVG**, wonach die Betriebspartner bei einer Regelung der Akkordentlohnung nicht darauf beschränkt sind, ein bestimmtes arbeitswissenschaftliches Akkordsystem zu vereinbaren, sondern auch dessen Anwendung in modifizierter Form vorsehen können.

Werden Wartezeiten in die Vorgabezeit miteinbezogen, so werden sie Teil der nach § 87 Abs. 1 Nr. 11 BetrVG mitbestimmungspflichtigen Akkordsätze. Werden Wartezeiten – wie hier – gesondert erfasst, so ändert sich an ihrer rechtlichen Natur als mitbestimmungspflichtiger Akkordsatz nichts. Die aufgezeigten Möglichkeiten der Berücksichtigung von Wartezeiten sind gegeneinander austauschbar. Damit hat der Betriebsrat auch **mitzubestimmen** bei der Frage, **wie nicht in der Vorgabezeit berücksichtigte Wartezeiten zu vergüten sind**. Dass damit auch über die Höhe des für Wartezeiten zu zahlenden Lohnes mitbestimmt wird, steht dem nicht entgegen. Auch in der Vorgabezeit enthaltene Wartezeiten haben unmittelbare Auswirkungen auf die Höhe des Akkordlohnes. § 87 Abs. 1 Nr. 11 BetrVG schließt darüber hinaus durch die Einbeziehung auch des Geldfaktors in das Mitbestimmungsrecht des Betriebsrats eine Mitbestimmung über die Höhe des Lohnes bei leistungsbezogenen Entgelten im Sinne dieser Vorschrift nicht aus. **Der Betriebsrat hat mitzubestimmen über die Frage, ob bei Akkordarbeit anfallende Wartestunden mit dem Akkordrichtsatz oder dem persönlichen Durchschnittsverdienst des Arbeitnehmers bezahlt werden sollen.**

11.2 Vergleichbare, leistungsbezogene Entgelte

Beispiel: *Der Arbeitgeber, ein Unternehmen der Computerindustrie, das Großanlagen vermietet, schreibt in seinem Betrieb einen Wettbewerb aus, um seine Mitarbeiter besonders anzuspornen. Erreichen sie es, dass die Kunden die Leasingverträge auf neue, vom Arbeitgeber hergestellte Produkte umstellen, zahlt der Arbeitgeber dem Mitarbeiter je nach Maschinentyp eine Prämie in unterschiedlicher Höhe. Der Betriebsrat meint, er habe nicht nur nach § 87 Abs. 1 Nr. 10 BetrVG, sondern auch hinsichtlich der Prämienhöhe nach § 87 Abs. 1 Nr. 11 BetrVG ein Mitbestimmungsrecht.*

Das BAG hat ein Mitbestimmungsrecht nach § 87 Abs. 1 Nr. 11 BetrVG verneint.[428]

Gemäß § 87 Abs. 1 Nr. 11 BetrVG erstreckt sich das Mitbestimmungsrecht des Betriebsrats auch auf die Festsetzung der **Akkord- und Prämiensätze** und vergleichbarer leistungsbezogener Entgelte, einschließlich der Geldfaktoren. Der **Grund für diese Regelung** liegt darin, dass **leistungsbezogene Entgelte** entsprechend ihrem Sinn, hohe Leistungen des Arbeitnehmers zu erreichen, **mit einer besonderen Belastung** verbunden sind, und dass ferner die Bewertung der Leistung jedenfalls in der Regel nicht mit mathematischer Genauigkeit vorgenommen werden kann, sondern einen **Beurteilungsspielraum** enthält und oftmals der Schätzung unterliegt. Aus diesem Grunde ist im Interesse der innerbetrieblichen Lohngerechtigkeit hier eine Mitbestimmung des Betriebsrats geboten.

Das Charakteristische am Akkord- und Prämienlohn liegt gerade darin, dass von einer **Normalleistung** ausgegangen werden kann, die der Ermittlung des Akkord- oder Prämiensatzes zugrunde gelegt wird. Bei den Wettbewerbsprämien handelt es sich nur um eine zeitlich begrenzte zusätzliche Vergütung mit dem Ziel, den Außendienst zu gezielten Verkaufsanstrengungen zu motivieren. Die **festgesetzten Prämien richten sich also nicht danach, was als Normalleistung und normale Vergütung angesehen werden muss, sondern nach der besonderen unternehmerischen Zielsetzung**. Für den Arbeitgeber war allein maßgebend, wie er die Beeinflussbarkeit seiner Außendienstmitarbeiter einschätzte und was er für einen schnellen Erfolg aufwenden wollte. Unter solchen Umständen hat die Festsetzung der Prämien keine Ähnlichkeit mit der Festsetzung von Akkord- und Prämiensätzen. **Ein Mitbestimmungsrecht des Betriebsrats nach § 87 Abs. 1 Nr. 11 BetrVG scheidet daher aus.**

Beispiel: Der Arbeitgeber, ein Unternehmen der Versicherungswirtschaft, zahlt an seine Außendienstmitarbeiter u. a. Abschlussprovisionen für die von ihnen selbst vermittelten Abschlüsse von Versicherungsverträgen. Der Betriebsrat möchte bei der Festsetzung der Provisionssätze mitbestimmen.

Das BAG hat ein Mitbestimmungsrecht des Betriebsrats nach § 87 Abs. 1 Nr. 11 BetrVG verneint.[429]

Ein dem Akkord- und Prämienlohn vergleichbares leistungsbezogenes Entgelt i. S. d. § 87 Abs. 1 Nr. 112 BetrVG ist eine Vergütungsform, bei der eine „**Leistung**" des Arbeitnehmers, gleichgültig, worin sie besteht, **gemessen und mit**

---

[428] BAG 10.07.1979 – 1 ABR 88/77, juris
[429] BAG 13.03.1984 – 1 ABR 57/82, juris ; BAG 28.07.1981 – 1 ABR 56/78, juris

einer Bezugsleistung verglichen wird und bei der sich die Höhe der **Vergütung in irgendeiner Weise nach dem Verhältnis der Leistung des Arbeitnehmers zur Bezugsleistung bemisst.** Eine Leistungsentlohnung der aufgezeigten Art birgt die Gefahr, dass die Festlegung der einzelnen Faktoren, nach denen sich die Leistung des Arbeitnehmers berechnet, in einer Weise erfolgt, dass letztlich durch nicht gerechtfertigte überhöhte Ansätze der Arbeitnehmer benachteiligt oder geschädigt wird, sei es, dass seine Leistung nicht entsprechend gewertet wird, sei es, dass diese Ansätze ihn zu einer ihn letztlich überfordernden Leistung anspornen. Um diesen Gefahren zu begegnen, gewährt § 87 Abs. 1 Nr. 11 BetrVG dem Betriebsrat auch ein Mitbestimmungsrecht bei der Festsetzung der einzelnen Sätze des jeweiligen Leistungsentlohnungssystems. Diese Ansätze der Leistungshöhe als abstrakt-generelle Tatbestände sollen dem Mitbestimmungsrecht des Betriebsrats unterliegen.

Die vom Arbeitgeber gezahlte **Provision beruht nicht auf Ansätzen, die der Messung und Bewertung der Leistung des Angestellten zugrunde zu legen sind** und die die **Beziehung der Provision zu dieser Leistung herstellen.** Sie ist daher kein dem Akkord- und Prämienlohn i. S. d. § 87 Abs. 1 Nr. 11 BetrVG vergleichbares leistungsbezogenes Entgelt.[430]

Vergleichbare leistungsbezogene Entgelte i. S. d. § 87 Abs. 1 Nr. 11 BetrVG sind nur solche Vergütungen, bei denen die Leistung des Arbeitnehmers gemessen und mit einer Bezugsleistung verglichen wird, und bei denen sich die Höhe der Vergütung unmittelbar nach dem Verhältnis beider Leistungen zueinander bestimmt.

Beispiel: Der Arbeitgeber zahlt an seine Mitarbeiter eine Leistungsprämie, bei der allein die in einem Beurteilungszeitraum von drei Monaten erbrachte Leistung die Höhe der Vergütung in den folgenden zwölf Monaten bestimmt.

Das BAG hat geurteilt, dass diese Prämie kein vergleichbares leistungsbezogenes Entgelt i. S. d. § 87 Abs. 1 Nr. 11 BetrVG ist.[431]

Nach § 87 Abs. 1 Nr. 11 BetrVG hat der Betriebsrat mitzubestimmen bei der Festsetzung der Akkord- und Prämiensätze sowie bei vergleichbaren leistungsbezogenen Entgelten, einschließlich des Geldfaktors. Akkord- und Prämienlöhne sind nach der Rechtsprechung des BAG dadurch gekennzeichnet, dass ihre Höhe proportional der Leistung des Arbeitnehmers ist und sich deshalb jede Änderung der Arbeitsleistung unmittelbar auf die Höhe des gezahlten Entgelts

---

[430] BAG 15.05.2001 – 1 ABR 39/00, juris
[431] BAG 15.05.2001 – 1 ABR 39/00, juris

auswirkt. Dazu bedarf es aber der Ermittlung einer Normalleistung, die zur tatsächlichen Leistung des Arbeitnehmers in Bezug gesetzt wird.

Vergleichbare leistungsbezogene Entgelte **sind solche Vergütungen**, bei **denen die Leistung des Arbeitnehmers gemessen und mit einer Bezugsleistung verglichen wird**, und bei denen sich die **Höhe der Vergütung unmittelbar nach dem Verhältnis beider Leistungen zueinander bestimmt.** Das entspricht dem Zweck des Mitbestimmungsrechts. Die Beteiligung des Betriebsrats in einer Angelegenheit des § 87 Abs. 1 Nr. 11 BetrVG soll gewährleisten, dass die von den Arbeitnehmern erwartete Zusatzleistung sachgerecht bewertet wird und in einem angemessenen Verhältnis zu dem erzielbaren Mehrverdienst steht. Darüber hinaus soll vermieden werden, dass Leistungsanreize geschaffen werden, die zu einer Überforderung der Arbeitnehmer führen. Deshalb erstreckt sich dieses Mitbestimmungsrecht auch auf den Geldfaktor. Danach **fehlt es an der Vergleichbarkeit einer leistungsbezogenen Vergütungsform mit Akkord- und Prämienlohn**, wenn eine in der Vergangenheit kurzfristig gezeigte Mehrleistung später **unabhängig von der dann jeweils aktuellen Arbeitsleistung die Höhe des Entgelts bestimmt.** In diesen Fällen **fehlt eine kontinuierliche Messung der Arbeitsleistung** und ein darauf bezogener Leistungsanreiz und Leistungsdruck, über dessen Angemessenheit der Betriebsrat zum Schutz des Arbeitnehmers vor Überlastung mitbestimmen soll.

Dieses hier gezahlte Entgelt ist mit Akkord und Prämie nicht vergleichbar. Die gezeigte und bewertete Leistung im Beurteilungszeitraum ist ohne Einfluss auf die Entgelthöhe in diesem Zeitraum. Die Beurteilungsmerkmale werden jeweils im ersten Quartal eines jeden Kalenderjahres bewertet und nach einem vorgegebenen Schlüssel in die individuelle Leistungsprämie umgerechnet. Dieses Ergebnis legt die Prämienhöhe mit Wirkung bis zum Ende des ersten Quartals des Folgejahres fest. Damit bestimmt sich die Höhe des Entgelts im Bezugszeitraum nicht nach dem Verhältnis der erbrachten zu einer Normalleistung. Vielmehr erhält der einzelne Arbeitnehmer entsprechend seinen Leistungen im ersten Quartal eine Prämie in den Folgequartalen unabhängig davon, ob die in diesen Zeiträumen erbrachte Leistung der im Beurteilungszeitraum gezeigten Leistung entspricht oder sie unter- oder überschreitet. Die Leistungsprämie steht ihm auf Grund der im Beurteilungszeitraum gezeigten Leistung sogar dann zu, wenn er im eigentlichen Bezugszeitraum zwar nicht tätig ist, aber Anspruch auf Lohn hat. Im Gegensatz dazu wirkt sich eine im Beurteilungszeitraum gezeigte Leistung überhaupt nicht aus, wenn das Arbeitsverhältnis unmittelbar nach Ablauf des Erhebungszeitraums endet.

Beachte:
Bei der Frage des Mitbestimmungsrechts des Betriebsrats nach § 87 Abs. 1 Nr. 11 BetrVG ist immer zu prüfen, ob der Arbeitnehmer allein durch seine Arbeitsleistung die Höhe des Arbeitsentgelts beeinflusst. In diesem vom BAG entschiedenen Rechtsstreits war zwar die Höhe des Arbeitsentgelts von der Arbeitsleistung im ersten Quartal abhängig. Durch eine Verbesserung oder Verschlechterung der Arbeitsleistung ab 2. Quartal wurde die Höhe der Prämie ab diesem Quartal jedoch nicht mehr beeinflusst.

12. Betriebliches Vorschlagwesen (§ 87 Abs. 1 Nr. 12 BetrVG)

Beispiel: *In dem Betrieb des Arbeitgebers machen die Mitarbeiter wiederholt Verbesserungsvorschläge, die auch von dem Arbeitgeber in der Vergangenheit des Öfteren aufgegriffen und im Betrieb umgesetzt wurden. Der Betriebsrat verlangt deshalb den Abschluss einer Betriebsvereinbarung, in der nicht nur das betriebliche Vorschlagwesen geregelt, sondern auch die Höhe der Vergütung bestimmt wird. Der Arbeitgeber meint, dem Betriebsrat stehe ein Mitbestimmungsrecht nur zu, wenn er als Arbeitgeber frei darüber entscheiden könne, ob ein solches betriebliches Vorschlagwesen eingeführt wird.*

Das BAG hat ein Initiativrecht des Betriebsrats bejaht, ein Mitbestimmungsrecht bei der Prämienhöhe jedoch verneint.[432]

Sinn und Zweck des Mitbestimmungsrechts des Betriebsrats in Bezug auf das betriebliche Vorschlagwesen ist es, die **Behandlung** betrieblicher **Verbesserungsvorschläge** so zu gestalten, dass diese **für den Arbeitnehmer durchschaubar** wird. Es dient damit der **Entfaltung der Persönlichkeit des Arbeitnehmers**, indem der Arbeitnehmer zum Mitdenken und damit zur Teilnahme an der Gestaltung der Arbeit und der Entwicklung des Betriebes motiviert wird. Es dient seinem Schutz, indem es die Berücksichtigung seiner Initiative und seiner Leistung ordnet und durchschaubar macht und damit dazu beiträgt, dass die Arbeitnehmer des Betriebes insoweit gleichmäßig und nach den Grundsätzen von Recht und Billigkeit (§ 75 Abs. 1 BetrVG) behandelt werden.

Daraus folgt, dass der Betriebsrat von seinem **Mitbestimmungsrecht** immer dann Gebrauch machen muss und damit auch initiativ werden darf, **wenn dafür ein Bedürfnis besteht**. Sein Verlangen, Grundsätze für das betriebliche Vorschlagwesen zu vereinbaren, ist daher nicht von einer irgendwie gearteten Vorentscheidung des Arbeitgebers über die Einführung eines betrieblichen Vorschlagwesens abhängig.

Auch mit der weiteren Überlegung, der Arbeitgeber könne nicht gezwungen werden, finanzielle Mittel für ein betriebliches Vorschlagwesen zur Verfügung zu stellen, kann das Initiativrecht des Betriebsrats nicht verneint werden. Verwertet der Arbeitgeber einen Verbesserungsvorschlag seines Arbeitnehmers, so ist er zur Zahlung einer Vergütung grundsätzlich verpflichtet. **Die Notwendigkeit, finanzielle Mittel aufzuwenden, ist daher nicht die Folge der vom Betriebsrat initiierten Grundsätze über das betriebliche Vorschlagwesen, sondern**

---

[432] BAG 28.04.1981 – 1 ABR 53/79, juris

folgt unmittelbar aus der Verwertung des Verbesserungsvorschlages. Der Arbeitgeber wäre zur Vergütung auch dann verpflichtet, wenn der Betriebsrat von seinem Mitbestimmungsrecht keinen Gebrauch machen würde und die Annahme und Verwertung betrieblicher Verbesserungsvorschläge ohne jede generelle Regelung erfolgen würde.

Nach § 87 Abs. 1 Nr. 12 BetrVG hat der Betriebsrat mitzubestimmen bei den Grundsätzen über das betriebliche Vorschlagwesen. Danach ist mitbestimmungspflichtig die Regelung der **Organisation** des betrieblichen Vorschlagwesens und des **Verfahrens** innerhalb dieser Organisation. Die Grundsätze über das betriebliche Vorschlagwesen können danach Bestimmungen enthalten über die Bestellung der Organe etwa eines Beauftragten für das betriebliche Vorschlagwesen oder eines Prüfungsausschusses.

Wenn § 87 Abs. 1 Nr. 12 BetrVG dem Betriebsrat ein Mitbestimmungsrecht über die Grundsätze des betrieblichen Vorschlagwesens gewährt, so folgt schon aus dem Wortlaut dieser Bestimmung, dass damit **nicht auch die Entscheidung über die Prämienhöhe der Mitbestimmung unterworfen** sein soll. Grundsätze für ein bestimmtes Verhalten oder Geschehen sind allgemeine Richtlinien, Orientierungspunkte und Bewertungsmaßstäbe, die geeignet sind, das Geschehen so zu ordnen und zu verfestigen, dass es in vorhersehbaren und nachprüfbaren Bahnen verläuft.

Es geht bei den Grundsätzen für das **betriebliche Vorschlagwesen um die abstrakt-generelle Regelung des Einbringens von Verbesserungsvorschlägen und deren Bewertung sowie um die Festlegung der Grundsätze zur Bemessung der Vergütung für einen verwerteten Verbesserungsvorschlag.** Das Mitbestimmungsrecht des Betriebsrats bezieht sich nicht auf die Höhe der Prämie; die finanzielle Grundausstattung des betrieblichen Vorschlagwesens, der „Prämienetat", ist mitbestimmungsfrei.

Dabei ist es allerdings **unzutreffend, von einem mitbestimmungsfreien „Prämienetat" zu sprechen.** Der Arbeitgeber, der einen Verbesserungsvorschlag seines Arbeitnehmers verwertet und daraus einen Vorteil zieht, ist zur Zahlung einer Vergütung in entsprechender Anwendung des § 612 BGB verpflichtet. Dieser Verpflichtung kann sich der Arbeitgeber nicht dadurch entziehen, dass er keinen „Prämienetat" zur Verfügung stellt. Ist auch die Höhe der Prämie für betriebliche Verbesserungsvorschläge mitbestimmungsfrei, so umfasst das **Mitbestimmungsrecht** über die Grundsätze des betrieblichen Vorschlagwesens doch auch **generelle Regelungen über die Bestimmung der zu gewährenden Vergütung**. So hat der Betriebsrat mitzubestimmen, nach welchen Grundsätzen und Methoden die Prämie bemessen werden soll, bei der Frage, wie der Nutzen eines Verbesserungsvorschlages zu ermitteln ist, über die Grundsätze für die Höhe und Art der Prämie und über die Verteilung einer Prämie bei Gruppenvorschlägen oder hinsichtlich der Prämiengrundsätze und Bewertungsmaßstäbe sowie darüber, wie eine Prämie für einen Verbesserungsvorschlag bestimmt werden soll, dessen Nutzen nicht zu ermitteln ist. Nur so wird dem Zweck des Mitbestimmungsrechts des Betriebsrats, eine gleichmäßige Behandlung der Arbeitnehmer im Betrieb zu gewährleisten, Genüge getan.

Durch die Aufstellung allgemeiner Grundsätze über die Bemessung der zu gewährenden Prämie wird über deren individuelle Angemessenheit hinaus sichergestellt, dass diese auch in ihrem Verhältnis zu den für andere Verbesserungsvorschläge gewährten Vergütungen angemessen und gerecht ist.

Nicht vom Mitbestimmungsrecht des Betriebsrats gedeckt ist die Zahlung einer Anerkennungsprämie für nicht verwertete Verbesserungsvorschläge.

13. Gruppenarbeit (§ 87 Abs. 1 Nr. 13 BetrVG)

Beispiel: *Der Arbeitgeber will Gruppenarbeit in der Weise einführen, dass einem Vorgesetzten mehrere Arbeitnehmer zugewiesen werden, die dann auf Weisung des Vorgesetzten bestimmte Arbeiten zu erledigen haben. Der Betriebsrat meint, er habe ein Mitbestimmungsrecht nach § 87 Abs. 1 Nr. 13 BetrVG.*

Der Betriebsrat hat kein Mitbestimmungsrecht nach § 87 Abs. 1 Nr. 13.

Nicht die Einführung, über die allein der Arbeitgeber entscheidet, sondern die **Durchführung der Gruppenarbeit unterliegt der Mitbestimmung**. Außerdem handelt es sich **nicht um Gruppenarbeit** i. S. d. Gesetzes. Gruppenarbeit liegt nur vor, wenn der Arbeitgeber den Mitgliedern der Gruppe Entscheidungen bei der Erledigung der täglichen Arbeiten überlässt. Dies mag hier noch der Fall sein. Darüber hinaus müssen die Arbeitnehmer der Gruppe nicht nur zur gemeinsamen Arbeitsleistung verpflichtet sein, sondern auch berechtigt sein, die notwendigen Arbeitsschritte **im Rahmen der betrieblichen Vorgaben selbstständig zu planen und zu verteilen**. Innerhalb der definierten Grenzen regulieren und verwalten sich die Arbeitsgruppen selbst. Hierzu gehört auch die Entscheidung, dass und wie in der Gruppe ein Aufgabenwechsel durchgeführt wird, wie die interne Kommunikation (z. B. wöchentliche Gruppengespräche) und wie Konfliktlösungsgespräche in der Gruppe stattfinden, wie internen die Entscheidungsstrukturen (Wahl von Gruppensprechern, deren Stellung und Aufgaben) ablaufen, wie die innerbetriebliche Koordination mit anderen Gruppen organisiert werden soll, welche Regeln für die Gruppenzusammensetzung und ihre Größe gelten, wie die Arbeitszuweisung allgemein durchgeführt werden soll und wie Konfliktlösungen in der Gruppe erfolgen.[433]

Dies ist hier nicht der Fall. Der Vorgesetzte bestimmt, was wer wann zu erledigen hat.

Im Übrigen legt der Arbeitgeber allein fest, in welchen Bereichen, in welchem Umfang und wie lange er die Tätigkeiten in Gruppenarbeit organisiert. Der Betriebsrat hat deshalb kein Initiativrecht auf Einführung von Gruppenarbeit.[434]

Es könnte jedoch ein Mitbestimmungsrecht nach § 111 BetrVG und nach § 99 BetrVG bestehen; außerdem muss der Arbeitgeber § 90 BetrVG beachten.

---

[433] *Däubler* § 87 Rn. 382
[434] *Däubler* § 87 Rn. 381

14. Mobiles Arbeiten (§ 87 Abs. 1 Nr. 14 BetrVG)

Durch das Betriebsrätemodernisierungsgesetz vom 14.06.2021 (BGBl I. 1762) wurde in § 87 Abs. 1 als weiterer Mitbestimmungstatbestand die „Ausgestaltung von mobiler Arbeit, die mittels Informations- und Kommunikationstechnik erbracht wird" eingefügt.

Mit dieser Vorschrift wird ein eigenes Mitbestimmungsrecht lediglich bezogen auf die **Ausgestaltung („wie") von mobiler Arbeit geschaffen**. Die Einführung der mobilen Arbeit („ob") verbleibt damit in der Entscheidungsbefugnis des Arbeitgebers.[435]

Nach der Gesetzesbegründung arbeitet ein Arbeitnehmer oder eine Arbeitnehmerin mobil, wenn er oder sie die geschuldete Arbeitsleistung **unter Verwendung von Informations- und Kommunikationstechnik außerhalb der Betriebsstätte** von einem Ort oder von Orten seiner oder ihrer Wahl oder von einem mit dem Arbeitgeber vereinbarten Ort oder von mit dem Arbeitgeber vereinbarten Orten erbringt. Dieser kann grundsätzlich alle Orte nutzen, die es ihm ermöglichen, seine Aufgaben zu erledigen – sei es auf Reisen in einem Hotel oder Zug, auf dem Weg zum Kunden, zu Hause auf der Couch oder unterwegs in einem gemütlichen Café. Arbeitsgeräte wie Laptop, Tablet und Smartphone machen mobile Arbeit möglich.[436] Mobile Arbeit liegt nicht vor, wenn der Arbeitnehmer oder die Arbeitnehmerin die geschuldete Arbeitsleistung aufgrund deren Eigenart z.B. bei dem Kunden ortsgebunden erbringen muss. Die Dienste von Handelsvertretern oder Monteuren im Außendienst unterfallen nicht dem § 87 Abs. 1 Nr. 14 BetrVG selbst dann nicht, wenn diese sich dabei der Hilfe elektronischer Gerätschaften bzw. von Informationstechnologien bedienen. Der Monteur wird nicht zum mobilen Beschäftigten, nur weil er bei einem Kunden Daten auf dessen Heizanlage mit einem Laptop abliest. Gleiches gilt für einen Außendienstler, der die Produkte seines Arbeitgebers auf einem Surface vorführt.[437]

Von dem Mitbestimmungsrecht wird sowohl regelmäßige als auch anlassbezogene mobile Arbeit erfasst. Das Mitbestimmungsrecht betrifft die inhaltliche Ausgestaltung der mobilen Arbeit. Dazu gehören zum Beispiel **Regelungen über**

---

[435] *Bayreuther* NZA 2021, 839, 841: „Je großzügiger man das Mitbestimmungsrecht ausgestaltet im Hinblick auf den zeitlichen Umfang mobiler Arbeit, auf das Verhältnis mobiler und ortsgebunder Arbeit, auf Anwesenheitszeiten im Betrieb, auf den konkreter Arbeitsort oder was die Verteilung mobiler Arbeitsplätze innerhalb der Belegschaft angeht, desto eher gewinnt der Betriebsrat über § 87 I Nr. 14 BetrVG auch Einfluss auf die grundlegende Entscheidung darüber, ob und inwieweit im Betrieb mobil gearbeitet werden soll".

[436] www.cockodo.com Mobile Arbeit

[437] *Bayreuther* NZA 2021, 839

den zeitlichen Umfang mobiler Arbeit, über Beginn und Ende der täglichen Arbeitszeit in Bezug auf mobile Arbeit oder über den Ort, von welchem aus mobil gearbeitet werden kann und darf. Es können Regelungen zu **konkreten Anwesenheitspflichten in der Betriebsstätte des Arbeitgebers**, zur Erreichbarkeit, zum **Umgang mit Arbeitsmitteln der mobilen Arbeit** und über einzuhaltende Sicherheitsaspekte getroffen werden. Das Mitbestimmungsrecht bildet einen **Auffangtatbestand** für alle Regelungen mit denen mobile Arbeit ausgestaltet werden kann. Bereits bestehende Mitbestimmungsrechte gelten unverändert.[438]

Der Betriebsrat möchte beim „mobilen Arbeiten" mitbestimmen, was der Arbeitgeber ablehnt. Heute regelt § 87 Abs. 1 Nr. 14 BetrVG das Mitbestimmungsrecht des Betriebsrats. Die daraufhin vom Betriebsrat angerufene Einigungsstelle wurde vom LAG Mecklenburg-Vorpommern[439] eingesetzt.

Dieses LAG führt aus: „Mobiles Arbeiten setzt regelmäßig die Nutzung eigener oder dienstlich beschaffter elektronischer Endgeräte voraus. Diese Geräte und die hiermit produzierten Daten lassen es typischerweise zu, das Verhalten und die Leistung der Arbeitnehmer zu überwachen. Ggf. können diese Geräte zur Erfassung oder zur Kontrolle der Arbeitszeiten genutzt werden. Beginn und Ende der täglichen Arbeitszeit und Pausenzeiten mögen in anderen Betriebsvereinbarungen festgelegt sein. Aus den Anforderungen und Gegebenheiten des mobilen Arbeitens kann sich jedoch ein zusätzlicher Regelungsbedarf ergeben. Des Weiteren stellen sich Fragen des Arbeits- und Gesundheitsschutzes, z. B. im Hinblick auf das zeitliche Ausmaß der Erreichbarkeit, die Gewährleistung der Arbeitssicherheit außerhalb des Betriebsgeländes oder eines eingerichteten Heimarbeitsplatzes etc. Keinesfalls sind Mitbestimmungsrechte von vornherein klar und deutlich erkennbar auszuschließen. Nur darauf kommt es in diesem Verfahren an."

Das Mitbestimmungsrecht ermöglicht keine Regelungen zu arbeitsvertraglich geschuldeten Tätigkeiten, die nicht mittels Informations- und Kommunikationstechnik erbracht werden können (zum Beispiel Fahrer oder Boten). Gleiches gilt, wenn sich die Mobilität bereits zwingend aus der Eigenart der zu erbringenden Arbeitsleistung ergibt (zum Beispiel Handelsvertreter oder Monteure).

---

[438] vgl. S. 129 u. S. 162
[439] LAG Mecklenburg-Vorpommern 25.02.2020 – 5 TaBV 1/20, juris

Literaturverzeichnis

Bachner: BetrVG für den Betriebsrat, 3. Aufl. 2021

Bayreuther: Mitbestimmung bei mobiler Arbeit nach § 87 I Nr. 14 BetrVG, NZA 2021, 839 ff

Beseler: Die Einigungsstelle, Rieder Verlag 2. Aufl. 2021

Beseler: Betriebliches Eingliederungsmanagement, Rieder Verlag, 11. Aufl. 2022

Beseler/Bopp/Grundmann: Mitbestimmung in sozialen Angelegenheiten, Rieder Verlag, 18. Aufl. 2018 (Zitierweise: Bopp/Grundmann)

Beseler/Georgiou: AGG Allgemeines Gleichbehandlungsgesetz, Rieder Verlag, 2009 (Zitierweise: Beseler/Georgiou)

Boemke/Roloff/Haase: „Virtual reality" in der formellen Betriebsverfassung – nicht ohne Geschäftsordnung, NZA 2021, 827 ff

Däubler/Klebe/Wedde: BetrVG Kommentar für die Praxis, 17. Aufl. 2020 (Zitierweise: Däubler)

Fitting/Engels/Schmidt/Trebinger/Linsenmaier: Betriebsverfassungsgesetz mit Wahlordnung, 30. Aufl. 2020 (Zitierweise: Fitting)

Gaul: Mitbestimmung bei Prämienentlohnung, Anm. zu BAG 16.12.1986 – 1 ABR 26/85, juris

Graf: Initiativrecht des Betriebsrats im Rahmen des § 87 Abs. 1 Nr. 6 BetrVG bei Einführung technischer Überwachungseinrichtungen. JurisPR-Arb 26/2015 Anm. 2

Müller-Glöge/Preis/Schmidt: Erfurter Kommentar zum Arbeitsrecht, 23. Aufl. 2023 (Zitierweise: ErfK-Bearbeiter)

Schönhöft/Einfeldt: Desk Sharing – Grenzen der betrieblichen Mitbestimmung, NZA 2022, 92 ff

Schulz/Ratzesberger: Telearbeit: Fluch oder Segen? – Mitbestimmung des Betriebsrats bei mobiler Arbeit, ArbR Aktuell 2016, 109 ff

Wiese/Kreutz/Oetker/Raab/Weber/Franzen/Gutzeit/Jacobs/Schubert: Gemeinschaftskommentar Betriebsverfassungsgesetz (GK-BetrVG), 12. Aufl. 2022

Stichwortverzeichnis

A

Ablösung 64
Abmahnung 112
Abschlussprovision 49, 226
Akkord 201
Akkordentlohnung 224
Akkordsätze 224
Alkoholverbot 109
Änderungskündigung 202
Angestellte, außertarifliche 217
Anhörungsrecht 14
Annexregelung 150
Anpassungsdruck 167
Anrechnung übertariflicher Vertragsbestandteile 210
Anwesenheitskontrolle 104
Arbeitnehmer, Ordnung 94
Arbeitnehmer, Verhalten 94
Arbeitsbereitschaft 137
Arbeitsblatt 103
Arbeitsentgelt, Auszahlung 149
Arbeitsgericht 49
Arbeitskontrolle 98
Arbeitsschutz 172
Arbeitsschutzausschuss 182
Arbeitssprache 107
Arbeitsstunden, freiwillig geleistete 132
Arbeitsverhalten 94
Arbeitsvertrag 58
Arbeitszeit 123
Arbeitszeit, betriebsübliche 140
Arztbesuch 118
AT-Angestellter 51
Aufzeichnung 30
Außertarifliche Angestellte 217
Auswahlrichtlinie 15
Auszahlung der Arbeitsentgelte 149

B

Bearbeitungsgebiete 220
Befangenheitsantrag 89
Beratungsqualität 106
Beratungsqualität, Test 106
Beratungsrecht 13
Berufsbildung 15
Beschluss 28
Beschlussfassung 28
Beschlussverfahren 50
Beschwerdestelle nach § 13 AGG 121
Betrieb, betriebsratslose 83
Betriebliche Lohngestaltung 192
Betriebliches Eingliederungsmanagement 119
Betriebliches Vorschlagwesen 230
Betriebsabsprache 33
Betriebsarzt 178
Betriebsbuße 112
Betriebsratsausschuss 29
Betriebsratsvorsitzender 28
Betriebssprache 107
Betriebsübliche Arbeitszeit 140
Betriebsvereinbarung 32, 46
Betriebsvereinbarung teilmitbestimmt 36
Bildschirmverordnung 172
Bildungsgesetz 152
billiges Ermessen 91
Biometrische Zugangskontrolle 101
Bundesdatenschutzgesetz 60
Büro, eigenes 205

C

Computer 161
Coronakonzept 182

D

Datenschutz 30
Datenverarbeitung 162
Dauertatbestand 32
Dienstkleidung 138
Dienstplan 129
Dienstreise 127
Dienstreiseordnung 116
Dienstwagen 194
Direktionsrecht 18
Dotierungsrahmen 22, 206

E

Eigenes Büro 205
Eilfall 26
Eingliederungsmanagement, betriebliches 119
Einigungsstelle 15, 41, 85
Einigungsstelle, Beisitzer 86
Einigungsstelle, Kosten 92
Einigungsstelle, Vorsitzender 85
Einrichtung, soziale 184
Einrichtung, technische 154
einstweilige Verfügung 52
Entgelthöhe 203
Entgelt, leistungsbezogenes 224
Entgeltordnung 71
Entgelt, Strukturformen 200, 203
Entleiher 173
Entlohnungsgrundsatz 15, 31, 76
Entlohnungsgrundsätze 71, 219
Erkenntnisverfahren 55
Erschwerniszulagen 197
Ethikrichtlinie 107

F

Facebook 156
Fachkraft für Arbeitssicherheit 178
Fahrtenschreiber 154
Fehlen einer Tarifbindung 198
Fehlzeiten, Maßnahmen 117
Festveranstaltung 193
Filmkamera 155
Freiwillige Leistung 206
Freiwillig geleistete Arbeitsstunden 132
Freizeitausgleich 199

G

Gefährdungsbeurteilung 173
Gefährdungsbeurteilung, Beauftragung externer Personen oder Stellen 175
Gesamtbetriebsrat 47, 50
Gesamtzusage 63
Geschäftsbrief, Gestaltung 105
Geschäftsordnung 29
Gesundheitsschutz 172

Gleichbehandlungsgrundsatz 115
Gleitzeit 135
GPS-Gerät 155
Großraumbüro 176
Gruppe 166
Gruppengespräche 233
Gruppe, Überwachung 166
Günstigkeitsprinzip 62

H

Haus- oder Firmentarifvertrag 68
Homeoffice 129, 162

I

Individualarbeitsrecht 58
Informationsrecht 13
Informationsveranstaltung 109
Initiativrecht 15, 19, 149
Interessenausgleich 15
Internet- und E-Mail-Verkehr 112

J

Jahrespauschalvergütung 199

K

Kantinenessen 186
Kleiderordnung 114
Konfliktlösungsgespräche 233
Kontoführungsgebühr 149
Kontrolleinrichtung 20
Kontrolleinrichtung, technische 154
Konzernbetriebsrat 47
Koppelungsgeschäft 31
Korrespondenz 105
Krankenakte, Einblick 108
Krankengespräch 118 f.
Krankenhausstation 180
Krankenkontrollbesuch 119
Kündigung 14
Kündigung, Wohnraum 25
Kurzarbeit 147

L

Ladung, ordnungsgemäß 88
Laufzettel 104
Leiharbeitnehmer 126, 142, 187
Leistungen, streichen 197
Leistung, freiwillig 21, 206
Leistungsabhängige Vergütung 219
Leistungsbezogenes Entgelt 224
Leistungskontrolle 162
Lohnerhöhung 195
Lohnfindung 192
Lohngerechtigkeit 18, 192
Lohngestaltung 202, 219
Lohngestaltung, betriebliche 192
Lohnverwendungsbestimmung 186 f.

M

Maßnahmen bei Fehlzeiten 117
Miete 190
Mindestbesetzung 180
Mitarbeiterbefragung 177
Mitarbeiterjahresgespräch 122
Mitarbeiterversammlung 144
Mitbestimmungsrecht 15, 49
Mitbestimmungsrecht, Verstoß 58
Mobiles Arbeiten 234
Mobiltelefon 164
Musterarbeitsvertrag 63

N

Nachtarbeit 196
Nachtarbeit, Ausgleich 175
Nachwirkung 35
Namensschilder 99
Notfall 26

O

Öffnungsklausel 40, 75
Ordnungsgeld 56
Ordnungsverhalten 94
Ordnung und Verhalten der Arbeitnehmer im Betrieb 94
Organisationsentscheidung 82

P

Paisy 160
Parkplatznutzung 116
Personalabrechnungs- und Informationssystem 160
Personalakte, Einblick 108
Personalkantine 185
Persönlichkeitsrecht 20, 46
Persönlichkeitsschutz 155
Pkw-Nutzung 116
Prämie 225 f.
Prämienetat 231
Präsenzsitzung 29
Privatdetektiv 103
Protokoll 90
Psychologe 165

R

Radiohören am Arbeitsplatz 111
Rauchverbot 18, 109
rechtliches Gehör 88
Recht und Billigkeit 48
Regelungsabrede 29, 32, 64
Regelungssperre 73
Regelungsspielraum 68
Rollierendes System 133
Routenplaner 159
Rufbereitschaft 137

S

Samstagsarbeit 132, 222
Schichtarbeit 129
Schutzkleidung 173
Schweigen 28
Sicherheitsanweisung 176
Signatur, qualifizierte, elektronische 33
Soziale Einrichtung 184
Sozialeinrichtung 35
Sozialplan 33
Spruch 15
Standortsoftware 170
Stellenbeschreibung 201
Streik 66, 146
Strukturformen des Entgelts 200, 203
Stundenpläne 132

T

Tagesordnung 28
Tarifautonomie 73
Tarifgebundenheit 199
Tarifgehaltserhöhungen 213
Tarifüblichkeit 73
Tarifvertrage, Geltungsbereich 68
Tarifvorbehalt 198
Tarifvorrang 40, 46, 72
Taschen- und Behälterkontrolle 102
Tatbestand, kollektiver 23
Tätigkeitsbericht 104
Technische Einrichtung 154
Technische Kontrolleinrichtungen 154
Teilzeitarbeit 133 f.
Telefondatenerfassungsanlage 164
Tendenzunternehmen 132
Testkäufe 106
Theorie der Wirksamkeitsvoraussetzung 52, 59, 196
Torkontrolle 103
Trinkgeld 221
Twitter-Account 159

U

Überstunden 23, 141
Überstundenzuschlag 36
Übertarifliche Vertragsbestandteile 210
Übertarifliche Zulagen 214
Überwachung 156, 166
Überwachung, Gruppe 166
Umkleidezeit, Arbeitszeit 137
Unterlassungsanspruch 57
Unterstützungskasse 184
Unterweisung 174
Urlaub 24
Urlaubsgrundsätze 151
Urlaubswiderruf 151

V

Verbesserungsvorschläge 230
Verdacht auf Alkoholgenuss 109
Verfahrungsgrundsatz 88
Vergütung, Höhe 71
Vergütung, leistungsabhängige 219
Vergütungsordnung 37, 71, 197, 203
Verhaltenskontrolle 98
Verkaufsgebiet 220
Verschwiegenheitserklärung 108
Verteilungsgrundsatz 211
Vertragsbestandteile, übertariflich 210
Verwaltungsakt 67
Videoattrappe 103
Videokamera 169
Videoüberwachung 60, 169
Video- und Telefonkonferenz 29
Vollstreckungsverfahren 55
Vorabentscheidungsverfahren 49
Vorfrage 51
Vorgabezeiten 225
Vorrang des Gesetzes 65
Vorschlagwesen, betriebliches 230

W

Wartezeiten 224
Weihnachtsgeld 22
Werkmietwohnung 189
Werksausweis 99
Werkswohnung 189
Wettbewerb 220, 225
Widerruf von Zusagen 195

Z

Zeitgutschrift 222
Zeitstempeluhr 21
Zeitstudien 201
Zugangskontrolle, biometrische 101
Zulagen 196, 210
Zulagen, übertarifliche 214
Zulagenvolumen 210
Zusagen, Widerruf 195
Zusammenarbeit, vertrauensvoll 26, 52
Zuweisung 25